COLL

Les Poètes du Chat Noir

*Présentation et choix
d'André Velter*

GALLIMARD

LIBERTÉ FIN DE SIÈCLE

à Kafir, l'inoubliable chat noir
aux yeux d'or et à la cravate blanche.

C'est la plus haute levée de terre à l'horizon de la ville. Elle domine les collines de Saint-Cloud, Ménilmontant ou Belleville. Elle est un repère pour les rites, les légendes. Des temples à Mercure et à Mars y furent dressés. Saint Denis la gravit, dit-on, avec sa tête sous le bras, en compagnie de Rustique et d'Éleuthère ; le sentier de leur supplice devenant seize siècles plus tard, en 1750, rue des Martyrs.

Entre-temps, une chapelle avait été érigée au sommet, peut-être par sainte Geneviève, puis une communauté de moines s'était installée, remplacée en 1133 par une abbaye de Bénédictines qui se firent gardiennes de la clé du Martyrium, le sanctuaire connu de toute la chrétienté. Là se présentèrent, un jour d'août 1534, pour prononcer leurs vœux et fonder en secret « la Compagnie de Jésus », Ignace de Loyola, François Xavier et cinq de leurs compagnons. Au milieu des laboureurs, des vignerons, des carriers, des meuniers qui peuplaient le village, les premiers Jésuites passèrent incognito avant de s'en aller convertir les Amériques ou la Chine.

Le site était couvert d'une poussière de plâtre, de farine, qui montait des carrières, descendait des moulins, et pas seulement place Blanche. En dépit du surplomb stratégique de cent trente mètres qu'elle offrait sur Paris, la Butte Montmartre n'accueillait pas de militaires. Elle vivait en marge, au rythme des prières et des travaux des champs. Seule la grande procession des reliques des trois saints venait tous les sept ans de Saint-Denis troubler la quiétude ambiante. Le dernier voyage des châsses d'or et de pierres précieuses eut lieu en 1784 avec toute la ferveur requise. Puis il y eut un emballement des temps.

Pour mieux taxer les marchandises entrant dans la capitale, Louis XVI décide la construction d'un mur d'octroi en 1785. Ce «mur des Fermiers Généraux», vite considéré comme la marque la plus visible de l'oppression, coupe Montmartre en deux. De fait, avant de l'être officiellement en 1790, le Montmartre intra-muros se trouve rattaché à Paris. C'est le début d'une urbanisation rapide, y compris de l'autre côté des barrières de Clichy, des Martyrs ou de Rochechouart. D'autant que l'immense domaine des abbesses est devenu Bien National pendant la Révolution : les prairies, les garennes, les jardins sont vendus, ainsi que les bâtiments conventuels.

Dans le mouvement de la débâcle napoléonienne, le vieux village est dévasté par les armées russes et prussiennes en 1814. Pendant les Cent-Jours, l'Empereur entreprend de fortifier la place et y déploie deux cents canons, ce qui vaut à la Butte d'être occupée par 6 000 Anglais après Waterloo. En moins de vingt ans, tout a donc basculé : la colline inspirée s'est changée en terrain de manœuvre, les rues envahissent les champs, la population explose (1 000 habitants en 1806, 4 000 en 1826, 8 000 en 1844, 36 000 en 1857).

Le mur des Fermiers Généraux est à demi en ruine. Il est arasé en 1864, après que l'ensemble de la commune de Montmartre a été intégré à Paris quatre ans auparavant. Le boulevard Rochechouart efface à la fois la zone d'octroi et les chemins de ronde. La ville vient au contact de sa première banlieue, c'est-à-dire de ce qui s'était mis à l'écart de la bonne société style Louis-

Philippe ou style Empire. Le Château Rouge, l'Élysée-Montmartre sont déjà des cabarets bruyants, des bals célèbres où ne se rencontrent pas que des prix de vertu et des fils de famille. Il y a là plusieurs tribus qui se croisent : miséreux et noceurs, boutiquiers et voyous, journaliers et soldats, artisans et artistes. Tous dans ce creuset de labeurs harassants, de survies féroces, de nobles révoltes, de plaisirs canailles. Tous se côtoyant, sans vraiment se reconnaître.

La défaite de 1870 et le siège de Paris par les Prussiens jouent alors comme un double électrochoc. Le sursaut vient des quartiers populaires, notamment de Montmartre où se succèdent la plupart des actions décisives. C'est de la Butte que Gambetta s'envole en ballon pour aller poursuivre la lutte en province, tandis que Thiers signe la paix avec l'occupant et tente de récupérer les canons qui défendent le site. L'opération échoue : la troupe fraternise avec les habitants et l'insurrection prend soudain un tour irréversible avec l'exécution des généraux Lecomte et Clément Thomas. Thiers s'est réfugié à Versailles. Dans la capitale, la défense patriotique se change en révolution sociale : la Commune est proclamée le 28 mars 1871.

Pendant deux mois, un peuple d'affamés va résister, rêver et tenter d'inventer une société plus généreuse, plus solidaire, plus joyeuse aussi. Cette part d'utopie et de défoulement est généralement occultée, comme si l'effroyable épilogue devait tout ensevelir sous son ombre portée. Henri Lefebvre est l'un des seuls qui restitue l'élan de cette célébration collective, qui en exalte la dramaturgie : «La Commune de Paris? Ce fut d'abord une immense, une grandiose fête, une fête que le peuple de Paris, essence et symbole du peuple français et du peuple en général, s'offrit à lui-même et offrit au monde. Fête du printemps dans la Cité, fête des déshérités et des prolétaires, fête révolutionnaire et fête

de la Révolution, fête totale, la plus grande des temps
modernes. »

Et, approfondissant son analyse : « Le peuple se com-
plaît dans sa propre fête et la change en spectacle. Il lui
arrive de s'abuser et de se tromper, car le spectacle qu'il
se donne à lui-même le détourne de lui-même. Alors,
comme en toute fête véritable, s'annonce et s'avance le
drame à l'état pur. La fête populaire change apparem-
ment de caractère. En vérité, elle continue ; elle s'en-
fonce dans la douleur. Nous savons que la Tragédie et
le Drame sont des fêtes sanglantes, au cours desquelles
s'accomplissent l'échec, le sacrifice et la mort du héros
surhumain qui a défié le destin. Le malheur s'y change
en grandeur et l'échec laisse une leçon de force et d'es-
poir dans le cœur purifié de ses lâches craintes [...].
Poursuivant jusqu'au bout et menant à ses dernières
conséquences le défi titanique, le peuple de Paris envi-
sage la fin de Paris et veut mourir avec ce qui est pour
lui plus qu'un décor et plus qu'un cadre : sa ville, son
corps. Ainsi la Fête devient drame et tragédie, tragédie
absolue, drame prométhéen joué sans trace de jeu fri-
vole, tragédie où le protagoniste, le chœur et le public
coïncident de façon unique. » Il faut garder en mémoire
ces mots d'Henri Lefebvre. Ils vont bientôt revenir en
éclaireurs.

Le 21 mai, sous le regard bienveillant des Prussiens,
les « Versaillais » entrent dans Paris. La répression est
partout féroce, mais à Montmartre plus qu'ailleurs.
Camille Pelletan affirme qu'il y eut autant de tueries
qu'il se comptait de rues sur la Butte. Les possédants
avaient eu si peur, qu'il fallut des exécutions par
dizaines de milliers pour les rassurer quelque peu. Des
écrivains parlèrent de « saignée nécessaire », faisant allu-
sion au corps social qu'il importait de purger. Après les
monceaux de cadavres, il y eut d'interminables
cohortes de bagnards et de nombreux exilés. Puis, on

entreprit de purifier les lieux et de sauver les âmes en dressant une gigantesque basilique sur le terrain des pires carnages. Une souscription nationale fut lancée en 1873 et, trois ans plus tard, la masse blanche du Sacré-Cœur commence à sortir de terre. En dessous, les rues, les ruelles restent comme hébétées, pétrifiées. Verlaine, sur le boulevard Rochechouart, capte au fond du silence l'entêtement de la terreur :

> *D'ailleurs, en ce temps léthargique*
> *Sans gaieté comme sans remords*
> *Le seul rire encore logique*
> *Est celui des têtes de mort.*

L'amnistie partielle votée le 3 mars 1879 devient totale le 11 juillet 1880. Les condamnés et les expatriés retrouvent Paris. À Montmartre la spéculation immobilière est en plein essor, la construction du Sacré-Cœur se poursuit. Pourtant, à l'écart de ces chantiers oppressants, quelque chose est en train de s'éveiller. Une fête d'abord factice qui, contradictoirement, veut oublier et garder la mémoire, s'étourdir et dénoncer encore. Ce que l'on appellera bientôt «l'esprit de Montmartre» est né du sang de la Commune et de la volonté de fuir l'horreur, fût-ce dans la plus frénétique dérision. On peut y voir, au choix, une amnésie relative ou un réflexe de survie, et plus vraisemblablement, en alternance, les deux à la fois.

Mais le poids de l'Histoire n'est pas tout. Rodolphe Salis a vingt-neuf ans. S'il a fréquenté les Beaux-Arts, il pressent qu'il ne sera jamais un peintre de renom. Natif de Châtellerault, où son père est un distillateur assez prospère, il a déjà une longue pratique de la vie de bohème, des départs à la cloche de bois, des expédients en tout genre. Ainsi s'était-il fait une spécialité des «Chemins de Croix» en série, qu'un magasin d'objets religieux du quartier Saint-Sulpice lui achetait de huit à quatorze francs. Avec trois amis, il avait mis au point une chaîne de production efficace, quoique terriblement fastidieuse. L'un peignait les têtes, un autre les mains, le troisième les draperies, Salis se réservant les fonds et les paysages. En dépit de cette astucieuse division du travail, l'entreprise se révéla peu lucrative.

Salis promit alors à son père de rentrer dans le rang. Il épousa une superbe rousse qui possédait quelques économies et décida d'ouvrir un débit de boissons : perspective qui ne pouvait qu'enchanter le distillateur et le convaincre de subventionner l'affaire. Près de l'É-lysée-Montmartre, au 84, boulevard Rochechouart, un ancien bureau de poste auxiliaire était vacant. Le local se composait d'une pièce de 3,50 m sur 4 et d'un minuscule cagibi. Salis considéra que l'exiguïté du lieu n'était qu'un désagrément mineur : il suffisait de l'en-combrer d'un fatras prétendument «Louis XIII» pour qu'il s'en trouve sur l'heure anobli et plus vaste! Tables, chaises, bancs, cuirasses, pots d'étain, brocs de cuivre, armes, tapisseries s'entassèrent devant une haute cheminée de plâtre décorée d'une bassinoire et d'une tête de mort (celle de Louis XIII enfant, disait-on), avec ici et là d'énormes clous (de la passion, disait-on) faisant office de patères. Des toiles de jeunes artistes peintres ne tardèrent pas à compléter cet ahu-rissant bric-à-brac. Il y avait aussi, évidemment, un comptoir monumental chargé de bouteilles et de verres.

Pour l'enseigne, Salis, qui se voulait désormais «gen-tilhomme cabaretier», hésita entre plusieurs dénomina-tions pompeuses : le Grand Pélican, l'Aigle d'or, et ainsi de suite. En choisissant le Chat Noir, il eut une intuition qui tenait du coup de génie. Il y avait la réfé-rence à Edgar Poe, le mystère qui s'attache à un félin tantôt bénéfique, tantôt maléfique, et une évocation allègre de la féminité. Willette peignit l'emblème de la devanture. Tout était près, en cette fin novembre 1881, pour l'inauguration.

C'est alors que le hasard fit bien les choses. Salis fut mis en présence d'Émile Goudeau au Cabaret de la Grande Pinte, rue des Martyrs. Le premier invita le second à son dîner d'ouverture. Cette rencontre imprévue allait décider de la migration durable des poètes du Quartier latin vers Montmartre, c'est-à-dire déplacer d'une rive à l'autre le centre de gravité de la vie artistique de Paris. Le salon de Nina de Villard, rue des Moines, avait déjà amorcé le mouvement, mais il ne s'agissait alors que de haltes privées. Avec Goudeau prenant pied au Chat Noir, l'aventure devenait publique et créait un élan, car le bonhomme apportait avec lui une réputation d'agitateur littéraire et une joyeuse escorte. Dès le soir de l'inauguration l'alliance avait été scellée entre Salis et lui, à grand renfort de bocks de bière, de charcutaille et de chants de corps de garde.

Surtout, Émile Goudeau avait été impressionné par l'étourdissante faconde de son hôte, son allure de reître grand seigneur. D'emblée, Rodolphe Salis avait trouvé le ton et campé ce personnage inimitable à l'outrance calculée, à la gouaille vindicative, qui avait le don de mordre sans trop mettre les dents. Tour à tour débonnaire, bravache, délirant ou imprévisiblement mélancolique et grave, il allait être seize années durant un maître de cérémonie inventif, capable de marier les contraires, d'accueillir avec autant de verve les voyous et les princes, les rimeurs inconnus et les actrices célèbres. Même Laurent Tailhade, qui le détestait, souligne cet art de la harangue improvisée que possédait Salis, «cette hâblerie à grand fracas que nul après lui ne fit entendre avec une telle virtuosité».

L'expérience unique du Chat Noir dut beaucoup à cette présence encombrante, autoritaire et parodique. Elle dut beaucoup également à la dynamique qui se développa, excédant de loin ce qu'on attendait d'un «cabaret» fût-il «artistique», avec l'irruption des Hydropathes et la publication quasi simultanée d'un journal. Car les Hydropathes, précédant les Fumistes, les Hirsutes, les Vivants, les Décadents, les Amorphes, voire les Incohérents, avaient franchi la Seine dans le sillage d'Émile Goudeau.

Celui-ci n'était pourtant plus à la tête de leur Club, mais chacun se souvenait du rôle qu'il avait joué en rédigeant quelques années auparavant un manifeste resté fameux : «Les Hydropathes ne sont pas une coterie. La doctrine hydropathesque consiste précisément à n'en avoir aucune. Le talent, d'où qu'il vienne, quelque forme qu'il revête, est accueilli à portes ouvertes. Le public réuni là juge silencieusement. Il aime l'un, déteste l'autre. Il suffit de se présenter pour être admis. Le public est notre juge en dernier ressort; il n'y a qu'une Cour de Cassation qu'on appelle la Postérité, mais elle se réunit rarement du vivant de l'auteur. Aux Hydropathes le public est non seulement juge en dernier ressort, mais aussi en première instance. La tribune se dresse, vous y montez, vous parlez, et, en face de vous, directement, en pleine lumière, vous avez le monstre à mille têtes qu'il faut dompter, séduire, et rendre doux...»

Par conviction ou par judicieux calcul, Salis va adopter à retardement ce programme et faire du Chat Noir le lieu de sa mise en œuvre orale et imprimée. Non seulement les poètes, chanteurs, musiciens, chansonniers vont pouvoir se produire dans le cabaret, mais ils vont être publiés dans un hebdomadaire paraissant chaque samedi. Et les choses ne traînent pas : le premier numéro sort le 14 janvier 1882. Goudeau en est le rédacteur en chef, Salis le directeur. Sur quatre pages grand format (30 × 40), se côtoient des poèmes, des contes, des chroniques, des annonces. Le titre général se détache en grosses lettres noires au-dessus d'un dessin d'Henri Pille : un chat noir queue dressée devant le Moulin de la Galette. On sait que l'intitulé mit en joie les premiers acheteurs du journal, qui ne se lassèrent pas de demander finement aux demoiselles des kiosques : «Avez-vous le Chat Noir?»

Le sommaire est à l'image de tous ceux qui devaient suivre : éclectique, accusant les contrastes. L'éditorial est signé Jacques Lehardy, pseudonyme de Clément Privé, un poète qui devait mourir l'année suivante. Il s'agit d'une manière de manifeste qui exalte et célèbre Montmartre, ouvrant là une veine drolatique et chauvine qui ne cesserait jamais de s'épancher tout à fait. «Il est grand temps de rectifier une erreur qui a pesé sur plus de soixante générations complètes. L'Écriture que l'on dit sainte — je ne sais trop pourquoi, — n'a fait pour parler poliment, que se moquer du peuple. La version des Septante est une bêtise. Nous lisons dans la Genèse que l'arche de Noé a jeté l'ancre au Mont Ararat. Qu'est-ce que peut signifier, le mont Ararat? lisez : Montmartre! En effet, ce vieux pochard de Noé, lorsque les eaux diluviennes commencèrent à se retirer, aperçut le sommet d'un mont, et dit : "Je m'arrête." Il faudrait être aveugle comme Homère ou borgne comme Gambetta — que certains loustics appellent Péricoclès — pour ne pas voir que ces deux mots : "Mont-m'arrête", sont les radicaux inéluctables de Montmartre. Donc, Montmartre est le berceau de l'humanité...»

Un autre thème, présent dès cette première livraison, et qui sera repris, si l'on ose dire, jusqu'à plus soif, c'est celui de la dive bouteille. Dans sa *Ballade du Chat Noir*, le dénommé Florent Fulbert, à l'instar de Rodolphe Salis, en tient pour la bamboche moyenâgeuse :

Vous tous, humeux et fripelippes
Aux gorgerons en entonnoir,

> *Braguards et culotteurs de pipe,*
> *Leschars amis du nonchaloir*
> *Qu'engoulez mégistes rasades,*
> *Entrez de bon hait vous asseoir*
> *Pour emboire force friscades*
> *Au gai cabaret du «Chat Noir.»*

Allons tout de suite à l'ENVOI :

> *N'ayez cure d'escapades,*
> *Vous qui commencez à déchoir,*
> *Car guéris sortent les malades*
> *Du gai cabaret du «Chat Noir.»*

Autre extrait, pour ne plus y revenir, des lustres plus tard sous la signature d'Auguste Marin dans le numéro 421, une *Chanson* :

> *Tout ce qu'on t'enseigne est douteux ou vain.*
> *Va, laisse aux rêveurs leur triste folie !*
> *Apprends seulement à boire ton vin,*
> *À fumer ta pipe et, par droit divin,*
> *À chanter des vers… le reste s'oublie !*

Émile Goudeau ne craint pas quant à lui d'inaugurer sa collaboration par un poème épique : *Les Polonais*. Ni d'emprunter à l'auteur de *L'Imitation de Jésus-Christ* la signature d'A'Kempis pour le récit de quelques *Voyages de découvertes*. Rodolphe Salis donne un conte : *Le Chat de tante Agathe*. L'hebdomadaire est lancé, encore à la recherche de repères et de collaborateurs de tous horizons, mais déjà ferme sur son principe d'incongruité, de diversité, de quasi-incompatibilité. Le tirage est de 12 000 exemplaires, bientôt porté à 20 000. Dès le numéro 3, un salut à Baudelaire, sans insister outre mesure, avec imprimé en page intérieure le sonnet *Les Chats*.

Naturellement, la liste des responsables de la publication mêle le vrai (Henri Rivière, George Auriol, Albert Tinchant, Narcisse Lebeau) au burlesque (François Coppée, « Poète mort jeune » ; Victor Hugo, « Homme célèbre » ; Maurice Maeterlinck, « Shakespeare néobelge » ; Pierre Loti, « Amiral de Lettres » ; Ernest Renan, « Vieillard lubrique » ; Camille Saint-Saëns, « Priez pour nous » ; etc.). Rapidement les noms d'André Gill, René Ponsard, Félicien Champsaur, Tancrède Martel, Louis Marsolleau, Paul Marrot se succèdent, ainsi que des dessins de Willette, Caran d'Ache et Steinlen.

Mais l'apparition décisive, celle qui va produire les effets les plus hilarants, les plus imprévisibles, les plus déroutants, les plus prophétiques, c'est celle du ci-devant Fumiste Alphonse Allais. Il a vingt-huit ans. Longtemps il a mené de pair des études de pharmacie et une collaboration régulière à plusieurs journaux : *Le Tintamarre, Les Écoles, L'Hydropathe, L'Anti-Concierge*. En 1880, il opte définitivement pour l'écriture et abandonne potions et cataplasmes, sans oublier pour autant les données scientifiques acquises dans les laboratoires de l'École supérieure de pharmacie.

Il laisse ainsi ses amis perplexes à l'heure de l'apéritif quand, tout en ingurgitant de l'absinthe, il déclare : « Cet élixir perfide est composé d'extraits de six plantes, dont trois sont stupéfiantes et les trois autres épileptisantes. C'est une liqueur vraiment diabolique. » Puis, en réponse à un soiffard incrédule qui veut savoir quelles sont ces plantes : « Tout simplement l'anis, l'absinthe à l'état sec, le fenouil vert, la badiane, l'armoise et la menthe. » Là, il lève son verre, et chacun s'empresse de boire le poison en connaissance de cause.

L'irruption d'Allais au cabaret du Chat Noir est signalée dans les semaines qui suivent l'ouverture. Il

publie son premier texte dans le journal du 6 mai
1882 : une «Chronique scientifique», en fait une chan-
son parodique signée du pseudonyme de K. Lomel. À
dater de ce jour, et pendant plus de dix ans, Allais s'im-
pose, à côté de Salis mais aussi face à lui, comme
l'autre figure majeure du Chat Noir. À l'oral et à l'écrit,
il se distingue nettement du gentilhomme cabaretier.

Son humour n'est pas celui du bonimenteur en quête
de grands éclats de rire, il peut être féroce et froid, par-
fois quasi clinique : «noir» pour reprendre l'appellation
d'André Breton qui devait accueillir Allais dans sa
célèbre Anthologie au motif qu'il avait élevé la «mysti-
fication» à la hauteur d'un art. «Il ne s'agit de rien
moins, notait Breton, que d'éprouver une activité ter-
roriste de l'esprit, aux prétextes innombrables, qui
mette en évidence chez les êtres le conformisme
moyen, usé jusqu'à la corde, débusque en eux la bête
sociale extraordinairement bornée et la harcèle en la
dépaysant du cadre de ses intérêts sordides, peu à peu.»

En pourfendeur de la bêtise, Allais allait (on a dû lui
faire souvent) s'en donner à cœur joie et sur tous les
registres. Du gag de potache au jeu de mots subtil,
du conte loufoque au récit piégé par un vertigineux
non-sens, de la plaisanterie «pas drôle» à la campagne
électorale bidon, voire à l'exposition de peintures fran-
chement prémonitoires, aucune arme mentale ne devait
manquer à cet artificier impeccable, pas même un
penchant affirmé pour les poèmes sombres, fragiles,
irréductibles. Car c'est l'apport inestimable de cet
«humoriste» que d'avoir su, au-delà des effets de voix
ou de manches, au-delà des farces salutaires, être sen-
sible à des improvisations d'une tout autre sonorité.

François Caradec remarque justement que «lors-
qu'un poète, un conteur, un chansonnier lui dédiait
une œuvre, c'était, curieusement, toujours la plus
trouble, la plus douloureuse, la plus triste, la plus sin-

cère, celle où, pour une fois, la voix de l'auteur s'était brisée. Et d'Alphonse Allais lui-même nous savons que ses goûts le portaient aux œuvres de ses amis (Charles Cros ou Aristide Bruant) les plus automnales, les plus troublantes et les plus orgueilleuses». Cette qualité d'écoute fut un facteur déterminant dans ce qui nous semble aujourd'hui, à la lecture des sommaires du journal du Chat Noir, tenir du prodige.

Émile Goudeau avait déjà œuvré en ce sens; pourtant, dès qu'Alphonse Allais rallie le boulevard Rochechouart, ce n'est plus seulement la diversité des contributions qui frappe mais leur qualité. Comment un hebdomadaire qui, d'un coup d'œil hâtif, peut se définir comme «satirique» va-t-il réussir à regrouper au fil des ans les signatures de Verlaine, Moréas, Marie Krysinska, Maurice Rollinat, Charles Cros, Jean Richepin, Germain Nouveau, Villiers de l'Isle-Adam, Albert Samain, Stéphane Mallarmé, Théodore de Banville, pour ne citer que les poètes les plus connus?

Comment va-t-il mettre en regard des créations souvent graves, parfois hautaines ou obscures, avec les couplets des meilleurs chansonniers de l'époque: Jules Jouy, Mac-Nab, Vincent Hyspa, Victor Meusy, Léon Xanrof, Gabriel Montoya? Comment va-t-il également donner place aux coups de sang de Léon Bloy, aux mots d'esprit de Willy, aux chroniques mondaines de Curnonsky, à des dizaines de canulars, à des centaines de récits bouffons, mélodramatiques ou furieux, à des proclamations vengeresses, et ne pas dédaigner la tentative d'un inconnu, une «aurore scandinave» de Marcel Schwob, une réplique de Jules Renard, un monologue de Courteline, une critique de Félix Fénéon, une proclamation de Barbey d'Aurevilly, une nouvelle d'Octave Mirbeau ou de Guy de Maupassant?

À première vue (ou plutôt avec nos œillères actuelles), un tel compagnonnage semble impensable. Il faut donc considérer comme un fait d'époque que l'impensable n'ait pas été impossible. Rodolphe Salis et Émile Goudeau avaient permis de tenir, au Chat Noir, table et liberté ouvertes. Le renfort d'Alphonse Allais, puis ses responsabilités éditoriales, ajoutèrent une force d'attraction et d'attention, une complicité qui devait se montrer incroyablement opérante.

Et ce qui était perceptible dans les colonnes du journal faisait écho à ce qui se tramait dans la salle du cabaret ou se produisait aux abords immédiats du piano. Pour suggérer cela : deux évocations qui empruntent aux mystifications quotidiennes d'Alphonse Allais et aux récitals quasi quotidiens de Maurice Rollinat. On peut difficilement imaginer exercices plus opposés, alors que les deux hommes étaient amis et se reconnaissaient une réelle «consanguinité d'esprit».

Allais avait la manie de souvent mettre au bas de ses articles un nom qui lui passait alors par la tête : ce pouvait être un innocent pseudonyme ou le patronyme d'une célébrité. En général, la supercherie ne durait pas, excepté pour Francisque Sarcey, omnipotente autorité journalistique qui sévissait dans *Le Temps*, journal conservateur et bien-pensant. Allais ne s'est jamais expliqué sur les raisons d'un acharnement qui en aurait rendu fou plus d'un.

Peut-être se souvenait-il que le personnage avait jadis rallié le camp des Versaillais et odieusement poussé au massacre : «Il faut que Paris cède et soit vaincu. Dût-on noyer cette insurrection dans le sang, dût-on l'ensevelir sous les ruines de la ville en feu, il n'y a pas de compromis possible...» Émile Goudeau savait lui aussi à quoi s'en tenir et son double, A'Kempis, affirmait : «Monsieur Francisque Sarcey, évidemment, sort de la cuisse de Monsieur Thiers...»

Pour l'instant, il était devenu «le plus gros critique du temps», selon l'heureuse formule d'Allais et, subséquemment, sa tête de Turc. Non content de lui faire endosser, par écrit, des propos à révulser ses habituels lecteurs («une femme ne saurait faire une bonne épouse sans avoir au moins trois amants», ou bien : «un gendre est toujours en droit d'assassiner sa belle-mère»), il s'ingéniait à lui pourrir la vie. Le compte des avanies qu'il fit subir à la sommité serait fort long, mais on ne résiste pas au plaisir d'en évoquer une dans son entier.

La scène se passe au Chat Noir. Un jeune homme d'allure gauche et provinciale se présente. C'est Gustave Le Rouge qui raconte la suite.

Après un moment d'hésitation, cet intéressant jeune homme s'arrêta en face de la table d'Alphonse Allais.

— Messieurs, fit-il, en tenant son chapeau de la main droite d'un air embarrassé, est-ce que je pourrais voir Monsieur Francisque Sarcey?

— Que lui voulez-vous? demanda Allais d'un ton sévère.

Le jeune inconnu était devenu pâle d'émotion.

— Parlez sans crainte, dit Allais avec un sourire plein de bonté.

— Eh bien, voilà, j'aime mieux vous raconter tout de suite mon affaire. Je n'ai pas de situation, mais j'ai une bonne instruction primaire, je connais un peu la comptabilité et je suis du Pas-de-Calais. Mon rêve serait d'entrer dans les bureaux de la Compagnie du Nord.

— Bougre! murmura Tinchant. Vous êtes un petit ambitieux à ce que je vois, mais enfin je ne comprends pas en quoi nous pouvons vous être utiles.

— Permettez, reprit le jeune inconnu avec vivacité, je sais que Monsieur Sarcey est assez influent pour me faire admettre sur une simple recommandation de lui, et je n'ignore pas, car j'ai lu le Chat Noir, *que le grand critique vient tous les soirs en manches de chemise, jouer de la grosse caisse au théâtre de Monsieur Rodolphe Salis.*

— *Mon garçon, s'écria Alphonse Allais avec le plus grand sérieux, vous pouvez dire que vous êtes né coiffé : je suis Francisque Sarcey, et vous m'avez été tout de suite sympathique ; je vous promets, mon gaillard, que vous aurez une bonne place, ou j'y perdrai mon latin. Asseyez-vous donc, j'ai besoin de vous poser certaines questions. Nous allons prendre l'apéritif ensemble. Entre nous, c'est un honneur que je ne fais pas à tout le monde.*

Ivre de joie, le futur bureaucrate jugea qu'il ne pouvait moins faire que de régler les consommations du fameux critique et de ses amis ; il assuma donc une monumentale pile de soucoupes qui furent, d'ailleurs, immédiatement remplacées par d'autres.

— *Ce n'est pas tout ça, dit Allais, avec sa bonhomie coutumière et à peine ironique, je vous ai laissé nous régaler, mais vous allez voir que Sarcey, quoique rédacteur au* Temps, *n'est pas le dernier des mufles. Vous me ferez le plaisir de venir déjeuner avec moi demain matin, en mon hôtel, 67, rue de Douai et quand nous aurons bu le café, arrosé d'une vieille fine, et fumé un bon cigare, je m'occuperai de votre affaire. Je vous fiche mon billet que ça ne traînera pas. Notez bien l'adresse et surtout, soyez exact. À midi précis, n'est-ce pas ?*

Et comme l'aspirant fonctionnaire, quelque peu échauffé par les apéritifs, se confondait en remerciements, en exécutant des révérences qui mettaient en grand danger son équilibre, Allais ajouta d'un ton indifférent :

— *Il faut que je vous fasse encore une recommandation. J'ai chez moi, malheureusement, mon beau-frère, un gaillard qui sort du bagne, — il a été condamné plusieurs fois pour attentats à la pudeur, — et ce vieux gredin, dont je n'arrive pas à me débarrasser a la manie de se faire passer pour moi. Si c'est lui qui vous reçoit, il vous affirmera que c'est lui Sarcey, et même vous dira des injures. C'est un gros homme avec un collier de barbe, une physionomie rubiconde. Il est d'ailleurs ventripotent et a des façons très vul-*

gaires. Surtout, si par hasard je n'étais pas là, ne vous lais-
sez pas intimider par lui. Remettez-le à sa place. Quand
vous lui aurez parlé des petites filles qu'il a violées il devien-
dra doux comme un agneau. Je serai tout à fait vexé si vous
ne rembarriez pas vigoureusement cet imbécile.

— *Vous pouvez compter sur moi,* déclara le néophyte
avec énergie, tout en gagnant la porte d'un pas indécis.

À l'heure dite, notre jeune homme sonnait à la porte du
petit hôtel de la rue de Douai. Il était vêtu de la même façon
que la veille, pour la raison d'ailleurs péremptoire qu'il ne
possédait qu'un seul complet, mais étant donné la gravité de
la circonstance, il avait cru devoir faire l'emplette d'un col
en celluloïd et d'une cravate à dix-neuf sous ; enfin il s'était
fait couper les cheveux et ses gros souliers à lacets reluisaient
comme deux miroirs. À la bonne qui vint ouvrir, il déclara
du ton assuré de l'homme qui est sûr de ne pas faire anti-
chambre :

— *Je viens voir mon ami Sarcey ! Dites-lui que je suis*
Célestin Bournichon, avec qui il a pris l'apéritif hier soir, et
qui vient pour déjeuner.

La bonne, un peu étonnée, introduisit le visiteur dans le
cabinet de travail. Célestin n'éprouva aucune surprise en
apercevant derrière un bureau encombré de livres et de
revues, un monsieur bedonnant, dont le signalement répon-
dait point pour point à celui du beau-frère récemment sorti
du bagne.

« Ça y est, se dit-il, voilà le beau-frère. C'est bien lui...
attends un peu, mon vieux, tu vas voir si je vais te secouer
les puces !... »

— *Je suis venu ici pour voir mon ami Sarcey,* reprit-il à
haute voix, d'un ton qui n'admettait pas de réplique.

Le gros homme parut en proie à une stupéfaction pro-
fonde.

— *Sarcey ?* répondit-il, non sans émotion, mais c'est
moi-même.

Célestin éclata de rire :

— *Ça y est! s'écria-t-il. Heureusement que je suis prévenu.*

Et abaissant sur le vieux monsieur un regard chargé d'un indicible mépris :

— *On ne me la fait pas à moi, Sarcey m'a prévenu, il m'a dit que vous étiez un vilain monsieur, et que vous aviez violé des tas de petites filles. Enfin vous sortez du bagne. Allez donc vivement prévenir votre beau-frère et que ce soit fini!*

Le visage du critique s'était congestionné. Se voir ainsi insulté chez lui, d'une façon aussi grossière, c'était à n'y pas croire ; il s'apprêtait à faire jeter à la porte le jeune insolent, peut-être payé par ses ennemis, quand il songea tout à coup qu'il avait probablement affaire à un fou dangereux, de l'espèce de ceux qui insistent pour aller embrasser le président de la République et dont les poches sont garnies de revolvers et de poignards, parfois même de bombes à la dynamite. En pareil cas, il valait mieux agir par la douceur, gagner du temps pendant que la bonne irait chercher un agent.

— *Mon jeune ami, dit-il d'une voix que la peur faisait trembler, c'est hier que vous avez vu Sarcey?*

— *Parfaitement! Inutile d'essayer de me monter le coup, j'ai eu l'honneur d'offrir l'apéritif à l'illustre critique, au Chat Noir.*

Ce fut pour Sarcey un trait de lumière. Toute sa bonne humeur était revenue, et en regardant le pauvre diable arrogamment campé devant lui, il comprit qu'il n'avait affaire ni à un dément, ni à un ennemi littéraire : il n'y avait sans doute là-dessous qu'une de ces blagues féroces que Salis et ses amis prenaient plaisir à inventer.

— *Enfin, comment était-il, le Sarcey qui vous a invité?*

— *Inutile de chicaner, reprit l'autre, avec une désinvolture superbe, je suis fixé sur votre compte. Tout le monde connaît Sarcey. Il est maigre, pas très grand, avec une barbiche blonde taillée en pointe, et il est vêtu d'un pardessus gris.*

À ce portrait sommaire, le critique avait sans peine reconnu Alphonse Allais.

Ainsi transcrite, et même de seconde main, une mystification de ce calibre appartient à l'évidence au corpus du Chat Noir. Comme appartient à la légende du lieu l'envoûtement qu'y développait Maurice Rollinat lorsqu'il disait ou chantait ses poèmes en s'accompagnant lui-même au piano. Musicien spontané, improvisateur fabuleux, auteur macabre et satanique, il avait le don de porter le trouble à son paroxysme en «aiguisant l'atroce, raffinant l'angoisse», selon les mots de Léon de Bercy qui avouait en avoir gardé une impression inoubliable. Son emprise sur le public était telle que même Léon Bloy acceptait de se joindre à l'enthousiasme général : «Dans cette Jouvence de la célébrité parisienne, les candides applaudissements ont je ne sais quoi d'équestre, de triomphal et qui tient du rêve.»

Gounod voyait en lui «un fou de génie», Hugo créditait son œuvre d'une «beauté horrible». À l'aise dans l'excès, superbe dans la transe, amoureux du morbide, expert en tourments, il était sans rival dans le rôle du poète-interprète. «Incomparable diseur de vers, écrit Michel Herbert dans un portrait saisissant, Rollinat se transfigurait et devenait sublime lorsque, assis de trois quarts devant le piano, il effleurait le clavier de ses doigts inspirés et chantait cette musique bizarre, heurtée, prenante, composée d'instinct, d'un seul jet, sans souci des lois de l'harmonie, cette musique que, la plupart du temps, sa voix extraordinaire, s'étendant sur cinq octaves, était seule capable de traduire. Il ajoutait à l'étrangeté de ses compositions par des hurlements, des grondements, des cris gutturaux, impossibles à transcrire sur une portée, mais suprêmement évocateurs, comme les trois notes de tête, ponctuées de trémolos, qui donnaient l'impression d'une girouette rouillée tournoyant au gré des tempêtes.»

Parfois, Rollinat forçait à ce point la note qu'il en restait hagard, abordant une aire d'outre-tragédie, d'outre-rire. Comme dans ses textes aussi où creusant si fort l'abîme, le sarcasme, le néant, il se retrouvait en terrain de parfaite loufoquerie.

> *Ah! fumer l'opium dans un crâne d'enfant,*
> *Les pieds nonchalamment appuyés sur un tigre.*

Le cabaret, on s'en doute, commence à faire salle comble et à recevoir plus d'écrivains, de diseurs, de chanteurs que n'en peut publier le journal. Et le cagibi, où personne ne voulait se tenir tant il est étroit et sombre, ne désemplit plus depuis que Salis l'a emphatiquement baptisé «l'Institut», feignant de n'y tolérer que des clients triés sur le volet.

A'Kempis (alias Émile Goudeau) l'a évoqué avec son sens inné de l'objectivité et de la mesure : «"L'Institut" est un coin dantesque, shakespearien, terrible. De là partent les formidables tumultes des chansons et des discussions, hurlant, menaçant, océanique, comme une rafale d'épouvante sur le quartier. Petit, tout petit! on n'y tient pas quarante. Dans l'angle, un vieux bahut supporte le rouet de Marguerite, puis des bouquins poudreux, une statuette et le buste de la Femme inconnue du Louvre. Sur les tapisseries, encore des armes, des faïences, des tableaux, et encore le portrait de Desboutin par lui-même, admirable pointe sèche ; et tout près de la croisée, au vitrail vert laiteux, encore une cheminée béante. Le manteau montre, au milieu des potiches, des statues ; sur une touffe de houx recouvrant un plateau de vieux Rouen, une tête de mort du XIIIe siècle regardant les bons vivants du XIXe. »

C'est pourtant dans ce réduit que Léon Bloy et Villiers de l'Isle-Adam poursuivaient d'interminables conversations, là que vinrent s'asseoir Victor Hugo, Garibaldi, Zola, Jules Vallès et même le prince Jérôme

Bonaparte. La publicité ne mentait donc pas absolument quand elle affirmait :

CE CABARET

est la plus Étonnante, Merveilleuse, Bizarre, Grandiose, Stupéfiante Vibrante Création des siècles écroulés sous la Faux du Temps,

Fondé sous Jules César

On y voit les verres dont se servaient Charlemagne, Villon, Rabelais, le cardinal de Richelieu, la duchesse de Chevreuse, Mme de Rambouillet, Mlle de Scudéry, Louis XIV, Mme de la Vallière, Voltaire, Diderot, Robespierre, Bonaparte, Mme de Staël et Mme Récamier, Baudelaire, Baour-Lormian, George Sand, Sapeck, Goudeau.

Demandez à contempler la lyre de Victor Hugo et le luth sonore de Charles Pitou et de Clovis Hugues, poète grêlé.

L'affluence était telle que le trottoir débordait. Salis se mit en tête de réquisitionner, à peu près par tous les moyens, l'échoppe mitoyenne qui abritait un horloger. Le malheureux voulut résister. Il commença par recevoir des monceaux de vases de nuit commandés en son nom dans un grand magasin. Puis, il eut à demeure devant sa boutique un faux aveugle qui jouait de la flûte du matin au soir. Enfin, un soir de campagne électorale, confie Alphonse Allais, «sur le coup de minuit, voilà que deux braves colleurs d'affiches s'aventurent au Chat Noir, munis d'une forte provision de papier et d'un plein seau de colle. Aussitôt, l'un de nous a l'idée positivement géniale d'utiliser ces affiches à l'hermétique calfeutrage de la devanture du petit horloger. Et pendant que Salis saoulait consciencieusement les deux colleurs, nous remplissions leur office avec une activité toute professionnelle. En quelques minutes, il ne restait de la devanture pas un pauvre centimètre carré qui ne fût recouvert d'une épaisse et multiple couche de papier. Pour comble de cruauté, nous avions ajouté à notre colle de pâte une forte dose d'alun, substance qui la durcit et l'insolubilise. Ah! le lendemain matin, je vous prie de croire qu'on ne s'embêta pas! Le petit horloger écumait littéralement. Une éponge à la main, un racloir de l'autre, il s'escrimait, en poussant mille blasphèmes inarticulés. Mais que faire? Sa devanture était bardée d'une terrible substance tenant le milieu entre la porcelaine et le cuir de rhinocéros. Il lui fallut deux jours pour qu'il pût dégager sa porte et rentrer dans sa boutique.» Pour le coup, l'homme jeta définitivement l'éponge et rendit son bail. Salis n'eut qu'à abattre une cloison pour agrandir l'espace réservé aux serviteurs des Muses et aux buveurs d'absinthe qui, par parenthèse, étaient souvent les mêmes.

Cet épisode assez odieux fut néanmoins à l'origine d'une création singulièrement magique. Willette eut à sa disposition un pan de mur qu'il décora d'une surprenante composition, son *Parce Domine*, qu'il décrivit ainsi par le détail: «Les chats miaulent à l'amour... Les blanches communiantes sortent de leurs mansardes; c'est la misère ou la curiosité qui fait tomber leurs voiles sur la neige dont les toits sont recouverts. Aussitôt les Pierrots noctambules cherchent à s'emparer de leur innocence par des moyens diaboliques. De l'Odéon au Moulin de la Galette, les voilà partis pour la chasse aux Mimis Pinsons. C'est avec de l'or ou de la poésie qu'ils tendent leur piège, suivant qu'ils sont riches ou pauvres, bien qu'également pervers, cependant que le vieux moulin moud des airs d'amour ou de pitié. Les ailes en portées de musique tournent au clair de lune, reflet de la mort. Voici à présent la revanche de la fille séduite, qui a jeté son bonnet et son gosse par-dessus les moulins. La voilà qui entraîne, étourdit Pierrot dans un tourbillon de plaisirs et de vices : c'est le Sabbat. Elle l'a ruiné, rendu fou, et l'accule au suicide. Les vierges, tristes et laides, portent son cercueil, tandis que son âme libérée fera son choix d'une étoile. *Parce Domine... Parce populo tuo...* Le peuple des Pierrots est toujours à plaindre. »

Ayant étendu son territoire, Salis ne se connut plus de bornes. Farceur, cabotin, mégalomane ou simplement commerçant rusé, il se lança dans une série d'actions tapageuses qui avaient d'ailleurs le tapage et l'esbroufe pour moteur, et la promotion du Chat Noir pour visée principale. Son journal parut ainsi encadré de noir, annonçant la mort du gentilhomme cabaretier, révélant à longueur de colonnes les circonstances du drame (un suicide) et convoquant la foule aux funérailles en précisant : « Des poètes sont engagés, ainsi que des musiciens pour dire ou chanter des psaumes funèbres. »

Se faisant passer pour son frère, Salis recevait les condoléances, tandis qu'une pancarte annonçait au fronton du cabaret : « Ouvert pour cause de décès ». Il y eut des discours, des cierges, des complaintes autour d'une boîte à violoncelle figurant le cercueil. La cérémonie s'acheva par les remerciements du défunt en personne.

À peine ressuscité, Salis prétendit se faire sacrer roi de Montmartre et partit en bruyante compagnie jusqu'au Moulin de la Galette. Puis il saisit l'occasion d'élections municipales pour se porter candidat et couvrir la Butte de proclamations ébouriffantes, exigeant notamment « la séparation de Montmartre et de l'État ». Son imagination, comme son énergie, semblait sans limites ni repos, car ces éprouvantes pochades ne le dispensaient pas de ses obligations quotidiennes de bonimenteur, de directeur de journal, de fabricant de contes incurablement moyenâgeux.

Parfois, il consentait à abandonner pour un soir son office de batelier. Son remplaçant avait l'éloquence moins ourlée et le vocabulaire plus rude. Il portait cape et chapeau noirs, et une vaste écharpe rouge. Bien que d'une famille assez aisée, il avait été apprenti bijoutier, employé de la Compagnie des Chemins de Fer du Nord, avant de rejoindre le petit peuple de la misère et des rapines. Il était en train d'en devenir le chantre, mais subsistait encore en faisant la manche et en vendant ses chansons à l'unité.

Aristide Bruant avait ainsi un rôle à part, éminent et marginal, dans la programmation du Chat Noir. Il animait, éructait, chantait, faisait la quête, mais ne participait pas aux autres activités du lieu. Par exemple, il ne publiait pas dans le journal. Sans doute pour ne pas perdre le peu d'argent qu'il gagnait en diffusant lui-même ses partitions, sans doute aussi parce qu'il ne se sentait pas très à l'aise au milieu de contributions qu'il devait juger trop disparates ou trop contraires à ses engagements.

Laurent Tailhade indique avec justesse et un soupçon de grandiloquence que «Bruant, pour avoir osé peindre avec une franchise entière, sans hypocrisie et sans atténuation, le monde hétéroclite qui vit en dehors des lois, pour en avoir noté l'idiome avec un goût très artiste, a conquis et gardera dans le Parnasse contemporain une place mémorable qui n'appartient qu'à lui». Cette place singulière, à l'écart, Bruant entendait la préserver. Aussi, quand Rodolphe Salis eut de sérieux ennuis avec les souteneurs qui régnaient sur le boulevard Rochechouart, c'est à lui qu'il céda le bail du cabaret. Plus proche de ceux qui formaient alors ce que l'on désignait sous le vocable de «classes dangereuses», Bruant s'installa apparemment sans difficulté. Il ouvrit le Mirliton et y imposa une variante plus sauvage de «l'esprit montmartrois».

Chez lui le beau monde ne fut plus ironiquement accueilli par les «Messeigneurs, mes gentilshommes, vos Altesses électorales», de Rodolphe Salis, mais par les surnoms choisis d'avorton, fin de race ou viande pourrie. L'un et l'autre possédaient à fond l'art d'effaroucher le bourgeois, cependant la dose d'agressivité du message n'était pas de même nature, le degré d'ambiguïté non plus. Les accents de Bruant n'étaient pas ceux de la dérision débridée, ils restaient dans la résonance des luttes récentes et, à la désespérée, entretenait le goût, le sentiment, l'instinct de la révolte. Salis, lui, avait décidé coûte que coûte, et si possible en engrangeant des bénéfices, de s'abstraire des contingences sociales en usant de tous les sortilèges : la farce, le scandale, la bière, l'absinthe, la pantomime, la musique, l'art, et finalement, ce qui allait devenir sa nouvelle trouvaille, les jeux d'ombres.

Tandis que le Sacré-Cœur continuait interminablement à pousser ses hautes courbes sous le ciel (la construction devait durer jusqu'en 1910), les anciens Communards jugeaient souvent sans bienveillance la kermesse frivole qui se donnait à Montmartre. Jules Vallès ne l'envoyait pas dire à ceux qu'il acceptait pourtant d'appeler ses «copains du Chat Noir» :

L'autre soir, à l'heure de la verte, je suis entré dans votre cage à perroquets — pour en étrangler un. J'aurais bien dû les étrangler tous : le poète qui ressasse dans son gros bec toutes les foutaises du cliché, le peintre sempiternel aux pinceaux estropiés par les vieilles cisailles de l'École, le musicien de Barbarie qui promène son prix de Rome comme un écriteau d'infirme.

De la blague, tout cela, camarades.

Pendant que vous chantez le bleu, les autres broient du noir.

Pendant que vous faites de l'art, d'autres font de la misère.

Tas de pitres en redingote, dont les boniments couvrent, comme l'orgue de Fualdès, les clameurs des assassinés !

Eh bien, non, têtes vides, ventres de son, il n'y a pas que Montmartre.

Le Moulin de la Galette n'est pas la clef de voûte de l'édifice social.

Il y a encore les écoles et les maisons de fous, où l'on broie les cervelles ; les usines où l'on écrase les muscles, farines épouvantables, pâtes humaines que pétrissent à leur gré la Bureaucratie et le Capital.

Des soupiraux de la vieille bâtisse où nous logeons — jusqu'à ce qu'on la démolisse — sortent les « han ! » des boulangers en train de battre de l'homme.

Poète, met ce cri dans tes vers ; peintre, trempe tes pinceaux de ce sang ; musicien, note le bruit de cet écrasement.

Au-dessus de votre art, il y a la question sociale.

Au-dessus de votre cabaret Louis XIII, il y a l'église du Sacré-Cœur qui grandit — sur vos crânes.

Que la pensée qui est dedans éclate comme une mine, envoyant au diable des morceaux de Jésus sanguinolents.

L'heure est venue où toutes les idées doivent être tranchantes — comme des épées.

Dans cet air orageux et rouge, où grondent les révoltes prochaines, le « je m'en foutisme » ne saurait vivre…

Copain Salis, transportez donc, pour voir, votre carriole d'arracheur de bocks, sur le bord de la grande Seine jaune.

Ce sera bien le diable si vos poètes ne sentent pas passer dans leurs cheveux un vent de colère en écoutant la voix du fleuve, ce cimetière qui marche, eût dit Pascal.

Un soir, je vous le prédis, les vers, les musiques et les pinceaux s'arrêteront hagards, au cri suprême d'un suicidé !

Il fallait citer l'intégrale de ce texte. D'abord parce qu'il rassemble à lui seul, et avec quel souffle, les griefs adressés à bon droit à l'entreprise du Chat Noir. Ensuite parce qu'il fut publié en 1883… dans *Le Chat*

Noir! Sous une philippique, à son ordinaire fulminante, de Léon Bloy, il était introduit par le bref «chapeau» suivant : «À cette place devait paraître un article de notre collaborateur Jules Jouy. Mais M. Jules Vallès ayant fait au Chat Noir l'honneur de le prendre pour but à ses foudres, nous cédons volontiers la place au Jupiter des barricades.» Avouons que cela ne manquait ni d'allure ni d'astuce. Nombre des habitués du cabaret et du journal refusaient de passer les journées de fièvre révolutionnaire de 71 et les atrocités de la Semaine sanglante par profits et pertes. Salis le savait et ne voulait nullement renoncer à leur concours, ni à l'authentique poids d'indignation qui lestait leurs écrits.

De là à suivre l'injonction de Vallès, il ne fallait pas y songer! Salis ne transporta pas les pénates du Chat Noir jusqu'au bord de la Seine, à peine en prit-il le chemin en descendant sur moins de deux cents mètres la rue des Martyrs, avant de tourner à droite, rue de Laval, et de s'arrêter à la hauteur du numéro 12. La faible amplitude du déménagement fut inversement proportionnelle aux fastes qui l'accompagnèrent.

Annonce en avait été faite avec la sobriété coutumière : «Montmartre, capitale de Paris, sera secoué par un de ces événements qui, parfois, changent la face du monde. Le Cabaret du Chat Noir quittera le boulevard Rochechouart, que longtemps sa présence a illustré, et s'établira rue de Laval. Dans le palais qui lui convient, Maigriou, le chat des chats, reprendra sa chanson glorieuse, la rue de Laval, qui n'avait pas de légende, entrera dans l'Histoire, et les vieux moulins des hauteurs sentiront joyeusement frémir en leurs ailes le vent nouveau des jeunes Muses.»

Le 10 juin 1885 à minuit, à la lueur des torches, un imposant cortège ameuta le quartier. En tête marchait un suisse en grand uniforme, muni d'une hallebarde, et un porte-bannière aux armes du Chat Noir. Une fanfare annonçait Salis, qui avait pris l'habit d'un préfet de première classe, et donnait le bras à sa femme. Les garçons suivaient en tenue d'académiciens, portant le *Parce Domine* de Willette. Il y avait encore une charrette chargée de tout un bric-à-brac ménager et antique qui précédait les rangs serrés des poètes, peintres, musiciens, sculpteurs, chansonniers, et les noctambules qui s'étaient agrégés à la mascarade.

Parvenus devant la façade de l'ancien hôtel particulier du peintre belge Alfred Stevens, les joyeux déménageurs firent halte et clamèrent leur admiration. Salis avait vu grand et somptueux, c'est-à-dire qu'il avait laissé libre cours à sa très personnelle folie des grandeurs, mêlant l'admirable au tape-à-l'œil, le séduisant au grotesque : et cela sur deux étages. Ce n'était que suites de bas-reliefs, peintures, bibelots, cheminées, tapisseries, sans oublier un lustre en fer forgé «de l'époque byzantine, provenant de la mission Ledrain, et offert à Rodolphe Salis par l'empereur du Brésil en échange d'une collection du Chat Noir reliée en castor selon la méthode des moines de Puteaux».

Chaque salle avait été dûment baptisée. Il y avait la «Salle François Villon» (le cabaret proprement dit), la «Salle des Gardes» (un bar-fumoir), le «Cabinet des Archives et du Contentieux», la «Salle des Colonies», le «Cabinet des Estampes», la «Salle du conseil», l'«Oratoire», la «Bibliothèque secrète», la «Salle privée des Armures», la «Salle de la Rédaction», le «Cabinet de la Direction» (tous désignaient en fait une pièce du premier étage et un cagibi qui servaient à la rédaction du journal). Au second étage, la «Salle des Fêtes», haute de huit mètres, s'était installée dans l'ancien atelier de Stevens et pouvait accueillir cent quarante personnes.

Le nouveau Chat Noir, *L'Hostellerie du Chat Noir* pardon, était désormais une entreprise à vocation multiple : on y banquetait, on y chantait, on y disait des poèmes, on y fabriquait un journal, on y réalisait d'étonnants spectacles dans un théâtre d'ombres imaginé par Henri Rivière. Le succès de ces fantasmagories fut foudroyant. Il vint de vrais rois, de vrais princes, des grands-ducs, des financiers, des politiciens. Salis ne savait plus où donner du «Monseigneur», mais sans être jamais en manque d'une repartie. Un soir, le futur Édouard VII se présenta. Le gentilhomme cabaretier le reçut avec mille courbettes : «Quel honneur pour ma maison ! je ne sais comment remercier Votre Altesse Royale...» Puis, sur un ton confidentiel : «Comment va la maman ?»

Les projections devinrent bientôt quotidiennes, exigeant de plus en plus de moyens techniques et de participants : de nombreux machinistes, des musiciens, des chœurs. Les spectateurs criaient à la merveille, à l'enchantement. Au point qu'Alfred Jarry, voulant évoquer la caverne de Platon, trouva spontanément l'analogie qui convenait en parlant de «Chat Noir antique»!

La société qui se pressait 12, rue Victor-Massé (la rue de Laval venait d'être rebaptisée du nom du compositeur) était plus mêlée que jamais. Des groupes s'y croisaient qui ne fréquentaient guère les mêmes salles. Dans *Un amour de Swann*, Proust évoque un soir où Odette était sortie avec M. de Charlus : «Mais quelle drôle d'idée elle a eue d'aller ensuite au Chat Noir, c'est bien une idée d'elle... Non ? c'est vous. C'est curieux. Après tout ce n'est pas une mauvaise idée, elle devait y connaître beaucoup de monde ? Non ? elle n'a parlé à personne ? C'est extraordinaire.» Extraordinaire en effet de n'être tombé sur aucune connaissance tant le lieu était couru et adopté par le «monde». M. de Charlus voulait sans doute, au prix d'une relative invraisemblance, ménager la jalousie de Swann.

En fait, le public venait désormais comme au théâtre,

comme au café-concert, le côté cénacle littéraire n'était plus l'élément dominant. Les artistes au contraire multipliaient leurs interventions : les poètes écrivaient les livrets des pièces d'ombres, les chansonniers intervenaient au cabaret et pendant les intermèdes du spectacle, les musiciens composaient pour tous, accompagnaient les uns et les autres, le journal publiait en plus des poèmes, des chroniques, des chansons et des contes, des monologues et des arguments dialogués.

La trouvaille des serveurs-académiciens avait été conservée. Ils allaient entre les tables, où trônaient à l'occasion quelques authentiques Immortels, à qui Louis Denise murmurait sa *Ballade de la Coupole* :

> *Chauves comme des veaux mort-nés,*
> *Ils sont là, sur leurs bancs, quarante.*
> *Ils auraient pu n'être que trente.*
> *Mais ils sont quarante ; leurs nez,*
> *Par le tabac enluminés,*
> *Ont des éternuements rythmiques ;*
> *Ils ont quarante ans bien sonnés,*
> *Les fossiles académiques.*

Avec un peu de chance, le même soir, Gabriel Montoya, celui que Curnonsky saluait comme «le Musset du Chat Noir», pouvait entonner en écho :

> *Y a tout en fac' du pont des Arts*
> *Un monument folâtre*
> *Construit pour quarante lézards*
> *Qu'ont bien d' l'esprit comm' quatre*
> *Ce monument-là,*
> *Sacré nom d'la*
> *S'appell' l'Académie*
> *Ses membres caducs*

> *Sont comtes ou ducs*
> *Mais vieux comm' Jérémie.*

De tels couplets n'infléchirent pas vraiment le cours des destinées et ne dissuadèrent ni Jean Richepin ni Maurice Donnay d'aller s'asseoir quai Conti sur leurs vieux jours. Les trajectoires individuelles des participants du Chat Noir sont d'ailleurs des plus divergentes. André Gill et Jules Jouy meurent dans des asiles de fous, Mac-Nab à trente-trois ans à Lariboisière, Édouard Dubus à trente ans sous l'effet de la morphine dans une vespasienne de la place Maubert, Fernand Crésy de misère et de tuberculose, Germain Nouveau en clochard mystique dans le Var... Louis Le Cardonnel se fait prêtre, Gaston Sénéchal intègre l'administration préfectorale, Louis Denise travaille à la Bibliothèque Nationale, Edmond Haraucourt dirige le musée de Cluny (d'où son surnom de «Musset de Cluny»), Félix Decori devient secrétaire général de l'Élysée...

Toujours cet imprévisible maelström, ces rencontres fortuites de tempéraments inversement orientés, comme si le cabaret était un *no man's land*, un espace qui pouvait héberger de violentes offensives tout en restant neutralisé. Même Francisque Sarcey, le «gros critique» qu'Alphonse Allais faisait tourner en bourrique, se mit à fréquenter la rue Victor-Massé. On l'appelait «l'Oncle», et on lui réservait deux chaises jumelées pour qu'il puisse s'asseoir à l'aise.

Cette stratégie attrape-tout, à l'évidence voulue et orchestrée par Salis, participait de l'air du temps : ce n'était pas seulement une affaire de tolérance, une manière désinvolte de mettre ensemble des créateurs aux œuvres antagoniques, aux esthétiques opposées, aux idées inconciliables. C'était aussi une façon d'être empiriquement en phase avec l'état d'incertitude et de doute d'une société qui venait successivement de perdre une guerre et de s'imposer une guerre civile. La griserie, l'irresponsabilité, la confusion plus ou moins consciente formaient des recours de première urgence contre les valeurs et les croyances bien établies qui avaient mené au désastre. Le sérieux ne pouvait être toléré que s'il tolérait à son tour sa propre caricature.

D'où cette cohabitation souvent effarante, dans les salles du Chat Noir comme dans les pages de l'hebdomadaire, ce passage incessant d'une émotion forte, d'une expression sincère, d'une recherche authentique, à de scrupuleuses parodies. Ainsi, au voisinage immédiat de Jean Moréas, Albert Samain ou Marie Krysinska, un sonnet d'Henry d'Erville dont les premiers vers annoncent la couleur :

> *Puisque Phylloxéra, l'ingrate courtisane ! —*
> *Me préfère Bronthos, l'athlète au dur thorax...*

Le travestissement était partout : dans les mots, dans les chants, dans les parures. Il s'agissait d'apparaître décalé, de détourner les poses, d'user d'à peu près tout à tort et à travers. Mac-Nab, qui possédait une voix rauque et fausse, s'ingéniait à rester fidèle à ce registre de phoque enrhumé qui perçait les tympans. Vincent Hyspa, à l'accent gascon prononcé, était systématiquement présenté sous le sobriquet du «Bon Belge», ce que confirmait naturellement «un pantalon à la turque, une redingote persane, une voix caverneuse, une face de mandarin barbu et blagueur, une impassibilité de fakir», selon Léon de Bercy. Quant à Rodolphe Salis, il multipliait les tenues d'apparat, singeant à ce point l'officiel qu'il finissait par en être quasiment dupe. Comme il finissait par se croire l'auteur, en les citant soir après soir, des fables ou des poèmes glanés ici ou là. Un sonnet de jeunesse de Stéphane Mallarmé, alors inédit et communément attribué à Clément Privé, était de ceux-là. Salis y introduisait, entre autres retouches mineures, une seule variante essentielle : les «deux crétins» de son avant-dernier vers étaient en fait «deux êtres» dans l'original mallarméen...

> *Parce que de la viande était à point rôtie,*
> *Parce que le journal détaillait un viol,*
> *Parce que sur sa gorge ignoble et mal bâtie*
> *La servante oublia de boutonner un col,*
>
> *Parce que d'un lit, grand comme une sacristie,*
> *Il voit, sur la pendule, un groupe antique et fol,*
> *Ou qu'il n'a pas sommeil, et que, sans modestie,*
> *Sa jambe sous les draps frôle une jambe au vol,*
>
> *Un niais met sous lui sa femme froide et sèche,*
> *Contre ce bonnet blanc frotte son casque-à-mèche*
> *Et travaille en soufflant inexorablement :*
>
> *Et de ce qu'une nuit, sans rage et sans tempête,*
> *Ces deux crétins se sont accouplés en dormant,*
> *Ô Shakespeare et toi, Dante, il peut naître un poëte !*

Sans engendrer à tout coup des génies, il était de notoriété publique que des idylles amorcées dans le clair-obscur du théâtre d'ombres s'étaient changées en unions très légales. «C'est au Chat Noir, se plaisait à souligner Gustave Le Rouge, que certains personnages, aujourd'hui très arrivés, certains membres de l'Institut même, ont trouvé l'épouse selon leur cœur, la compagne de leur vie.» Cependant, si l'élément féminin exerçait avec succès sa fonction d'appelant, c'était surtout dans les salles de l'hostellerie. Sur scène, il n'y avait guère que des hommes.

Yvette Guilbert ne faisant que de rares apparitions, le rôle de la muse restait propriété exclusive de Marie

Krysinska. Seule femme admise aux Hydropathes, elle fut aussi la seule poétesse du Chat Noir. Comme Maurice Rollinat, elle disait ses poèmes en improvisant au piano et composait de très belles mélodies sur des textes de Baudelaire, Verlaine, Charles Cros ou Maurice Donnay. Certains soirs, un ami de Mallarmé l'accompagnait qui venait également d'imaginer des pièces musicales sur *Cinq poèmes de Baudelaire*. On l'appelait Achille de Bussy, de son vrai nom : Claude Debussy.

Marie Krysinska disputait alors à Gustave Kahn le titre honorifique d'inventeur du vers libre, Rimbaud étant éliminé par défaut, Jules Laforgue par mort subite et prématurée. La controverse était indécise et nul n'eut alors la perspicacité de Michel Butor qui débusqua dans *Notre-Dame de Paris* une «chanson triste et bizarre» qui donnait à Victor Hugo un demi-siècle d'avance. Esmeralda dépossédait Marie Krysinska à la loyale, même si ce qu'entendait l'héroïne du roman, «c'étaient des vers sans rime, comme un sourd en peut faire». Des vers (cela dit sans offenser aucun des chantres du vers libre) «à la Quasimodo» :

> *Ne regarde pas la figure,*
> *Jeune fille, regarde le cœur,*
> *Le cœur d'un beau jeune homme est souvent difforme.*
> *Il y a des cœurs où l'amour ne se conserve pas.*

> *Jeune fille, le sapin n'est pas beau,*
> *N'est pas beau comme le peuplier,*
> *Mais il garde son feuillage l'hiver.*

> *Hélas! à quoi bon dire cela?*
> *Ce qui n'est pas beau a tort d'être;*
> *La beauté n'aime que la beauté,*
> *Avril tourne le dos à Janvier.*

La beauté est parfaite,
La beauté peut tout,
La beauté est la seule chose qui n'existe pas à demi.

Le corbeau ne vole que le jour,
Le hibou ne vole que la nuit,
Le cygne vole la nuit et le jour.

La vocation matrimoniale du cabaret devait s'affirmer au grand jour avec les noces de Franc-Nohain. À l'état civil, Maurice Legrand, et déjà avancé dans la carrière préfectorale, le jeune homme était l'une des dernières recrues du Chat Noir. Alphonse Allais avait pour lui estime et affection. L'estime, il en fit immédiatement part à ses lecteurs : «Les idées qui composent le fond des poèmes de Franc-Nohain sont, en général, bizarres, inattendues, et suggestives combien! L'artiste a su s'affranchir des moules odieux et surannés. Quand, par hasard, il se rencontre un alexandrin, tenez pour certain que Franc-Nohain n'a pu faire autrement et qu'il en est au désespoir.» Quant à l'affection, Allais en témoigna en qualité de confident et d'entremetteur.

Franc-Nohain était amoureux de Mlle Marilou Dauphin, fille de Léopold Dauphin, musicien et poète lié à Stéphane Mallarmé. L'homme usait au Chat Noir du pseudonyme pimpant de «Pimpinelli», mais en tant que père de la dulcinée, il convenait de l'aborder avec un rien de déférence. Franc-Nohain s'en remit à Allais : «À vous, mon cher ami, il appartient de scruter habilement à mon endroit les intentions familiales. Pour votre femme, le cœur de la jeune fille n'aura pas de secret, et je sais que surtout importe de se faire ouvrir cette porte...» Et il ajoutait : «Parmi toutes les fines plaisanteries dont il est nécessaire d'enguirlander

les choses les plus sérieuses — parce que nous sommes
des auteurs gais — vous découvrirez ce qu'il y a de sin-
cère parce que vous êtes mon ami. »

L'idylle fut nouée et dénouée à la satisfaction géné-
rale : mariage il y eut et heureuse vie commune. Appa-
remment Franc-Nohain savait à quels désagréments
domestiques il aurait à faire face, lui qui avait déjà iden-
tifié

LE DONATEUR IMPRÉVOYANT

Au petit Marcel on avait donné un tambour ;
Au bout d'une heure son papa était sourd ;
Au bout de deux sa maman l'était également.
Moralité
C'est un joli cadeau à faire à un enfant.

Franc-Nohain, «poète amorphe», appartenait au
genre des provocateurs doux, des funambules qui pas-
sent entre deux abîmes, préférant le frisson de l'ab-
surde à la gifle de l'invective. Jean Goudezki, au
contraire, usait de l'apathie comme d'une arme d'at-
taque. «L'air navré, raconte Yvette Guilbert, la figure
soucieuse, il s'avançait vers le public en le dévisageant
un bon moment et... comme hésitant à s'adresser à
lui... Puis d'une voix molle et monotone il annonçait :
— Je dis des vers ; eh oui ! Je dis des vers...

Bâtard des trouvères antiques,
Je suis un pilier des boutiques
Dites cabarets artistiques ;

Qu'on dévisage de travers,
Murmurant sur des tons divers :
"C'est le Monsieur qui fait des vers..."

> *Certes le métier n'est pas rose*
> *Et j'aurais bien moins de névrose*
> *Si je pouvais écrire en prose.*

> *Donc pour gagner quelque argent*
> *Je dis des vers devant des gens*
> *Qui doivent être intelligents…»*

On voit d'ici le personnage, qui débitait sur le registre de l'ennui des poèmes de plus en plus féroces avant de sortir de scène à pas lents, les traits toujours aussi accablés, les yeux levés au ciel. «Sa mission était de déconcerter les sots.» Et, conclut Yvette Guilbert : «Il y parvenait toujours.»

> *Je suis un Grec du Bas-Empire, aux temps anciens;*
> *Or mes aïeux, de hauts et fiers patriciens,*
> *Me léguèrent, dans les environs de Byzance…*

Jean Goudezki, qui professait qu'il «est bien pénible de prendre la vie au sucre et bien agréable de prendre l'absinthe au sérieux», s'aventurait, à l'écrit, dans des compositions plus virtuoses, des exercices de style encore inégalés, ainsi d'un sonnet en vers holorimes, le seul à avoir été réalisé en notre langue.

Toulouse-Lautrec dessina la couverture de l'un de ses recueils, *Les Vieilles Histoires*, où l'on reconnaît Rodolphe Salis, de profil, contemplant Paris éclairé d'un étroit croissant de lune. Mais la personnalité de Goudezki, volontairement équivoque sous sa grise pelisse de «poète chaste», se révélait en réalité plus que trouble. Son antisémitisme était tout simplement répugnant. En cela, il n'était pas unique. Plusieurs collaborateurs éminents du Chat Noir connurent pareille évolution : Willette, Caran d'Ache, pour ne citer qu'eux.

Cette veine qui s'exprimait de plus en plus ouvertement trouvait son aliment principal dans les idées de la revanche et un sentiment anti-allemand constamment exacerbé. Même l'hebdomadaire se laissait aller à des rimailleries indignes et xénophobes (sous le titre : *Brasserie allemande* : «... Cela sent le Prussien! Dans ce lieu chaque panse / Semble encor digérer un morceau de la France!...» etc. Poème d'un dénommé Jean Flou). Jehan Rictus et Aristide Bruant, sans déchoir à ce point, en arrivèrent également à se replier sur des positions farouchement nationalistes.

Pour certains, la «fête frivole» autorisait donc de sinistres dérives. Celles-ci étaient d'ailleurs repérables dans le double héritage de la Commune et de la Réaction versaillaise. Le «patriotisme populaire» s'était peu à peu laissé abuser par le «patriotisme des marchands de canons» jusqu'à se rallier au leurre commode qui offrait à la nation un bouc émissaire commun. L'affaire Dreyfus allait servir de catalyseur. Éclatant en 1896, deux ans après un jugement qui n'avait pas fait de vague, elle contraignait à des regroupements, elle exigeait une prise de conscience et un combat politique. Le temps des engagements collectifs redevenait possible. Une cause était née où chacun, pour le meilleur ou le pire, se devait de choisir son camp.

Il n'est pas insignifiant de rappeler que l'aventure du Chat Noir, commencée au lendemain de l'amnistie des Communards, s'achève tandis que s'esquissent les premières turbulences de l'affaire Dreyfus. Certes, la mort de Salis le 17 mars 1897 brise net l'entreprise, mais le déclin date de plus tôt. La fin de la phase créative se repère, par étapes, assez aisément dans le journal. Il y a dès novembre 1887, une démission collective de la rédaction qui a valeur de symptôme. Il y a en 1892, l'éloignement d'Alphonse Allais. Il y a en avril 1895, le changement de format de l'hebdomadaire qui, mécaniquement, correspond à un effondrement de la qualité rédactionnelle.

Dans sa préface au recueil *Les Gaîtés du Chat Noir*, paru en 1894, Jules Lemaître parle de quinze années « d'anarchie littéraire ». Sa remarque s'applique explicitement à Allais dont il loue « les écritures bizarres » et le « maboulisme », mais elle définit par extension l'ensemble du champ artistique. Le Chat Noir s'inscrit tout entier en cette période d'effervescences insensées, d'explorations, de commotions, d'anticipations fulgurantes et de fossilisations soudaines.

Cabaret et journal auront été les parfaits révélateurs de l'époque. Creusets où frémissaient l'or et le plomb entre deux rasades d'absinthe et deux flaques de sang, ils auront réussi, par alchimie légère et folle, à changer le chaos ambiant en un gai, en un très gai chaos.

Le livre que l'on va lire ne ressemble pas tout à fait à une anthologie. Il se veut plutôt une évocation libre d'un lieu ouvert aux paroles et aux écrits. S'il fait principalement référence aux textes imprimés dans l'hebdomadaire du Chat Noir, il tient également compte des séances publiques au travers des témoignages de première main qui y font allusion. Ainsi se trouvent inclus plusieurs auteurs comme Clovis Hugues, Jehan Rictus et Erik Satie qui jamais ne publièrent dans le journal, mais participèrent à des récitals boulevard Rochechouart ou rue Victor-Massé.

En revanche, et bien à contrecœur, il a fallu renoncer à la présence d'Alfred Jarry, Léon-Paul Fargue et Jules Laforgue, faute de preuves. Le premier a pourtant dédicacé un ouvrage à Salis et fréquenté l'hostellerie, comme Fargue, son condisciple ; le troisième semble n'avoir eu connaissance que de quelques numéros de la revue. Aucun des contemporains ne dit les avoir entendus déclamer dans la «Salle François Villon».

Autre licence : *les Poètes du Chat Noir* ne sont pas tous poètes à proprement parler. À commencer par Rodolphe Salis, George Auriol ou Pierre Mille. Mais comment écarter l'âme damnée du lieu et l'un de ses plus fidèles lieutenants? Et comment ne pas faire place à une parodie poétique particulièrement réjouissante, même sortie de l'esprit d'un romancier par ailleurs assez pauvrement inspiré?

«Dieu a créé le monde, Napoléon a créé la Légion d'honneur, moi j'ai fait Montmartre…» Salis se tiendra donc sur le seuil, comme à son ordinaire, mais sans avoir à la bouche l'une des harangues qui lui assurèrent une gloire immense et éphémère. Il ne reste de ses improvisations que des bribes retranscrites : la truculence y manque et d'espace et de chair. Le gentilhomme cabaretier viendra avec deux contes typiques de sa manière archaïsante, paillarde et bravache.

Ensuite, nulle litanie alphabétique : un «ordre d'entrée en scène». Ce qui annonce encore les choses de biais, puisqu'il n'y avait pas vraiment de scène et qu'il n'est pas facile d'établir une chronologie précise des prestations orales! Résultat : une navigation à l'estime entre publications (facilement repérables) et apparitions publiques (tributaires de chroniques incomplètes). Aristide Bruant surgit ainsi en troisième position alors qu'il ne passe que furtivement dans l'hebdomadaire, et fort tard. Mais il est l'auteur de l'hymne de ralliement du Chat Noir, et il fut dès l'origine l'une des figures marquantes de l'établissement.

Alphonse Allais n'est pas un client plus docile. Ses facéties anticipèrent les textes publiés qui, pour tout simplifier, multipliaient les pseudonymes! Le choix des extraits proposés privilégie ce qui, dans l'œuvre, touche de près ou de loin à la poésie (avec une dérogation ô combien nécessaire après absorption des vingt-huit cocktails du Captain Cap : qui lira jugera !).

Afin de lester préventivement le lecteur de visions prophétiques et de le bien disposer à l'égard du pharmacien repenti, on ne peut moins faire que de décrire les sept toiles présentées à l'exposition des Incohérents par Alphonse Allais, en signalant que *Le Chat Noir* du 17 octobre 1883 y fit une flatteuse quoique anonyme allusion.

* *Combat de nègres dans une cave pendant la nuit* (rectangle uniformément noir).
* *Stupeur des jeunes recrues en apercevant pour la première fois ton azur bleu, ô Méditerranée !* (rectangle bleu).
* *Des souteneurs, encore dans la force de l'âge et le ventre dans l'herbe, boivent de l'absinthe* (rectangle vert).
* *Récolte de tomates par des cardinaux apoplectiques au bord de la mer Rouge* (rectangle rouge).
* *Bande de pochards dans le brouillard* (rectangle gris).
* *Première communion de jeunes filles chlorotiques par temps de neige* (rectangle blanc).
* *Manipulation de l'ocre par des cocus ictériques* (rectangle jaune).

Mais revenons un instant sur les critères (élastiques et résistants : genre roseaux pensants et caoutchouteux à usage de lance-pierres) en vertu de quoi s'organise l'ouvrage. Chaque auteur se présente sitôt que repéré. Et d'un bloc, même si pas mal de vent est passé d'un poème à l'autre entre les ailes du Moulin de la Galette. Précision : le premier écrit ou la première profération du susdit n'est pas forcément retenu. Il y a tri et agencement des textes autant que des poètes.

Pourquoi avoir laissé de côté, avec cent autres,

Eugène Torquet, Jules de Marthold, Félicien Champ-
saur, Tancrède Martel, Gustave Vautrey, Léo Trézenik,
Charles Pitou, Félix Decori, Charles Morice, André
Lemoyne, Albert Tinchant, Jean Rameau, Laurent
Tailhade, pourtant appréciés de leurs contemporains ?
Pourquoi avoir douté de l'estimable Georges Vanor
quand il déclare la main sur le cœur : « Je vis dans
l'amour seul des rimes et des roses… » ?

Une réponse générale n'aurait valeur que de pirouette
malhonnête : il n'y a que des cas particuliers. Exemple :
André Lemoyne, poète de la vie rurale égaré à Mont-
martre ; sa sensibilité est ici nettement en porte à faux.
Exemple : Laurent Tailhade, satiriste violent et inventif
du temps des Hydropathes, qui soudain semble
balourd au Chat Noir. Exemple : Albert Tinchant, l'un
des piliers du cabaret et de l'hebdomadaire (en tant
que pianiste, secrétaire de rédaction et, à l'occasion,
homme à tout faire de Salis), franc buveur sympa-
thique, mais rimeur assez fade, dont on peut citer un
sonnet pour gage de son assiduité (en imaginant le
tableau du pochard murmurant des douceurs, ou
mieux : du faune qui broute des myosotis).

> *Je l'apercevais tous les jours*
> *Le matin, fraîche à sa croisée*
> *Comme une goutte de rosée*
> *Avec ses grands yeux de velours.*

> *Et je m'enthousiasmais toujours*
> *De cette chair tendre et rosée*
> *Où semblait s'être reposée*
> *Quelque troupe de blonds amours.*

> *Je manque parfois de hardiesse,*
> *Mais si vive était ma tendresse*
> *Que je l'eusse abordée, enfin,*

> *Si je n'avais pas vu paraître*
> *Par un beau soir, à sa fenêtre,*
> *Ma fauvette… avec un serin.*

Avec Théodore de Banville, le dilemme est d'une autre sorte : il n'était pas familier du Chat Noir et l'hebdomadaire ne le publia qu'une fois, reprenant en forme d'hommage un poème qui avait été une adresse amicale, un salut du vieux maître à ses turbulents confrères. Donnons-en donc la version intégrale pour qu'il ne soit pas dit qu'un clin d'œil facétieux du sévère auteur du *Petit traité de poésie française* nous ait échappé.

> *Hommes, passants jetés sur le vaste univers,*
> *Le Chat Noir vous regarde avec ses fins yeux verts*
> *Et s'étire, et, la patte encor pleine de cendre,*
> *Vous prédit l'avenir, comme jadis Cassandre.*
> *Je l'entends. Il vous dit : Les pantoufles de vair*
> *Seront bonnes, — car il fera froid — cet hiver.*
> *Au contraire, en juillet, revêtez un costume*
> *Léger, car les trottoirs fondront, et, leur bitume*
> *Embarrassant les pas des femmes, par milliers*
> *Attacheront des flots gluants à leurs souliers.*
>
> *Pour que Lydie en fleur tressaille à votre approche,*
> *Mangez d'excellent bœuf rôti, cuit à la broche,*
> *C'est un remède sûr dont l'effet n'est pas vain,*
> *Et buvez le soleil dans les pourpres du vin.*
> *Si vous ne voulez pas (c'est la vieille querelle)*
> *Être sinistrement ce que fut Sganarelle,*
> *Avec certificats dûment contresignés,*
> *Soyez un bon mari fidèle — et besognez !*
> *La belle chair de neige est une inspiratrice,*
> *Et tous les chats sont gris dans la nuit protectrice,*

Quand la reine de Cypre en son divin manoir
Les appelle, mais le Chat Noir est toujours noir.

Oui, ce mystérieux disciple d'Épicure
Vous conseille très bien, même dans l'ombre obscure.
Vénérez le cruel Amour, dictant ses lois ;
Lisez, pour être gais, de bons contes gaulois :
Voilà, je pense, à quels fous desseins vous excite
Par ses discours, le Chat, noir comme le Cocyte.
Afin que son mystique amour nous rapprochât,
Je me suis inspiré de son esprit de Chat,
Et calme, pour le monde ainsi que pour la ville,
Je signe en trois mots :
                        Théodore de Banville.

Pourquoi alors, dira-t-on, avoir accueilli Francis Jammes qui ne fait qu'une brève apparition ? Parce que son incongru *Sabbat* prouve qu'il n'a pas toujours été en odeur de sainteté. Pourquoi Germain Nouveau qui lui aussi file comme un météore ? Parce que c'est Germain Nouveau. Et pourquoi Achille Mélandri ? Parce qu'il offre une composition de sculpteur : il met les mots avec les mains. Et pourquoi Edmond Haraucourt que brocardait si justement Jules Laforgue dans sa lettre du 23 avril 1885 à Gustave Kahn ? (« Les Haraucourt / Sont moins rares / Qu'un bon cigare / Par le temps qui court. ») Parce que l'auteur de *L'Âme nue* est aussi celui, sous pseudonyme, de *La Légende des sexes* qui, à sa manière, fit date... Une réponse à réutiliser séance tenante si le questionnement en vient à : pourquoi *Les Déliquescences d'Adoré Floupette* !

Faut-il encore préciser que la place faite à chacun est des plus inégales ? Pour des raisons différentes. Les œuvres de Charles Cros, Verlaine, Mallarmé, Villiers de l'Isle-Adam se trouvent partout : ne sont donc reproduits ici que des textes parus dans *Le Chat Noir* (exception faite pour *Le Hareng saur* qui ne cessait d'être déclamé au cabaret). Les chansonniers et chanteurs, Jules Jouy, Mac-Nab, Vincent Hyspa, Victor Meusy, Léon Xanrof, Gabriel Montoya, étant dans une situation exactement inverse, ils occupent plus de pages que ne leur en concéderait une estimation impartiale. Maurice Rollinat, Marie Krysinska, Franc-Nohain sont longuement cités : ils ont imposé des contrepoints nécessaires. Tous les autres sont là pour créer la surprise, et affirmer que ce livre ne veut pas être un palmarès.

Enfin : Erik Satie. On raconte qu'il se serait présenté au Chat Noir en qualité de «gymnopédiste» et que Rodolphe Salis, impressionné, lui aurait répondu : «C'est une bien belle profession», avant de l'engager à tenir le piano les soirs où Georges Fragerolle, trop ivre, ne distinguait plus guère les touches blanches des noires. Les succulentes improvisations écrites, retenues ici, datent de bien plus tard, mais elles sont à elles seules la survivance la plus opérante de «l'esprit du Chat Noir». Il était impossible de ne pas les offrir en point d'orgue.

Après 1897, il y eut quelques tentatives pour ressusciter soit le cabaret, soit le journal. Toutes échouèrent, n'étant que de pâles copies là où il aurait fallu pour le moins doubler la mise en se risquant à parodier la parodie. Comme les bibelots, les tableaux, les documents, les partitions, les livres de l'hostellerie avaient été dispersés aux enchères publiques en mai 1898, l'héritage artistique du Chat Noir devait connaître de nombreuses migrations et résurgences. D'un côté, un ancrage spécifiquement montmartrois ; de l'autre, des rebonds successifs, imprévus, créatifs : Dada, le Surréalisme, le Collège de Pataphysique, l'Oulipo.

Des œuvres comme celles de Prévert, Queneau, Boris Vian, Ionesco, Henri Michaux (Plume, avant d'entrer dans la chambre de la Reine, avait-il lu le *Conte pour rendre les petits enfants fous* d'Henry Somm ?) reprennent et développent des thèmes, des sonorités, des rythmes ébauchés au Chat Noir. Et que dire de la filiation où se retrouvent pêle-mêle Pierre Dac, Francis Blanche, Boby Lapointe, Raymond Devos, Romain Bouteille, Pierre Desproges et Coluche ?

C'est un rêve étrange, et qui ne laisse pas d'être pénétrant, que celui qui propose un lieu qui n'existe plus, qui n'existe pas, où se seraient côtoyés poètes de renom, compositeurs, musiciens, dessinateurs, paroliers, dramaturges, monologuistes... Imaginons un soir, à Montmartre ou ailleurs, Léo Ferré chante *Jolie môme*, *Thank you Satan*, *Les Anarchistes* ; Francis Ponge dit *Le Gymnaste* et *Le Papillon* ; Pierre Dac et Francis Blanche enchaînent (après boire) sur le sketch du *Sâr Rabindranath Duval*, Pierre Jean Jouve risque des extraits d'*Isis* accompagné par Olivier Messiaen, on donne lecture de *La Cantatrice chauve*, Reiser multiplie les caricatures, Boby Lapointe scande «Avanies et framboises sont les mamelles du destin...». Avec, naturellement, la semaine suivante quelques-uns des textes publiés dans *Charlie Hebdo* ou *Le Canard enchaîné*!

Au 84, boulevard Rochechouart, on vend des frusques. 12, rue Victor-Massé, une façade grisâtre et deux plaques : l'une annonce un cabinet dentaire (le gentilhomme cabaretier remplacé par un arracheur de dents !), l'autre objecte contre l'oubli.

PASSANT ARRÊTE-TOI
Cet édifice fut consacré
Aux Muses et à la Joie
par
Rodolphe Salis
Il y logea le fameux
Cabaret du Chat Noir
1885-1896

Boulevard de Clichy, à l'angle de la rue Coustou, un bistrot use du nom du beau matou nocturne. Formica, flippers, chaises métalliques. Misère. Ennui. Misère. Restent en cherchant bien quelques fantômes loufoques, comme il se doit plus phoques que loups. Aussi une accordéoniste qui s'appelle Florence. Et des énigmes qui égarent les meilleurs archivistes. Avec, finalement, l'angoissante question : où est passé le crâne de Louis XIII enfant ?

ANDRÉ VELTER

LA FONDATION DU CHAT NOIR
par Émile Goudeau

Je montais mélancoliquement un soir la pente de la rue des Martyrs, me rendant au cabaret de la Grand'Pinte où j'espérais me rasséréner un peu en bavardant avec Manet, Desboutin et d'autres. J'étais assis depuis quelques minutes, lorsqu'une bande joyeuse fit son entrée. C'était quelques hydropathes montmartrois : le peintre René Gilbert, le géant Parizel et celui-ci et celui-là ; ils vinrent s'asseoir près de moi. Tout à coup Gilbert me dit, en me désignant un jeune homme, robuste, blond fauve, qui les accompagnait :

— Tu ne connais pas Rodolphe Salis ?

— Non, fis-je. Vous n'êtes jamais venu aux hydropathes.

— Jamais, je faisais de la peinture à Cernay, loin des rumeurs de la ville, répondit l'homme blond.

Et puis, il ajouta :

— Je fonde un cabaret artistique boulevard Rochechouart, 84, voulez-vous assister au dîner d'ouverture ?

— Volontiers, lui dis-je.

C'est ainsi que je fis la connaissance de Rodolphe Salis.

Ah ! messeigneurs, gentilshommes de la Butte, manants de la plaine, croquants et tenanciers, arbalétriers, cranequiniers et tous autres, ah ! quel cabaret ce fut dès le début, que celui que fonda Rodolphe Salis !! Tudieu ! ventre-saint-gris ! palsambleu !

Salis était peintre et faisait des chemins de croix à qua-
torze francs! Son père, grand liquoriste de Châtellerault, se
hâta de le maudire, lui, les beaux-arts et les belles-lettres.
Messeigneurs! ce fut un rude coup pour Rodolphe; il essaya
d'attendrir son père, le père inflexible répliqua :

— *Fais du commerce!*

En ce temps-là, on commençait à peine à ouvrir des caba-
rets Moyen Âge, Renaissance ou Louis XIII. La Grand'-
Pinte en était le type; mais là les peintres se réunissaient
sans tapage, comme ils l'eussent fait au boulevard. Salis
songea à réintroduire le tumulte, la folie haute, et la chan-
son bardée de fer dans nos mœurs édulcorées. De plus,
sachant bien que tous les arts sont frères, il se demanda
pourquoi les littérateurs ne viendraient pas s'adjoindre aux
peintres, pour leur prêter quelques syllabes volantes, peut-être
ornées de rimes sonores.

— *Je serai gentilhomme-cabaretier, se dit Salis, peintre*
encore, mais littérateur aussi et chansonnier. À moi l'ave-
nir!

Et le Chat Noir *était fondé.*

Ah! messeigneurs! Ce fut une rude époque quand le chat
en potence se balança au-dessus de l'huis, boulevard Roche-
chouart. J'y étais, grand'mère, j'y étais! On but sérieuse-
ment, on chanta à démolir les murailles, et l'aube nous vit
sortir de cette inauguration, nobles et hautains, devenus
enfin gentilshommes du Moyen Âge — ah! non, pas du
Moyen Âge — mais style Louis XIII, le plus pur, comme
disait Rodolphe.

Un chat en potence, un chat sur le vitrail, des tables de
bois, des sièges carrés, massifs, solides (parfois balistes contre
les agresseurs), d'énormes clous appelés clous de la Passion
(la Passion *de qui, ô Louis XIII le plus pur) ? des tapisse-*
ries étendues le long des murs au-dessus de panneaux dia-
mantés arrachés à de vieux bahuts (que Salis collectionnait
dès sa plus tendre enfance), une cheminée haute, dont la
destinée sembla plus tard être de ne s'allumer jamais, car elle

abrita sous son manteau, et porta sur ses landiers, toute sorte de bibelots : une bassinoire, rutilante comme si Chardin l'eût peinte, une tête de mort authentique (Louis XIII peut-être), des pincettes gigantesques, — un fouillis ; mais de fagots, point.

Sur un coin du comptoir, un buste, la Femme inconnue, *du Louvre, et, au-dessus, une énorme tête de chat, entourée de rayons dorés, comme on en voit dans les églises autour du triangle symbolique. Dans le fond, une seconde salle plus petite, exhaussée de trois marches, avait également à hauteur d'homme sa ceinture de panneaux diamantés soulignant les tapisseries, sur lesquelles les fameux clous de la* Passion *supportaient des fusils à pierre, des glaives inusités, tandis que la haute cheminée — heureusement peu semblable à l'autre — remplaçait les bibelots antiques par une joyeuse attisée bien moderne, que visaient en demi-cercle les pieds des peintres, des sculpteurs, qui vinrent là dès l'abord, et ceux aussi des poètes et des musiciens, qui ne tardèrent pas à surgir — suivant nos traces hydropathesques.*

L'ouverture du cabaret eut lieu en décembre 1881. La présence de quelques poètes fit éclore le journal le Chat Noir *en janvier 1882.*

C'est là ce qui tira hors de pair immédiatement le cabaret du gentilhomme Salis. Un journal illustré, contenant des vers et des proses, et des annonces, celle-ci entre autres, dans le premier numéro :

LE CHAT NOIR

CABARET LOUIS XIII

Fondé en 1114 par un fumiste.

C'est dans ce premier numéro également qu'on annonçait le départ du célèbre reporter montmartrois A'Kempis (alias Émile Goudeau) vers les pays étrangers désignés sous le nom d'États-Unis de Paris. L'idée de Montmartre ville libre germait.

Un second explorateur, Jacques Lehardy, partait aussi dans une autre direction. Ce deuxième voyageur n'était autre que le poète Clément Privé, l'auteur de fort jolis vers introuvables, et d'un sonnet que bien des gens s'attribuent.

Il y avait dans ce numéro un dessin de Salis.

Bientôt le succès répondit à ces appels. Les dessinateurs apparurent d'abord : Willette, Pierrot-Willette, ce poète du crayon, l'auteur de chefs-d'œuvre de peinture, tels que le Parce Domine, l'Enterrement de Pierrot, le Vitrail *du nouveau* Chat Noir, *et d'innombrables dessins pareils à des drames ou à des comédies ; car c'est là le caractère du talent de Willette : une conception abstraite dominant la composition, dont la forme parfaite enveloppe l'idée, la concrétise et la rend poignante :* les Oiseaux meurent les pattes en l'air, l'Âge d'or, *valent n'importe quel poème. On était déshabitué de penser en regardant les* morceaux de peinture, Willette, *avant tout, veut penser et faire penser. Il est mélancolique le plus souvent, ironiquement triste ; mais parfois une gaieté bouffonne s'empare de lui, ou une verve satirique impitoyable, et alors c'est un maître de rire. Il s'appelle Will, comme Shakespeare.*

Tiret-Bognet, Henry Somm, Uzès, Henri Rivière, puis bien plus tard Caran d'Ache et Steinlein furent les fournisseurs attitrés du Chat Noir. *Tiret-Bognet, un humanitaire, un salutiste, soldat de l'armée du salut, triste et doux ; Henry Somm, un japoniste parisiennant, spirituel et gai ; Uzès, satirique, enlevant alertement des silhouettes ; Henri Rivière, macabre, une sorte de Rollinat du crayon, qui jeta maint croque-mort en maint paysage neigeux ; Caran d'Ache, le dessinateur élégant, collet monté, et Steinlein, dessinateur d'oiseaux et de chats, qui trousse aussi les petites femmes.*

Et bientôt, des parages de l'Odéon, les poètes et les musiciens prirent le chemin du Chat Noir. *Rollinat, Haraucourt, Lorin, Paul Marrot, Charles Cros, Félicien Champsaur, Armand Masson, Georges Fragerolle, Léo Montancey, etc., etc., etc.*

*Ce fut une invasion de ces deux arts : la poésie et la
musique, dans le sanctuaire de la peinture, dans Mont-
martre, le pays des arts plastiques. Il y eut, devant le feu
allumé dans la petite salle du fond, fusion entre les diverses
branches du Beau. Aussi mérita-t-elle bientôt le surnom
d'Institut, surnom ironique et gai qui lui resta. L'arrivée des
poètes et des musiciens amena l'introduction d'un piano, et
peu à peu ce que l'on appela les séances du vendredi. Ce
jour-là, vers quatre heures, quand une foule houleuse avait
garni les bancs et s'était accoudée sur les tables chargées de
verres, on voyait, descendant avec gravité les trois marches
de l'Institut, comme si c'eût été les gradins de l'Acropole, ou
tout au moins les trois fameuses pierres de Tortoni, on voyait
les bons diseurs de sonnets et de ballades, cependant que,
par une marche triomphale, quelque symphoniste héroïque
accueillait leur venue.*

La voix de Salis montait dans la buée des pipes :

*— Messeigneurs, du silence, le célèbre poète X... va nous
faire entendre un de ces poèmes pour lesquels les couronnes
ont été tressées par des nymphes dans les grottes... dans les
grottes de Montmartre, la ville sainte.*

*C'est à peu près de la sorte, partant grandement, et tour-
nant court, ou aboutissant à quelque bonne calembredaine
que se meut l'éloquence du gentilhomme-cabaretier Rodolphe
Salis.*

*À ces paroles retentissantes, le silence s'établissait, et le
jeune lyrique versait des strophes d'or, d'argent, de cuivre ou
de nickel, que payaient largement les applaudissements des
dilettanti.*

*Ce fut bien vite comme une seconde salle d'hydropathes,
avec cette différence qu'au lieu d'avoir des étudiants pour
auditeurs, c'étaient des peintres, des dessinateurs et des ama-
teurs. La jeunesse y était en majorité ; mais on ne s'y éton-
nait pas, comme on l'aurait fait au Quartier latin, de
l'apparition subite d'une barbe blanche.*

Vers les débuts, autant le journal était fantaisiste, bouf-

*fon, absurde d'ironisme, autant les poètes étaient graves,
choisissant les poésies les plus sombres. Je constate le phéno-
mène sans l'expliquer. Mais bientôt le poète populaire Jules
Jouy apparut, ainsi que les chansonniers Meusy et Mac-
Nab, puis Charles Leroy qui suivant les traces d'A. Pothey,
imagina la caricature militaire de Ramollot, et ce fut abso-
lument comme aux hydropathes, un mélange — sans doc-
trine — de gaieté et de sérieux. Ici, dès à présent, je pourrais
remettre presque toute la liste des poètes hydropathiques.
Sauf Taboureux, demeuré inébranlable sur le rocher du
Panthéon, comme un Prométhée enchaîné, tous vinrent là
dire leurs vers et les publier dans le journal à côté des poèmes
de Willette.*

*Le rédacteur en chef, Émile Goudeau, avait pour secré-
taire de la rédaction Edmond Deschaumes. L'Hydropathe
était mort, la Plume (la Revue verte) morte aussi ; le Chat
Noir, journal, faisait un héritage sûr, de même que les
séances du cabaret héritaient des séances hydropathesques.*

*Mais l'acclimatation des arts, si près de l'Élysée-Mont-
martre, ne se fit pas toute seule. D'abord, le propriétaire
avait demandé à Rodolphe Salis quel genre de commerce il
comptait tenir :*

*— Oh ! avait répondu le gentilhomme, ce sera un tout
petit cabaret-restaurant, pour mes amis, une quinzaine, des
gens bien tranquilles... Vous verrez ! vous verrez !*

*Le propriétaire put voir, peut-être ; mais, à coup sûr, il
entendit.*

*Tudieu ! messeigneurs ! Le piano gémissait tout le jour, et
le soir, et fort avant dans la nuit ; on chantait en chœur les
meilleurs refrains du répertoire populaire, et parfois on s'ac-
compagnait en tapant sur des plateaux de zinc en guise de
gongs ! Tudieu ! quel calme !*

*Parfois, d'horribles souteneurs tentaient de venir s'asseoir
parmi nous. Alors, l'expulsion commençait, ils revenaient
en nombre, et cela se terminait par quelque formidable
bagarre... Il y eut même mort d'homme !*

Mais passons à quelque sujet plus gai.

L'édifice — tout Louis XIII fût-il — était long mais étroit. On y tenait difficilement trente, et quand on était seulement une centaine, cela devenait un de ces problèmes bizarres devant l'heureuse solution desquels la science recule épouvantée. Le tassement perpétuel! La sardine à l'huile!

On n'était séparé d'un horloger voisin que par une cloison facile à abattre. Pourquoi cet industriel ne cédait-il pas son droit au bail? Ah! le pauvre homme! tombé entre les mains de Sapeck, d'Alphonse Allais et de Louis Decori, il ne tarda pas à se déclarer vaincu.

On recula les bornes du cabaret, et sur la place conquise, sur le mur enfin accaparé, Willette posa sa large toile: Parce Domine, *qui symbolise d'une saisissante façon la vie gaie à la fois et atroce des troubadours de la poésie et des pierrots Gobe-la-Lune. Voici: du Moulin de la Galette une étrange procession descend vers une rivière infernale, vers un fleuve noir, la Seine, égout collecteur. Jeunes les Pierrots, blanches et roses les Pierrettes, au départ! Puis, frénétiques adolescents, puis vieillissant sur la pente roide, toujours le verre en main et la chanson aux lèvres, mais portant le deuil de leurs illusions sur leurs faces pâlies, sur leurs vêtements assombris! Enfin croulants, vieux Pierrot fané, Pierrette à patte d'oie, dans le trou sombre, du suicide sans doute, de la folie peut-être ou de la phtisie, dans l'abîme où des sirènes mornes attendent cette proie, tandis que le Vertueux, dans un cercueil orné de la croix blanche, monte vers le ciel où dansent, alertes et joyeuses éternellement, les étoiles symboliques.*

Page triste, avertissement sauvage du poète Willette, qui a l'air de dire aux Villons épars sur les bancs, près des tables du cabaret, aux bohèmes qui lèvent leurs verres et lancent leurs chansons: «Frères! il faut bifurquer à temps!»

C'était l'époque où l'idée de la mort le hantait lui-même, au milieu des camarades étincelants de verve audacieuse. Il se complaisait à ouïr les macabres poèmes de Rollinat, les

*féroces cantilènes plaquées sur les sonnets les plus sombres de
Baudelaire. La mort attire! Heureusement quelques chan-
sons vibrantes, quelques odes à la Gaieté que nous chantions
parfois, chassèrent ces impressions funèbres, dont porte
la trace le dessin du numéro 44 (*Chat Noir*, samedi
11 novembre 1882).*

Ce fut ce mois-là précisément que le Figaro, *par la plume
de Wolff, lança en pleine lumière Maurice Rollinat. Le
poète eut son heure de très grand succès; et* les Névroses,
*publiées par Charpentier, le consacrèrent définitivement.
C'est l'énergique chantre de la lamentation des âmes et des
choses. On peut ne pas aisément supporter d'être perpétuel-
lement soumis à cette effroyable torture de contempler la
mort face à face, et de toujours plonger son regard dans les
orbites creuses; mais Rollinat possède l'indéniable puissance
de le pouvoir faire, sans tomber dans la folie, et de nous
revenir de ce spectacle horrifiant, les cheveux dressés et la
face bouleversée, mais la bouche chantant encore.*

*Nous, plus bizarrement audacieux peut-être dans notre
ironie, nous avions joué avec la mort. Afin de forcer cer-
taines gens qui le harcelaient à le laisser tranquille, Salis
résolut de se faire passer pour mort. Malgré les supplications
de sa famille, ce fut chose décidée, et voici comment ce fut
exécuté.*

Le journal le Chat Noir *parut encadré de deuil, avec une
oraison funèbre sur cet infortuné gentilhomme, qui, au
moment du succès, était passé subitement de vie à trépas.*

*Sur la porte, une pancarte énorme, bordée de noir, portait
cette inscription :* Ouvert pour cause de décès. *Rodolphe
Salis lui-même représentait la famille, il était le frère du
défunt, un frère tellement ressemblant, qu'il en était presque
jumeau.*

*Sur quatre chaises reposait la boîte à violoncelle fournie
par Tolbecque, boîte recouverte d'une étoffe noire brodée de
larmes d'argent; au-dessus un pain rond en forme de cou-
ronne; quatre cierges allumés; dans un pot d'étain, un peu*

*d'eau et un goupillon. Puis l'ami D... en maître des céré-
monies, le jeune peintre S... en religieuse, G... en simple
sonneur, agitant l'un contre l'autre deux plateaux métal-
liques, imitant à s'y méprendre le son des cloches.*

*Quand quelqu'un entrait, on le priait de s'asseoir, sans
faire de bruit. Dès que le cabaret fut plein, les discours com-
mencèrent. Ce fut à qui dauberait sur le mort, on disait pis
que pendre de ce cadavre, et Salis, caché derrière le piano,
soufflait à l'orateur : Assez! assez!*

*Que l'on trouve cela d'un goût douteux, il est certain
pourtant que tous ceux qui assistèrent à cette parodie
funèbre, s'y sont singulièrement amusés, d'un amusement
nerveux, spécial, irritant, comme si, à une noce, après boire,
on braillait en chœur quelques dies iræ sur un air de carna-
val. Les collégiens et les étudiants sont coutumiers de ces
plaisanteries lugubres. C'est un privilège de la jeunesse. Or,
nous étions jeunes!*

*Comme moins triste parodie, il y eut l'élévation de Salis
au grade de roi de Montmartre. Il dut revêtir un costume en
or, des étoffes inouïes, se munir d'un sceptre. Après avoir
reçu les hommages des peuples, il s'en alla prendre possession
du Moulin de la Galette. Il s'y rendit, cachant ses vêtements
royaux sous un ulster, accompagné par des peintres et des
poètes armés de hallebarde, qui, tout le long de la butte, à
l'ahurissement des populations, criaient : Vive le roi!*

Et nous n'allâmes pas au poste.

*On m'en voudra peut-être de conter ces balivernes ; baste!
la vie n'est pas si drôle, pour qu'on ne se souvienne pas des
heures où l'on s'est franchement amusé fût-ce aux dépens
des affreuses Parques, et de rappeler aux autres qu'eux-
mêmes ont eu leurs bons quart d'heure.*

Dix ans de bohème

PORTRAIT DE RODOLPHE SALIS

par George Auriol

Son apparence était celle d'un reître au pelage fauve, d'un de ces suisses appelés par les rois de France pour tourner le rouet de leurs arbalètes.

Coïncidence précieuse, car il se disait le compatriote lointain de Guillaume Tell. Il en fournissait la preuve en exhibant à l'appui d'un patronyme éloquent, le saule de ses ancêtres, dont les racines héraldiques s'accrochent au sol des Grisons.

Et si l'on donne à chaque chose son poids, la vocation horlogère d'un frère qui le reflétait mal, peut, aux yeux des chercheurs et curieux, confirmer assez solidement cette origine helvétique.

D'allure insolente, Salis avait le regard clair et toujours en alerte. La pipe du repos calmait à peine la mobilité défiante de ses yeux. Parole rauque, rebelle à l'urbanité des conversations, — faite plutôt pour les appels, commandements, clameurs d'assaut et vocifération de cris de guerre.

N'acceptant qu'à regret le joug des épaules, sa tête se tendait en avant, comme celle d'une tortue — mais d'une tortue agressive et sourcilleuse, toujours prête à estomaquer l'adversaire d'un brusque coup de front.

Tous les avantages de sa race lui avaient été réservés, et son père, nonobstant le droit de priorité, n'eut pu prétendre à ses côtés qu'au rang de diminutif.

Ce brave négociant, totalement voué au trafic des spiri-

*tueux et de la confiserie, entretint longtemps à l'intention de
son aîné, de magnifiques foudres, cerclés de cuivre et tou-
jours fort honnêtement habités. Mais pour sympathique
qu'elle lui fût, la chose distillée n'inclinait pas le jeune Salis
à la surveillance des alambics. La paix du cellier l'attirait
moins que le hasard des aventures.*

*Un matin donc, sans attendre que les armagnacs fussent
devenus vénérables, il lâcha l'enseigne qu'on souhaitait
repeindre à son nom et fila par la porte de derrière.*

*Parmi les poussins qu'elle comptait garder chez elle, Châ-
tellerault sa ville natale, avait couvé un canard sauvage.*

*Ayant secoué tout atavisme, hormis celui qu'il s'était
découvert chez les barons de Samaden en Engadine, il vint
à Paris avec une cuirasse de buffle imaginaire.*

*... Et la plume au chapeau cela se devine. En cet attirail
il ne se sentait disposé qu'à mouliner de la rapière. C'est un
jeu peu moderne, et la rudesse qu'il y montra lui valut vite
une réputation désavantageuse.*

*Pourtant, cette rapière métaphorique était moins intem-
pestive qu'elle n'en avait l'air.*

*Forgée sur l'enclume de Fantaisie, elle avait été si gaillar-
dement trempée, qu'à la première estocade, elle éborgna
l'ange myope du Naturalisme, — autour de qui « une pous-
sière lourde tombait ».*

*C'est un joli début, et, n'eût-elle accompli d'autre exploit,
qu'elle mériterait une petite place au râtelier féerique de la
Table Ronde.*

*Nourri de Murger et de Brantôme, il loge sa valise au
Quartier latin. Si le collège de Châtellerault l'a modestement
lesté de savoir, il lui a laissé l'audace et le sens de l'orienta-
tion, ces outils majeurs de l'arriviste.*

*Dédaignant la Sorbonne, c'est donc aux Beaux-Arts qu'il
s'attaquera. Il connaît la règle et le mot de passe : Conspuer
Bonnat et célébrer sur un air de scie les amours royales*

d'Abd-el-Kader. Formalités plus idoines à lui plaire qu'à le rebuter. Il les remplit avec zèle, et le voilà barbouilland à l'École, et buvant à l'entour, juste assez de temps pour reconnaître la jeune pléiade artistique et littéraire, et s'assurer de ses tenants.

Il a le tutoiement aisé, la camaraderie spontanée, le flair subtil. Il est en un mot assez bon casseur d'assiettes pour rompre toutes les glaces — et de fait il n'en rate pas une.

La fréquentation des brasseries, alors desservies par d'aimables bachelettes, avait dès le débotté, réveillé chez lui le souvenir des très honnestes dames qui peuplent les galeries du sieur de Bourdeille. Les buveurs très illustres de Rabelais vinrent à la rescousse, escortant dans ses rêves, les tonneaux paternels précédemment dédaignés.

Boire! N'est-ce pas l'une des plus saintes occupations de la vie? Si bien. À peine s'est-il pénétré de cette vérité qu'une mission lui apparaît impérieusement — mission glorieuse et charitable entre toutes : celle d'abreuver son prochain. Voilà ta voie, lui disent ses voix : Tu Rodolphus eris.

Alors, pas d'hésitation ni de délai. D'un bond il franchit le fleuve, plante sa tente au pied de la Butte Montmartre par lui baptisée Mamelle de la Métropole — et d'un même coup, fonde sous l'égide du Chat Noir son cabaret et son journal. Car il voulait aussi désaltérer les esprits.

À travers Baudelaire, une si heureuse invocation lui fut-elle soufflée par Poe ou se souvint-il simplement de quelque ronronneur de crémerie? On l'ignore. Mais il dut certainement au parafe imprévu de ce greffier d'ébène le succès immédiat de sa licence de cabaretier. Succès qu'en bon constructeur, il étaya par le bruit. Quoi qu'en pensent ces folkloristes, le «charivari» où branle des chaudrons, n'a pas été inventé que pour le dos ironique des mariés tardifs. Salis le sait capable aussi de rallier les essaims épars.

Habilement pratiquée, la percussion engendre la persua-

sion et détermine la ruée. Pour que le vacarme soit fruc-
tueux, il n'est que de bien savoir manier la batte.

Salis l'empoigne délibérément et tape sur le gong à tour de
bras.

Jamais jacquemart sonnant une heure de liesse ne fut
mieux entendu : la jeune poésie accourt à sa semonce des
quatre coins de la capitale. Les chansonniers affluent, les
imagiers suivent. Le bruit, en un clin d'œil, avait pris sa
signification de renommée.

Cela ne se passait pas au siège du second avatar, rue
Victor-Massé, ci-devant de Laval — mais en plein Roche-
chouart, à deux pas de l'Élysée-Montmartre, ruche choré-
graphique où l'on vit tourbillonner Sancho femelle et don
Quichotte de barrière : la replète Goulue et Valentin le
Désossé.

Là, Salis se révèle un harangueur sans pareil. Avec l'im-
pétuosité du bourdon qui amplifie par la vitre même où il se
cogne les furieux ronflements de son tambourin, il se préci-
pite dans le maquis oratoire. Brutalement, il saisit l'hyper-
bole aux cheveux et lui fait rendre toute sa voix. Choit-il au
gouffre de l'amphigouri ? Il ne s'en effraie pas. Plus agile
qu'un plongeur malais, il triomphe de ses sargasses et revient
sur l'eau brandissant un chapelet de perles baroques et
sonores.

Il a pour soutenir sa cadence ce puissant vocatif : « Gen-
tilshommes ! » dont il flagelle ses écoutants — et ses périodes
brusquement déroulées éclatent comme pistolades au nez des
buveurs ébaubis. Mais la qualité de ceux-ci n'est pas moins
étonnante que leur admiration bénévole. Miracle ! Les gens
les plus graves viennent ouïr ce nouveau Tabarin. Flairant
en lui un animateur, un remueur de foules, de vieux savants
se régalent de ses fariboles.

La fleur du journalisme dépose sa morgue pour lui deve-
nir féale ; Tortoni lui dépêche ses ambassadeurs : comme

aubaine et pain bénit, tous acceptent le choc de ses apostrophes et son manque absolu de révérence.

Au mépris de toute vergogne, il bafoue les icônes parlementaires et jette les idoles par-dessus bord. On applaudit à chaque exécution. Il tarabuste le bourgeois, nazarde les bonzes, répand le ridicule jusque sur l'auguste toit de l'Élysée. Puis, sur une dernière fusée retombant en pluie d'allusions éclairantes, voilà que tout soudain, il s'arrête.

Tel Goupil déguisé en pèlerin pour berner Lampe ou Belyn, on le voit s'incliner avec un ricanement évasif. C'est que, du fond de son éloquence, il s'est rappelé le Nunc est bibendum *qui est pour lui la grande affaire.*

À ne boire que des mots, on ne se rafraîchit guère. Ces gens qui l'entourent sont là pour autre chose. Ce sont les molécules composant le grandgousier *qu'il doit rançonner.*

Alerte ! Il lance un ordre bref. Et, sous le nom pompeux de cervoise, la bière circule aux mains du serviteur unique : Picard l'ineffable — au visage de sapajou.

Rompu lui-même à la manipulation du disque et du cratère, il distribue d'autorité soucoupes et gobelets, tandis qu'un jazz-band éparpillé et volontaire entonne quelque chant de nos propres plantations.

Ici, il est plaisant de faire halte à l'exemple de Salis pour cueillir ainsi qu'aux pages d'un herbier, l'origine franque du mot jazz.

Passé comme muscade des Antilles à la Louisiane il sort évidemment de jaser, l'un des plus gentils mots de notre langue.

Or, toute jaserie accompagnée de libations, sur l'herbe ou en lieu clos, ne pouvant prétendre à d'autre fin qu'une queue musicale, il apparaît sur l'écran de l'irréfutable que le premier jazz parisien est né au Chat Noir.

Il avait d'ailleurs pour chef et meneur, un lutin dont l'ingéniosité instrumentale et la dextérité rythmique eussent ravi toutes les nigrities mélodieuses : Charles de Sivry.

Dans l'histoire des endroits à la mode le Cabaret du Chat Noir brille à l'égal d'une escarboucle unique. C'est un Kohi-noor tout rayonnant de privilèges.

L'indépendance du Chat Noir, en effet fut complète. Les lieutenants de police redoutaient sa griffe de même que les capitans de la limonade. Il n'obéit à aucune impulsion, ne subit nulle contrainte.

Usages, règlements et protocoles devenaient épaves et lettres mortes au seuil de cette minuscule taverne.

La Vogue y avait suspendu son panonceau, mais vigilante et perspicace, elle semblait, par grâce spéciale en défendre éperdument l'entrée aux snobs comme aux philistins.

Le scintillement du phare chatnoiresque en revanche, a fait sortir de leurs cachettes les derniers originaux du siècle :

Aéronautes incompris, inventeurs folâtres, courtiers en bêtes féroces, mages, révolutionnaires édentés, Javerts à la demi-solde, bardes du Danube, glob-trotters, rois en disponibilité et réformateurs de religions, viennent tournoyer autour du nouvel astre et lui composent une couronne fantastique.

Au contact de tant de personnages prodigieux ou burlesques, les jeunes cervelles bouillonnent et s'épanouissent.

Le vent qui souffle à travers la montagne apporte non seulement des parfums inédits, mais les confidences de sources insoupçonnées. Par lui gonflées comme des bulles, les cœurs s'élèvent. On s'évade. C'est le commencement de l'essor au-delà du vieil horizon.

« Altesses ! clame le cabaretier, si vous avez soif et quelque appétit de gaieté, volontiers nous vous admettrons parmi nous. Entrez, mais ne faites pas de bruit ! »

Aspirant à la discipline du gai savoir, les amateurs ne se font pas prier. Incontinent, leurs miaulements s'accordent à ceux du maître : une sourate apprise, ils en étudient une autre.

Ainsi se fonde en forme de chœur, une sorte de tiers ordre composé des clients qui viennent à l'angélus, siroter leur apé-

*ritif. Peu à peu, ils acquièrent le grade de « bons camarades »
et deviennent « personnes grates ».*

*Ce sont eux qui, le soir donneront le ton aux novices et
canaliseront la turbulence.*

*Le saint des saints leur est accessible : l'Institut, où les
profanes ne pénètrent pas. C'est un tout petit réduit : mais
l'Acropole n'était-elle pas moins vaste que la Madeleine ?
Du haut de ses trois marches, ils bienveignent de leurs bans
solidement battus les princes de la littérature, des arts, de la
presse et du théâtre — hors-texte à l'agenda familier, figures
insignes honorant de leur lustre la tapisserie quotidienne.*

*La gazette, de son côté, se répand de toutes parts, appri-
voise les messageries, s'impose aux kiosques, fleurit les gares,
escalade les poteaux frontières avec l'assurance volubile d'un
joyeux liseron.*

*C'est, par son tirage, sa présentation typographique et son
papier vieil ivoire, une publication de bibliophilie, si on la
compare aux feuilles comiques du même temps.*

*Néanmoins sa rançon n'est que de trois sols : moyennant
quoi les bacheliers affamés de lettres et férus de funambu-
lisme, se la procureront au fond de leurs lointaines provinces.*

*Que d'opercules elle escamote, que de joies elle dispense,
que de vocations elle renfloue, déjà résignées à sombrer dans
les lagunes de l'administration !*

*Le frontispice évocateur d'Henri Pille prête au titre un
attrait mystérieux. À tous les sans-souci du monde, il offre
l'authentique portrait du Moulin de la Galette cette mecque
de la belle humeur. Un vrai chat de gouttière y figure, qui,
par l'élégance dont il revêt sa malice, pousse vers la nuit des
temps la vignette vieillotte du* Charivari. La Vie Pari-
sienne *elle-même sent à sa vue qu'il lui faudra bientôt
changer de couturier, sous peine d'être dédaignée par les
habitués du Café de l'Univers. Les admirations, en effet ont
viré de bord : une nuée de suffrages frais éclos salue les juvé-*

niles fantaisies de Willette, de Steinlen et de Caran d'Ache.
Adieu Bertall, Cham et Grévin! D'Ardres à Brignoles les
sous-préfectures renaissent de leurs cendres froides. Schau-
nard perd pied. Une ère nouvelle s'est ouverte.

C'est encore le sac du Destin qu'on doit scruter si l'on veut
comprendre ce prodige. Il faut aussi penser aux insectes
marieurs, aux oiseaux colporteurs de graines inconnues, au
coup de pic providentiel qui fait surgir Vénus d'un terrain
vague.

En dépit de l'instinct qui l'éloigne de la vulgarité et guide
son esthétique trépidante, sans doute, Salis n'a-t-il pour
vrais moteurs que l'orgueil et le désir de faire fortune.

Il a voulu devenir quelqu'un et sa chance le lui accorde.

Mais ce personnage qu'il est, porte, ne l'oublions pas,
une commission dans sa poche, un mandat dont peut-être
il ne soupçonne pas l'existence et qu'il doit remplir rigoureu-
sement.

Ce mandat lui confère une telle force d'attraction, que non
seulement les alouettes trébuchantes pleuvent dans son tiroir,
mais que, de surplus, les aigles et les rossignols répondent par
l'obéissance aux signaux de son miroir.

Il propage un levain inéluctable qui substitue la germina-
tion au sommeil, l'effervescence à l'inertie. Pierre l'Ermite
de la bouffonnerie et du caprice, il enflamme l'étoupe des
âmes timorées, et, monnoyant sa propre audace, assure aux
indécis les sourires de la Fortune.

Montjoie! Montmartre!

On le voit à ce cri décapiter les flacons où tant de gens
avaient été enfermés par les nécromants. Le sceau de Salo-
mon lui-même n'y résiste pas, et saute comme un bouchon
de champagne...

Voilà comment Léon Bloy fut délivré, rayé du nombre des
troglodytes et fourni de sa pioche à démolir.

*C'était une âme gaie, ce Léon Bloy bien qu'il affectât de
« marcher noir ». S'il fit plus tard parade de son ingratitude
c'est qu'il avait été doté d'une très mince provision de recon-
naissance et qu'il la dépensa presque toute en faveur du
« gentilhomme-cabaretier ». Le Périgourdin nourrissait à
l'endroit du Poitevin une certaine tendresse, et pour la lui
prouver il lui insuffla l'idée première de conter.*

*Un tel trésor de truculence pittoresque ne devait pas s'en-
voler totalement en paroles. Il convenait d'en laisser aux
petits neveux quelques vestiges, fussent-ils assemblés à la
diable, sur table boiteuse et dans le marécage des beuveries.*

*Mais au fond, Bloy n'était là qu'un truchement. Le
conseil venait directement de Balzac dont l'œuvre formi-
dable s'entrelarde de récits en vieux langage.*

*Balzac le tourangeau ? Honoré de... Un voisin, parbleu
et, de façon posthume un « bon camarade ». Il eût été fou de
lui résister. D'ailleurs, à qui tient châtellenie, des devoirs
incombent, en marge des droits et des privilèges. Le seigneur
de Chatnoirville-en-Vexin obéit au plus pressant des siens,
et, bravement prit la plume. Il faut dire à son honneur qu'il
le fit en toute humilité et simplesse.*

Ses contes, un à un, parurent dans le Chat Noir *sous
l'escorte graphique des meilleurs imagiers de la maison.*

*C'est en 1885 que le Chat Noir déménagea processionnel-
lement précédé de cette bannière splendide : le* Parce
Domine *de Willette. Cet exode lui fut une promotion.*

*Désertant la zone excentrique des Boulevards extérieurs
pour s'établir en un district moins sauvage, il y gagna ses
lettres de prudhomie.*

*À l'aristocratie intellectuelle qui l'avait depuis longtemps
reconnu, l'aristocratie pure vint se joindre, ainsi que la
haute bourgeoisie, la finance et quelques autres clans.*

*Nombre de gens qui n'avaient point osé se risquer au
cabaret rallièrent l'Hostellerie. Son étiquette dorée au mer-*

cure leur parut plus rassurante, guillemettée qu'elle était par les imposantes lanternes de Grasset.

Ainsi, tel mot pittoresque longtemps proscrit par les puristes, s'installe soudain dans la langue et passe le Pont des Arts pour gagner l'antichambre du Dictionnaire.

Sis à quelques encablures de Rochechouart, le logis de la rue Victor-Massé attira en outre de nouveaux adeptes.

Pour amener les attardés à la conversion, le rappel fut battu sur divers modes.

Les soirées d'abord confuses s'illustrèrent de goguettes, organisées selon les rites antiques du Caveau et pavoisées de ses devises surannées.

Entre les écriteaux proclamant (vu l'altitude du lieu) la majoration du prix des breuvages, des affiches rappelaient au public la courtoisie qu'il doit aux dames quand celles-ci condescendent à roucouler pour lui, — leur voix fût-elle défaillante.

Plaudites cives ! et le moindre curieux en cette circonstance, s'entendait traiter de galant chevalier, de troubadour, même — ce qui lui imposait de faire sans moquerie un voyage d'exploration à travers les provinces peu connues de la Lice Chansonnière.

Des matinées musicales furent instituées où de jeunes compositeurs se firent entendre, et d'autres, plus mûrs, mais dont la chevelure n'était pas moins exubérante ni le talent moins primesautier — car la route orphique était plus longue alors qu'à présent... Témoins Erik Satie et Debussy qu'on vit poindre en ces joutes et qui durent montrer leur premier cheveu blanc pour entrer à Tipperary.

Mais ces matinées ou goguettes n'étaient que hors-d'œuvre et préludes. Au rez-de-chaussée comme au second étage, une cuisine plus substantielle se préparait, parmi les meubles et les boiseries Louis XIII, les tapisseries, statues, vitraux, peintures et dessins qui faisaient de tous les coins du joyeux logis, un petit musée.

Chaque soir, dans la salle qui devait devenir le Théâtre du Chat Noir, les chansonniers et poètes familiers se produisirent bientôt, au gré de leur caprice et sans qu'aucune injonction leur vînt du dictateur.

Celui-ci se bornait à les présenter, avec grandiloquence, certes. Et lorsque l'un d'eux se récusait, il improvisait pour le suppléer un mandement de sa façon, ou dévidait avec les à-coups d'un cabestan rendant sa chaîne les quatorze vers de quelque sonnet picaresque. Car s'il ignorait la bienséante mesure, il n'avait pas non plus le sentiment du rythme.

Ce cénacle avait pour cerbère un « tigre » vieilli sous le harnois universitaire et qui ressemblait singulièrement à Littré. D'une voix que l'intempérance avait rendue vacillante, il mettait les postulants en demeure de prouver qu'ils étaient, non des intrus, mais d'incontestables affiliés. Et sur un vague *bene respondere*, — il laissait bravement passer tout le monde.

En ce même lieu, un guignol surgit ensuite. On y donnait pour les grands enfants la Berline de l'Émigré de Henry Somm. Et c'est à la suite d'une première tentative séraphinesque de ce spirituel aquafortiste que naquit le *Théâtre d'Ombres*.

Ombres strictement chinoises tout d'abord, et qui, petit à petit, grâce au talent et au génie inventif d'Henri Rivière, furent rehaussées de féeries lumineuses plus prestigieuses de saison en saison.

Le souvenir de l'Épopée, de l'Âge d'or, de la Marche à l'Étoile, de la Tentation de Saint Antoine, de Roland, du Carnaval de Venise, de Héro et Léandre, de Sainte Geneviève, d'Ailleurs et de Phryné n'est pas près de s'effacer ; — celui non plus, de cet incomparable Éléphant dont la ficelle interminable fut empruntée depuis par les Co-optimists de Londres, au profit des Haleurs de la Volga.

Manifestations inoubliables d'un art vraiment neuf, encore qu'il ne s'en vantât point. Ce fut comme une tombée de manne pour le peuple des peintres, illustrateurs et décorateurs de théâtre.

La voix officielle des colonnes Morris, cette fois, convoquait le vrai Tout Paris. Un album radieusement enluminé se déroulait quotidiennement devant ce prince exigeant. Album aussi modeste que magnifique : par l'abracadabrance des musiques et la fantaisie des récitatifs qui servaient de légendes à ses images sans cesse renouvelées, on eût dit, vraiment qu'il cherchait à s'excuser des belles leçons qu'il donnait.

Il devint alors évident, qu'aucune lanterne avant celle-là, n'avait été réellement magique.

Dans l'antichambre de cette lanterne, sa garde piétinait en attendant l'heure de la relève. Car la bande fait prévoir la troupe...

Devenus étoiles, numéros et leaders, les rimeurs de tout poil, avec ou sans le secours du piano fournirent des intermèdes à ces spectacles. Et Salis, qui semblait avoir frotté ses semelles à la poussière du Pont Neuf, comme font les clowns sur la planche à sandaraque, Salis bonimentait et palabrait de plus belle.

La présence d'un grand-duc, d'un sénateur ou d'une comédienne fameuse quadruplait sa verve et faisait jaillir de son jabot maintes paraboles drolatiques. Il était étourdissant.

Cet homme extraordinaire avait acquis dans le commerce des journalistes, le sens de l'actualité, la maîtrise de l'à-propos.

Lorsque la goutte lui piquait l'orteil, il s'offrait le luxe de demeurer couvert devant les grands d'Espagne ou de Mésopotamie. Coiffé d'une casquette à cocarde, il s'habillait en invalide et portait le signe de sainte Hélène en manière de pectoral.

Le régal était unique, de le voir sous cet humble uniforme, gourmander les faux académiciens, ses valets ; la verdeur de ses propos surpassait alors la verdoyance ornementale de leur livrée. Parfois, il faisait mine de les bâtonner (avec la propre canne de Talleyrand) et c'était d'autant plus savoureux qu'il comptait parmi ses familiers, trois ou quatre futurs immortels et que plusieurs académiciens véritables, venaient s'abreuver à ses tables ou s'y repaître.

L'été, petite tenue. Une légère soubreveste révélait la splendeur de ses gilets en forme de pourpoint; mais généralement, on le trouvait revêtu d'une redingote grise —, comme Napoléon.

Il est certain qu'un grain de mégalomanie assaisonnait son humeur fantasque et qu'il s'attribuait une légère parenté avec le Petit Caporal. En quoi il outrecuidait moins qu'on ne le pense : tous deux furent des inventeurs de routes, des appariteurs de gloires qui, sans leur coup d'épaule eussent attendu l'autre monde, peut-être, pour être consacrées.

Scripteur intermittent et persifleur inlassable, cet amoureux du vin, fut hélas condamné à la bière, et, finalement tué par elle.

Gambrinus ne saurait évaluer la somme formidable de libations que Salis lui dédia — et toujours à la hâte : comme on boit le coup de l'étrier.

Les brasseurs luxembourgeois, fourriers habituels de sa cave, sont donc, au fond, plus que lui responsables de cette brusquerie, de ce ton facilement hargneux que d'aucuns lui reprochent.

D'autres, l'ont traité de chapardeur et de négrier…

C'était, tout au plus, un collectionneur fougueux, un dilettante impulsif et très habile à profiter de l'occasion. Quant à la négrerie…

On ne rencontre guère qu'un nègre dans son sillage, c'est Maurice Donnay. Encore, ne l'est-il que de souvenir, comme les créoles et assez vaguement pour que Jules Lemaître, l'ait comparé à un mandarin annamite.

Or, il ne nous est jamais revenu que Maurice Donnay se soit plaint d'avoir été mis aux fers et jeté à fond de cale par Rodolphe Salis. Il ne l'accuse que de bon accueil.

Caran d'Ache, lui, estimait sans gloire toute représentation que le cabaretier ne présidait pas. Nul autre, à son sens, ne savait électriser la foule en hurlant : l'Empereur ! et par là faire crépiter la friture des applaudissements.

Henri Rivière d'autre part s'est-il vu refuser par Salis, les crédits nécessaires à la réalisation de ses spectacles sans pareils ? Non ; et Dieu sait que pour atteindre la perfection, il n'y allait pas de main morte !

Tout cela n'a qu'une bien lointaine parenté avec la traite et la piraterie…

Au vrai, la seule personne que le gentilhomme cabaretier ait réellement exploitée, c'est la Fortune. J'entends celle que le bon Capus appelait familèrement la Veine. Il la prenait au lasso et quand il la tenait, ce n'était point pour son seul profit. On ne pourrait en dire autant de tous les cow-boys…

Mais vous pensez bien qu'à manier le lasso et la rapière ; à se faire catapulte haut-parleur, vociférateur même, il est difficile de garder une enveloppe bénigne, — surtout quand on est tenu d'absorber la ration désaltérante d'un peloton de lansquenets !

Un pape à ce métier perdrait toute son onction.

Salis n'en avait guère, ni d'aménité non plus. C'était Jack surgissant de sa boîte — ou si vous aimez mieux, le diable.

Mais à tout prendre, ce n'était pas un mauvais diable. Ceux qui l'ont bien connu, ceux qui l'ont pratiqué hors, justement, de cette boîte, ont parfois vu briller dans ses yeux la gaminerie franche d'un petit joueur de billes.

« *Rodolphe Salis et les deux* Chat Noir »,
préface de 1927 aux *Contes du Chat Noir* de Rodolphe Salis
(extrait).

LE CHAT NOIR

avec par ordre d'entrée en scène

Rodolphe Salis
Émile Goudeau
Aristide Bruant
Alphonse Allais
René Ponsard
Adolphe Vautier
Georges Camuset
Clovis Hugues
André Gill
André Gill et Louis de Gramont
Louis Marsolleau
Paul Marrot
Maurice Rollinat
Fernand Crésy
Edmond Haraucourt

X.

Georges Lorin
Gaston Sénéchal
Jean Lorrain
Achille Mélandri
Jean Moréas
Marie Krysinska
Louis Le Cardonnel
Henry Somm
Armand Masson
Vox Populi
Jules Jouy
Charles Cros
Paul Verlaine
Jean Richepin
Condor
Léon Riotor
Albert Samain
Louis Denise
Germain Nouveau
Maurice Mac-Nab
Gabriel Vicaire et Henri Beauclair
Édouard Dubus
Sutter Laumann
Camille de Sainte-Croix
Maurice Donnay
Eugène Godin
Villiers de l'Isle-Adam
Stéphane Mallarmé
Léopold Dauphin
Pierre Mille
Vincent Hyspa

Victor Meusy
Léon Xanrof
Gabriel Montoya
Francis Jammes
Raoul Ponchon
Fred.
Léon Durocher
George Auriol
Ponvoisin
Jean Pic
Gabriel de Lautrec
Jean Goudezki
Willy
Karl Boès
Jehan Rictus
Franc-Nohain
Georges Fourest
Erik Satie

Rodolphe Salis

DEUX CONTES DU CHAT NOIR

COMMENT MESSIRE DE BELENFAN DEVINT FOL

En cestuy temps, y avoit en la iolie ville de Chatelle-rault un gabelleur nommé messire de Belenfan, lequel estant moult ardent en paillardizes, s'esprint d'une gente teincturière qui demeuroit au Carrefour Joyeux proche l'église Saint-Jacques, et estoit dolce et mignotte comme angelots de Paradis.

La dicte dame qui possédoit époux jeune, vaillant et bel avoit nom Testonnette pour ce qu'estoit bien pour-veue de corsaige; elle estoit cauteleuse et maligne comme advocat et saige encore autant que marmou-zelle en son prime aage.

Adoncques lui dist une nuict qu'ensemble devisoient légièrement combien le gabelleur lui faisoit mignotizes pour d'elle tirer proufit d'amour et la venoit voir chacque vesprée lui baillant présens de toutes sortes, satins, brocarts, coyphes joliment godronnées et esmouchails pour soy pavanner par les rues.

— Dea! dist le teincturier, bien s'esclafferoient les compaings et voisins, si tel vilain venoit estuver son pain en ma saulce!

— Ho! respondit la belle, poinct n'ard mon cœur

pour cestuy pippeur! bien sçavez que suis léallement vostre bonne servante!

— Vere, dist l'époux, je le croys, aussi lui veulx-je bailler plaisir de ma façon. Dictes à vostre gallant venir vous accoler et s'esbattre en votre compagnie, pendant qu'aux champs serai pour les bleds; bien nous rigollerons et poinct ne payerons un écu de ce que lui debvons!

Adoncques s'en vint lendemain le sire de Belenfan, cuydant la dame estre seulette et gorgiasement lui fist révérences en caressant sa pertuisane damasquine.

— Hé! mussez-vous, m'amy! dist la dame Testonnette, mussez-vous et vous desvestissez pendant qu'iray verrouiller l'huis. Guillaume est en sa terre soubs le grand soleil; qu'il travaille et que Dieu soit avecques lui et aussi son benoist patron! pour nous, nous allons plaisantement manger ses pommes!

— Ho! dist le gallant, t'en viens vitement ma petite géline, moult ay meshaing de n'avoir poinct cornemuseur pour toy mettre en humeur d'amour par mirificques fredons, car ay grand soif de toy!

Alors se devestit le gabelleur et soy glissa mollement dans les linceux parmy le lict.

Mais vint aussitost le sieur Guillaume, grandement en cholère et fureur, cryant moult: «Cornebleu! Par la mort dienne! que vois-je icy!» Et hurlant comme un diable print le paouvre homme et le jecta en une cuve pleine de verte teincture, laquelle estoit derrière les courtines.

Et dist alors tandis que l'aultre escorniflé escorchoit le renard: «Mouche tes badigoinces, mon petit oison, et gouste si ce clairet est salse! Comme bien accoustré te voilà pour aller jouer à la paulme! Bois à tire-larigot et bois encore! Holà! hé! ho! encore un goubelet: avale! et bien t'en trouveras! Je suis bon plaisant et bonne aye l'âme!»

Puis le tirant par la teste lui dist : «Hé! n'avez plus vostre marlotte, mon prince, ni vos bragues, ni vostre couvrechief? C'est grand dommage par ma fy? Dea! devallez par les eschallons ou vous fais pourchas! Haste!» tandis que s'esclaffoit devant l'huis la joyeuse et maligne dame Testonnette.

Et s'en fust piteusement perturbé le paouvre gabelleur nud et vert comme prez et si mal en poinct que ne le recogneut plus sa servante et l'appela : Diavol! et que les enfançonnets lui jectèrent pierres, disant que c'estoit beste malévole venue des pays estranges ou tumbée de la lune! Et déambula par la ville jusqu'au matin!

Alors comme grande pluye tumboit, fust lavé et revint en sa maison dansant et cryant : «Poinct n'est vert couleur d'espérance, mais bien couleur de doulour et méchef!» Puis levant les jambes contrefist l'*i* grégeois toujours grognant.

À quoi fust-il recogneu qu'il estoit fol devenu!

COMMENT FUST LE SIEUR
JEHAN FAULCON
PITEUSEMENT DESBOUTÉ
PAR UNE OISELIÈRE
QUI AVOIT NOM BLANCHE

Après disner à l'hostellerie de la Teste du Loup, le sieur Jehan Faulcon d'Ingrandes lequel tenoit boutique de cordouanerie proche le moutier des «Bons-hommes» en le faulx-bourg de Castel-Neuf et avoit l'escarcelle aurifflue plus qu'aulcun aultre marchand de la bonne ville de Chatellerault estoit songeur en humant son dernier piot. Adonc print un douzain de blancs et le bailla à maistre Contreau, l'hostellier et mélancholieux ainsi qu'araigne qui mousche ne voit venir s'en fust doulcement par la rue Sainct-Jacques. Or comme chemin faisoit advisant les benoistes vierges en leurs niches vit venir la dame de Beaupoil trottant comme géline en mal d'œuf, laquelle troussoit ses cottes emmy la rue. Alors mis en gayeté par les iolies jambes d'icelle se dist : «Il faut que m'en voise voir ma mie!»

Et s'en fust dodelinant du chef et chantant fredons à la mode d'alors :

> Le brave archer Guillomoir
> A bu cent piots au «Chat Noir»
> La ridaine!
> A bu cent piots au «Chat Noir»
> En a bu cent et nonante
> Est allé voir la servante,
> La ridaine!

Mais comme venoit la nuict et qu'il alloit bayant aux estoiles se fust heurter aux cordes de la rue noire et piteusement se lairra choir à terre si fort que se mit à brailler : «Corbeuf! Cornebeuf! Que le feu d'enfer me brusle! Que la male heure m'escornifle! ho! ho! grande doulour m'est en la jambe!...»

Mais comme craignoit moult estre esgorgeté par les pipeurs d'alentour se saulva prestement et s'en fust frapper à l'huis de la dame Blanche laquelle avoit logis en la rue du Cheval Blanc et estoit sa mie.

Adonc, la dicte dame qui estoit moult sade et saffrette s'en vint déverrouiller l'huis. Elle avoit cottes d'armoisi et pennes de colombe en la coyphe.

— Comment vous va ma cherubine dist le galant cordouanier.

À quoi respondist-elle : «Ah! bien mal va mon cœur, mon amy! vous voilà seulement meschant dorelot!

comme me lairrez attendre après vous! Ne vous plaist-il plus mon visaige, ni mon corsaige, ni tout le reste! Hola m'amy! mon joly braguart pour ce qu'ay grande simplesse encore vous baille le pardon ceste foys icy, car bien appète deviser en vostre compaignie. Allons venez me conter baguenaudes et m'accoler gentement. Et poinct ne faictes babouyneries d'enfançonnet ou vous baille au col ceste baverette qu'ay là pour une mienne marmouzelle! Hé donc, vous venez deffeubler mon petit Jésus! Voilà que le maître Jacquemart de Nostre-Dame la grande carilonne minuict. Il est grand temps sur ma fy d'aller soy coucher pour dormir ou chanter; venez çà!

Aussitost se fust asseoir sur les genoux de la belle le galant Jehan Faulcon, mais en grande cholère se mit à crier la souëve oiselière, et fust à son grand dam battu comme tabour à nopces, le paouvre galant.

— Holà! crioit-elle, sortez d'icy breneux! Arry avant! Par les cornes de mon espoux, plus ne veulx vous voir! et ce disant levoit ses cottes ordes comme dame de cour qui soy tient preste pour la danse.

Et fist fouyr le paouvre sire par le coin de la rue du Marché, où se jecta en les jambes du guet, et eust grand meshaing pour regagner sa maison.

Et quand fust chez lui revenu, le cordouanier escorniflé vist qu'avoit les chausses embrenées et qu'estoit tombé sur gâteau d'excrément proche l'hostellerie de la Teste du Loup, pour ce qu'avoit trop beu de clairet.

Et plus ne vist la belle oiselière et bien eust souvenance alors de la chanson des pages du roy:

Au soleil couchant, — Toi qui vas cherchant — fortune, — Prends garde de choir, — La terre le soir — Est brune!

Émile Goudeau

SUR LA ROUTE
DE CHARENTON

Enterrement étrange.
        Un ange
Est cloué dans un cercueil.
    Quatre lourdes guitares
        Bizarres
Cahotant, mènent le deuil.

Dans une âcre fumée
        Formée
Par les pipes de l'amant
    L'ombre de la maîtresse
        Traîtresse
S'avance tranquillement.

    Plus loin, une bouteille
        Très vieille
Dont on a bu le cognac,
    Sur le pavé qui glisse,
        Esquisse
Une marche *ab hoc ab hae.*

Un fantôme revêche,
        La dèche,
Sous un drapeau défoncé
    Ouvrant sa gueule énorme,
        S'informe :
Qui des siens est trépassé.

    Le spleen diabolique
        Réplique :
C'est un frêle mirliton,
    L'âme d'un très chouette
        Poète,
Qu'on emporte à Charenton.

    La bouteille grivoise
        Dégoise :
J'ai ramolli son cerveau
    Oh ! dit la femmelette
        Squelette
Mes flancs furent son caveau.

    Les guitares boiteuses
        Chanteuses
Grinçant avec désespoir
    Geignent : la poésie
        Transie
Est un lugubre éteignoir.

    Or, ma carcasse infâme
        Sans âme,
Sortant du fond des égouts
    Regarda d'un air bête
        Ma tête
Aller au pays des fous.

    Depuis lors, par la ville
        Servile

Et parmi les libres champs
Comme en terre étrangère
Seul j'erre
Sans raison hurlant des chants.

MIÈVRE SONNET

Me vient sourire en votre doux sourire,
Me vient chagrin en vos minces chagrins,
Me vient désir en vos désirs sans freins,
Me vient lyrisme alors qu'êtes ma lyre.

Me vient délire en vos nuits de délire,
Me vient douceur en vos moments sereins,
Me vient musique en vos chants souverains,
Me vient fureur à l'heure de votre ire.

Me vient poursuite, hélas ! si vous fuyez,
Me vient tristesse alors que vous riez,
Me vient plaisir quand vous versez des larmes.

Me viendra Jour si livrez vos appas,
Me viendra Nuit si durent mes alarmes,
Me viendra Mort si ne te revois pas.

ADJECTIVISME ADVERBIAL

Auprès du fier Pourquoi le noir Comment se dresse.
Le Jamais les poursuit ; mais l'Éternellement,
Dans le mystère d'une inféconde caresse,
Jette sur le Pourquoi le baiser du Comment...

Le Peut-Être s'impose aux timorés du rêve ;
Et, dans le tourbillon des mortelles amours,
Le Pas-Possible, froid et tranchant comme un glaive,
Fauche les cœurs humains assoiffés du Toujours.

Poussé par un orgueil sinistrement aptère,
L'ingénieur cadastral ensevelit feu Dieu !
Ses pensers, sous la pesanteur du Terre-À-Terre,
Pour choir au fond du Rien suivent l'À-Queue-Leu-Leu.

Depuis le jour maudit, féroce et sacrilège,
Où Caïniquement le Près tua le Loin,
On a bouclé l'Azur avec un vieux « Que Sais-Je ? »
Et, dans le Corps désert, l'Âme n'a plus un coin.

Le Moins vient t'enchaîner, et le Peu te gouverne ;
Dans l'Insuffisamment vont s'enliser tes pas :
À-Peine, avec un sec ricanement, te berne,
Et l'En-Vain de ton vol te plonge en l'Ici-Bas.

Tu ne veux plus du Trop, dont l'Assez te domine...
Tais-toi, brute, digère en fermant les deux yeux !
Ne creuse point l'Ailleurs dans la céleste mine,
Et, par crainte du Pire, éloigne-toi du Mieux !

Tel apparaît l'essor de l'Homme fils du singe,
Mêlant le Nonobstant avec le Toutefois,
Supputant les soleils, comme on marque du linge,
Et vers le fier Là-Haut crachant d'insanes lois.

Ô parasites verts ! bariolés faussaires !
Ces Adjectifs, ces Adverbes exorbitants
Envoûtent de leurs étendards de janissaires
Les Substantifs, vizirs, et les Verbes, sultans.

Quel chef réprimera ces hordes en tumulte,
Ces eunuques émasculant la volonté
Du Substantif à qui seul appartient le culte,
Et du Verbe en qui seul fleurit la Vérité ?

Ô jour ! Quand la Substance, étalant sa Superbe,
Domptera le troupeau des colorations !
Ô force ! ! Quand le Verbe égorgera l'Adverbe
Devant l'effarement des Interjections ! ! !

Mais d'ici là, Pourquoi près de Comment se dresse ;
Et Jamais les poursuit ; mais Éternellement,
Dans le mystère d'une inféconde caresse,
Jette sur le Pourquoi le baiser du Comment.

EXTRÊME-ORIENT

Ka-Ka-Doi, mandarin militaire, et Ku-Ku,
Auteur d'un million et quelques hémistiches,
Causent en javanais sur le bord des potiches,
Monosyllabiquant d'un air très convaincu.

Vers l'an cent mil et trois, ces magots ont vécu
À Nangazaki qui vend des cheveux postiches :
C'étaient d'honnêtes gens qui portaient des fétiches
Sérieux ; mais, hélas ! chacun d'eux fut cocu.

Comment leur supposer des âmes frénétiques ?
Et quel sujet poussa ces poussahs lymphatiques
À se mettre en colère, un soir ? Je ne sais pas !

Mais un duel s'ensuivit. — Ô rages insensées !
Car ils se sont ouvert le ventre avec fracas...
Voilà pourquoi vos deux potiches sont cassées.

LE VIN DE VÉRITÉ

Eh! quoi? Les anciens Grecs, pourtant joyeux et braves,
Logeaient la Vérité toute nue en un puits!!...
Dieux buveurs de nectar, restez exempts d'ennuis,
On sait que votre sœur habite dans les caves.

Nos pères, les Latins, nous l'ont dit par trois mots
Que l'on devrait inscrire, en or, sur les murailles :
«In Vino Veritas!» C'est parmi les futailles
Que naît la Vérité, Vénus des rouges flots.

«In Vino Veritas!» Or, apportez mon verre
Loin des puits imposteurs, et je dégusterai
Philosophiquement, le pur, le bon, le vrai,
Me consolant ainsi que Tout mente sur Terre.

Car le buveur adopte un franc-parler joyeux
Dans la société des lucides amphores.
La Vérité lui souffle un tas de métaphores
Qui lui donnent le droit de tutoyer les Dieux.

Bientôt, loin des puits sourds, il court vers les Étoiles,
Bousculant Mars, Vénus, Neptune, Jupiter.
Seigneurial, il vogue et roule dans l'Éther,
Ayant, comme l'on dit, quelque vent dans les toiles.

Or, afin de partir de notre monde froid
Vers le Ciel, où le Vrai tout chaud se manifeste,
Le Buveur, sans fatigue, use d'un simple geste :
Il prend son verre plein, ferme les yeux, et boit...

C'est donc, ô vendangeurs, faire œuvre pie et juste
Que de cueillir, là-bas, les grappes du Soleil,
De presser en la Cuve un laitage vermeil,
Puis d'enclore le Vin dans la Futaille auguste.

La Tonne, dans la Cave obscure, abritera,
Contre l'Eau des mouilleurs abjects, la pourpre exquise ;
On fermera la porte ainsi qu'un huis d'église,
Et l'Alme vérité dans le Vin descendra.

LA CHUTE

La gitane aimée et perverse
A déserté les Orients
Aux grands cadres luxuriants
Pour descendre dans le commerce.

Dans un cabaret elle verse
Des liqueurs aux étudiants ;
Moi, sur mes genoux suppliants
Le désespoir brutal me berce.

Or, nous sommes là quatre ou cinq
Autour de la fille de zinc,
Dont l'astuce froide nous joue.

Mais Samson court à Dalila !
Mon rêve est tombé dans la boue
Et je l'ai suivi jusque-là.

AMOUR MASSACRE

I

L'Amour est grand comme le monde ;
Il souffle, et sa lèvre féconde
Ruisselle en sève et tout s'inonde...
L'Amour est grand comme le monde.

L'Amour est petit comme un coin
Où l'on jette de loin en loin
La flamme rythmée avec soin...
L'Amour est petit comme un coin.

II

L'Amour est le roi de l'Espace ;
C'est son aile immense qui trace
Le chemin où l'Étoile passe...
L'Amour est le roi de l'Espace.

L'Amour, c'est un regard mouillé,
Et, dans le logis verrouillé,
Sur l'épiderme chatouillé
C'est l'amoureux baiser mouillé.

III

L'Amour, c'est la source ravie
Où la Nature inassouvie

Puise et rejette de la vie.
L'Amour, c'est la source ravie.

Et l'Amour c'est le massacreur,
Qui, dans sa haineuse fureur,
Déchire et transperce le cœur,
Et c'est de l'Amour que l'on meurt.

IV

L'Amour, je l'ai béni, ma chère,
À cette saison printanière
Où je te buvais tout entière...
L'Amour, je l'ai béni, ma chère.

L'Amour — catin! — je le maudis
Depuis l'heure où tu me trahis...
C'est un enfer ce Paradis.
L'Amour est mort, je le maudis.

L'ÉVENTAIL

Je hais le vent du Nord porteur de suicide,
Je hais le vent de l'Est, lourd poméranien,
Je hais le vent d'Ouest transocéanien,
Sempiternel verseur de l'eau qui nous oxyde.

Et malgré mon amour pour le Midi lucide
Je hais aussi le vent du Sud. Parisien
Échappé du typhus, naguère aérien,
Le choléra me guette à jamais implacide.

Noroît! suroît! nord-ê! Zéphyr! Cyclone lourd!
D'une part Ataxie, et de l'autre Chlorose!
La rose des trente-deux vents n'est pas ma rose,

Chère! car si je dois périr, marin d'amour,
Aux éclairs de tes yeux, aux brises de tes joues,
Je veux sombrer sous l'éventail que tu secoues.

SONNET

Quand je reposerai dans la fosse, tranquille,
Ayant autour de moi l'ombre éternellement;
Quand mes membres auront perdu le mouvement
Et mes orbites creux le regard qui scintille;

Cet être qui fut moi, ce pauvre rien fragile,
Oublié dormira — pour jamais ossement —
Et, loin du ciel voilé, silencieusement,
Rien ne remuera plus sous la couche d'argile.

Mais vous serez toujours, éternelle beauté,
Hors du trépas commun, de la caducité:
Votre corps ne peut pas mourir, étant mon âme!

Aussi, lorsqu'un beau soir d'amour, sur mon tombeau
Longuement passera l'ombre de cette femme,
Tu te réveilleras, squelette amant du Beau!

Poèmes à dire

Aristide Bruant

LE CHAT NOIR

La lune était sereine
Quand sur le boulevard,
Je vis poindre Sosthène
Qui me dit : Cher Oscar !
D'où viens-tu, vieille branche ?
Moi, je lui répondis :
C'est aujourd'hui dimanche,
Et c'est demain lundi...

Je cherche fortune,
Autour du Chat Noir,
Au clair de la lune,
        À Montmartre !
Je cherche fortune,
Autour du Chat Noir,
Au clair de la lune,
À Montmartre, le soir.

La lune était moins claire,
Lorsque je rencontrai
Mademoiselle Claire
À qui je murmurai :

Comment vas-tu, la belle?
Et vous? Très bien merci.
À propos, me dit-elle,
Que cherchez-vous ici?

Je cherche fortune,
Autour du Chat Noir,
Au clair de la lune,
　　À Montmartre!
Je cherche fortune,
Autour du Chat Noir,
Au clair de la lune,
À Montmartre, le soir.

La lune était plus sombre,
En haut les chats bâillaient,
Quand j'aperçus dans l'ombre,
Deux grands yeux qui brillaient,
Une voix de rogomme
Me cria : Nom d'un chien!
Je vous y prends, jeune homme,
Que faites-vous? Moi... rien...

Je cherche fortune,
Autour du Chat Noir,
Au clair de la lune,
　　À Montmartre!
Je cherche fortune,
Autour du Chat Noir,
Au clair de la lune,
À Montmartre, le soir.

La lune était obscure,
Quand on me transborda
Dans une préfecture,
Où l'on me demanda :

Êtes-vous journaliste,
Peintre, sculpteur, rentier,
Poète ou pianiste?...
Quel est votre métier?

Je cherche fortune,
Autour du Chat Noir,
Au clair de la lune,
    À Montmartre!
Je cherche fortune,
Autour du Chat Noir,
Au clair de la lune,
À Montmartre, le soir.

ROSE BLANCHE

Alle avait, sous sa toque d' martre,
    Sur la butt' Montmartre,
    Un p'tit air innocent;
On l'app'lait Rose, alle était belle,
A sentait bon la fleur nouvelle,
    Ru' Saint-Vincent.

On n'avait pas connu son père,
    A n'avait pus d'mère,
    Et depuis mil neuf cent,
A d'meurait chez sa vieille aïeule
Où qu'a s'él'vait, comm' ça, tout' seule,
    Ru' Saint-Vincent.

A travaillait, déjà, pour vivre,
    Et les soirs de givre,
    Sous l' froid noir et glaçant,

Son p'tit fichu sur les épaules,
A rentrait, par la ru' des Saules,
　　Ru' Saint-Vincent.

A voyait, dans les nuits d' gelée,
　　La nappe étoilée,
　　Et la lune, en croissant,
Qui brillait, blanche et fatidique
Sur la p'tit' croix d' la basilique,
　　Ru' Saint-Vincent.

L'été, par les chauds crépuscules,
　　A rencontrait Jules
　　Qu'était si caressant
Qu'a restait, la soirée entière,
Avec lui, près du vieux cim'tière,
　　Ru' Saint-Vincent.

Mais le p'tit Jul' était d' la tierce
　　Qui soutient la gerce,
　　Aussi, l'adolescent
Voyant qu'a n' marchait pas au pantre,
D'un coup d' surin lui troua l' ventre,
　　Ru' Saint-Vincent.

Quand ils l'ont couché' sous la planche,
　　Alle était tout' blanche
　　Mêm' qu'en l'ensev'lissant,
Les croqu'-morts disaient qu' la pauv' gosse
Était claqué' l' jour de sa noce,
　　Ru' Saint-Vincent.

Alle avait, sous sa toque d' martre,
　　Sur la butt' Montmartre,
　　Un p'tit air innocent;

On l'app'lait Rose, alle était belle,
A sentait bon la fleur nouvelle,
    Ru' Saint-Vincent.

À LA VILLETTE

Il avait pas encor' vingt ans,
I' connaissait pas ses parents,
On l'app'lait Toto Laripette,
    À la Villette.

Il était un peu sans façon,
Mais c'était un joli garçon :
C'était l' pus beau, c'était l' pus chouette,
    À la Villette.

Il était pas c' qu'y a d' mieux mis,
Il avait pas des beaux habits,
I' s' rattrapait su' sa casquette,
    À la Villette.

Il avait deux p'tits yeux d' souris,
Il avait deux p'tits favoris
Surmontés d'eun' fin' rouflaquette,
    À la Villette.

Yen avait pas deux comm' lui pour
Vous parler d' sentiment, d'amour ;
Yavait qu' lui pour vous fair' risette,
    À la Villette.

Il avait un gros chien d'bouvier
Qu'avait eun' gross' gueul' de terrier,

On peut pas avoir eun' levrette,
   À la Villette.

Quand i' m'avait foutu des coups,
I' m' demandait pardon, à g'noux,
I' m'app'lait sa p'tit' gigolette,
   À la Villette.

De son métier i' faisait rien,
Dans l' jour i' baladait son chien,
La nuit i' rinçait la cuvette,
   À la Villette.

I' f'sait l' lit qu'i' défaisait pas,
Mais l' soir, quand je r'tirais mon bas,
C'est lui qui comptait la galette,
   À la Villette.

Quéqu' fois, quand j'faisais les boul'vards,
I' dégringolait les pochards
Avec le p'tit homme à Toinette,
   À la Villette.

I' m'aimait autant que j' l'aimais,
Nous nous aurions quitté jamais
Si la police était pas faite,
   À la Villette.

Ya des nuits oùsque les sergots
Les ramass'nt, comm' des escargots,
D' la ru' d' Flande à la Chopinette,
   À la Villette.

Qu'on l' prenn' grand ou p'tit, rouge ou brun,
On peut pas en conserver un :

I's s'en vont tous à la Roquette,
　À la Villette.

La dernièr' fois que je l'ai vu,
Il avait l' torse à moitié nu,
Et le cou pris dans la lunette,
　À la Roquette.

DANS LA RUE

Moi, je n' sais pas si j' suis d' Grenelle,
De Montmartre ou de la Chapelle,
D'ici, d'ailleurs ou de là-bas;
Mais j'sais ben qu'la foule accourue,
Un matin, m'a trouvé su' l'tas
　　　Dans la rue.

Ya ben des chanc's pour que mon père
Il ay' jamais connu ma mère
Qu'a jamais connu mon daron,
Mon daron qui doit l'avoir eue,
Un soir de noc', qu'il était rond,
　　　Dans la rue.

J'm'ai jamais connu d'aut' famille
Que la p'tit' marmaill' qui fourmille,
Aussi quand ej' m'ai marida,
J' m'ai mis avec un' petit' grue
Qui truquait, le soir, à dada,
　　　Dans la rue.

C'était un' petit' gonzess' blonde
Qu'avait la gueul' de la Joconde,

La fess' ronde et l' téton pointu
Et qu'était aussi bien foutue
Qu' les statu's qui montrent leur cul
     Dans la rue.

C'est ça qu'c'était ben mon affaire !...
Mais un beau soir a s'a fait faire :
Les mœurs l'ont fourrée au ballon
Et, depuis qu'alle est disparue,
J' sorgue à la paire et j' fais ballon
     Dans la rue.

À présent, où qu' vous voulez qu' j'aille ?
Vous vouderiez-t'y que j' travaille ?
J' pourrais pas... j'ai jamais appris...
Va falloir que j' vole ou que j' tue...
Hardi ! Joyeux, pas vu... pas pris...
     Dans la rue.

Et pis zut ! et viv'nt les aminches !
Viv'nt les escarp' et viv'nt les grinches !...
Un jour faudra que j' passe aussi
D'vant la foule encore accourue
Pour voir ma gueule en raccourci,
     Dans la rue.

À MONTMERTE

Malgré que j' soye un roturier,
Le dernier des fils d'un Poirier
     D' la ru' Berthe,
Depuis les temps les plus anciens,

Nous habitons, moi-z-et les miens,
    À Montmerte.

L'an mil-huit-cent-soixante et dix,
Mon papa qu'adorait l' trois six
        Et la verte,
Est mort à quarante et sept ans,
C' qui fait qu' i' r'pose d'puis longtemps,
        À Montmerte.

Deux ou trois ans après je fis
C' qui peut s'app'ler, pour un bon fils,
        Eun' rud' perte :
Un soir, su' l' boul'vard Rochechouart,
Ma pauv' maman se laissait choir,
        À Montmerte.

Je n' fus pas très heureux depuis,
J'ai ben souvent passé mes nuits
        Sans couverte,
Et ben souvent, quand j'avais faim,
J'ai pas toujours mangé du pain,
        À Montmerte.

Mais on était chouette, en c' temps-là,
On n' sacrécœurait pas sur la
        Butt' déserte,
Ej' faisais la cour à Nini,
Nini qui voulait fair' son nid,
        À Montmerte.

Un soir d'automne, à c' qu'i' paraît,
Pendant qu' la vieill' butte r'tirait
        Sa rob' verte,
Nous nous épousions, dans les foins,

Sans mair', sans noce et sans témoins,
    À Montmerte.

Depuis nous avons des marmots :
Des p'tit's jumell's, des p'tits jumeaux
    qui f'ront, certe,
Des p'tits Poirier qui grandiront,
Qui produiront et qui mourront,
    À Montmerte.

Malgré que j' soye un roturier,
Le dernier des fils d'un Poirier
    D' la ru' Berthe,
Depuis les temps les plus anciens,
Nous habitons, moi-z-et les miens,
    À Montmerte.

LE JOUR DE L'AN

Moi, ça m'emmerde l' jour de l'an :
C'est des giri's, c'est des magnières,
On dirait qu'on est des rosières
Qui va embrasser sa maman.

C'en est des fricassé's d' museau :
Du p'tit môme à la trisaïeule,
Les gén'rations s' lich'nt la gueule...
En d'dans ça s' dit : Crèv' donc, chameau !

Su' l' boulevard on n'est pas chez soi :
Ya' cor' pus d' mond' que les dimanches,
Autour d'un tas d' baraqu' en planches,
Des magnièr's de nich' oùsqu'on voit :

Des poupé's, des sing's, des marrons
Glacés, des questions nouvelles,
Des dragé's, des porichinelles,
J' te vas en fout', moi, des bonbons!

Tas d' propr' à rien, tas d' saligauds,
Avec vos môm', avec vos grues,
Vous m' barrez l' trottoir et les rues,
J' peux pas ramasser mes mégots!

C'est qu'il a du mal, el' trottoir,
Pour caler les jou' à son monde :
J' peux pus compter su' ma gironde,
On me l'a ramassé' l'aut' soir.

Et faudrait q' j'ay' el' cœur content?
Ah! nom de Dieu! c'est rien de l' dire :
J'étais ben pus chouett' sous l'empire…
Ça m'emmerdait pas l' jour de l'an!

À BATIGNOLLES

Sa maman s'appelait Flora,
A connaissait pas son papa,
Tout' jeune on la mit à l'école,
    À Batignolles.

A poussa comme un champignon,
Malgré qu'alle ait r'çu pus d'un gnon,
L' soir, en faisant la cabriole,
    À Batignolles.

Alle avait des magnièr's très bien,
Alle était coiffée à la chien,
A chantait comme eun' petit' folle,
    À Batignolles.

Quand a s' baladait, sous l' ciel bleu,
Avec ses ch'veux couleur de feu,
On croyait voir eune auréole,
    À Batignolles.

Alle avait encor' tout's ses dents,
Son p'tit nez, oùsqu'i' pleuvait d'dans,
Était rond comme eun' croquignolle,
    À Batignolles.

A buvait pas trop, mais assez,
Et quand a vous soufflait dans l' nez
On croyait r'nifler du pétrole,
    À Batignolles.

Ses appas étaient pas ben gros,
Mais je m' disais : Quand on est dos,
On peut nager avec eun' sole,
    À Batignolles.

A gagnait pas beaucoup d'argent,
Mais j'étais pas ben exigeant !...
On vend d' l'amour pour eune obole,
    À Batignolles.

Je l'ai aimée autant qu' jai pu,
Mais j'ai pus pu lorsque j'ai su
Qu'a m' trompait avec Anatole,
    À Batignolles.

Ça d'vait arriver, tôt ou tard,
Car Anatol' c'est un mouchard...
La marmite aim' ben la cass'role,
    À Batignolles.

Alors a m'a donné congé,
Mais le bon Dieu m'a ben vengé :
A vient d' mourir de la variole,
    À Batignolles.

La moral' de c'tte oraison-là,
C'est qu' les p'tit's fill's qu'a pas d' papa,
Doiv'nt jamais aller à l'école,
    À Batignolles.

NINI-PEAU-D'CHIEN

Quand alle était p'tite,
Le soir, alle allait,
À Saint'-Marguerite,
Où qu'a s' dessalait ;
Maint'nant qu'alle est grande,
All' marche, le soir,
Avec ceux d' la bande
Du Richard-Lenoir.

    À la Bastille
    On aime bien
    Nini-Peau-d' chien :
Alle est si bonne et si gentille !
    On aime bien
    Nini-Peau-d' chien
    À la Bastille.

Alle a la peau douce,
Aux taches de son,
À l'odeur de rousse
Qui donne un frisson...
Et de sa prunelle,
Aux tons vert-de-gris,
L'amour étincelle
Dans ses yeux d' souris.

    À la Bastille
     On aime bien
   Nini-Peau-d' chien :
Alle est si bonne et si gentille !
     On aime bien
   Nini-Peau-d' chien
    À la Bastille.

Quand le soleil brille
Dans ses cheveux roux,
L' géni' d' la Bastille
Lui fait les yeux doux,
Et, quand a s' promène,
Du bout d' l'Arsenal,
Tout l' quartier s'amène
Au coin du canal.

    À la Bastille
     On aime bien
   Nini-Peau-d' chien :
Alle est si bonne et si gentille !
     On aime bien
   Nini-Peau-d' chien
    À la Bastille.

Mais celui qu'alle aime,

Qu'alle a dans la peau,
C'est Bibi-la-Crème,
Parc' qu'il est costeau,
Parc' que c'est un homme
Qui n'a pas l' foi' blanc,
Aussi faut voir comme
Nini l'a dans l'sang !

À la Bastille
On aime bien
Nini-Peau-d' chien :
Alle est si bonne et si gentille !
On aime bien
Nini-Peau-d' chien
À la Bastille.

À LA BASTOCHE

Il était né près du canal,
Par là… dans l' quartier d' l'Arsenal,
Sa maman, qu'avait pas d' mari,
L'appelait son petit Henri…
Mais on l'appelait la Filoche,
    À la Bastoche.

I' n' faisait pas sa société
Du géni' de la liberté,
I' n'était pas républicain,
Il était l'ami du Rouquin
Et le p'tit homme à la Méloche,
    À la Bastoche.

À c'tte époqu'-là, c'était l' bon temps :
La Méloche avait dix-huit ans,
Et la Filoche était rupin :
Il allait, des fois, en sapin,
Il avait du jonc dans sa poche,
    À la Bastoche.

Mais ça peut pas durer toujours,
Après la saison des amours
C'est la mistoufe et, ben souvent,
Faut s' les caler avec du vent...
Filer la comète et la cloche,
    À la Bastoche.

Un soir qu'il avait pas mangé,
Qu'i' rôdait comme un enragé ;
Il a, pour barboter l' quibus
D'un conducteur des Omnibus,
Crevé la panse et la sacoche,
    À la Bastoche.

Et sur la bascule à Charlot,
Il a payé, sans dire un mot :
À la Roquette, un beau matin,
Il a fait voir, à ceux d' Pantin,
Comment savait mourir un broche
    De la Bastoche !

Il était né près du canal,
Par là... dans l' quartier d' l'Arsenal,
Sa maman, qu'avait pas d' mari,
L'appelait son petit Henri...
Mais on l'appelait la Filoche,
    À la Bastoche.

À GRENELLE

Quand j' vois des fill's de dix-sept ans,
Ça m' fait penser qu'ya ben longtemps,
Moi aussi j' l'ai été pucelle,
          À Grenelle.

Mais c'est un quartier plein d' soldats,
On en renconte à tous les pas,
Jour et nuit i's font sentinelle,
          À Grenelle.

J'en ai t'i' connu des lanciers,
Des dragons et des cuirassiers,
I's m' montraient à m' tenir en selle,
          À Grenelle.

Fantassins, officiers, colons
Montaient à l'aussaut d' mes mam'lons,
I's m' prenaient pour eun' citadelle,
          À Grenelle.

Moi j' les prenais tous pour amants,
J' commandais tous les régiments,
On m'app'lait mam' la colonelle,
          À Grenelle.

Mais ça m' rapportait que d' l'honneur,
Car si l'amour ça fait l' bonheur,
On fait pas fortune avec elle,
          À Grenelle.

Bientôt j' m'aperçus qu' mes beaux yeux
Sonnaient l'extinction des feux,
On s' mirait pus dans ma prunelle,
    À Grenelle.

Mes bras, mes jambes, mes appas,
Tout ça foutait l' camp, à grands pas.
J'osais pus fair' la p'tit' chapelle,
    À Grenelle.

Aujord'hui qu' j'ai pus d' position,
Les régiments m' font eun' pension :
On m' laiss' manger à la gamelle,
    À Grenelle.

Ça prouv' que quand on est putain,
Faut s'établir Chaussé'-d'Antin,
Au lieu d' se faire eun' clientèle,
    À Grenelle.

AH ! LES SALAUDS !

I's sont des tin', i's sont des tas,
Des fils de race et de rastas,
Qui descendent des vieux tableaux,
           Ah ! les salauds !

I's sont presque tous décorés,
I's ont des bonn's ball's de curés,
On leur-z'y voit pus les calots,
           Ah ! les salauds !

I's sont presque tous mal bâtis ;
I's ont les abatis, trop p'tits
Et des bidons comm' des ballots,
                    Ah ! les salauds !

Rapport que tous ces dégoûtants
I's pass'nt leur vie, i's pass'nt leur temps
À s'empiffrer des bons boulots,
                    Ah ! les salauds !

Le soir i's vont dans des salons,
Pour souffler dans leurs pantalons,
Oùsqu'is envoy'nt des trémolos,
                    Ah ! les salauds !

Après i's s'en vont vadrouiller,
Picter, pinter, boustifailler
Et pomper à tous les goulots,
                    Ah ! les salauds !

Ensuite i's vont dans les endroits
Oùsqu'i' va les ducs et les rois,
Là où qu'y a qu' les volets d' clos,
                    Ah ! les salauds !

Quand on les rapporte, l' matin,
I's sent'nt la vinasse et l' crottin
Qu'i's ont bu' dans les caboulots,
                    Ah ! les salauds !

Eh bien ! c'est tous ces cochons-là
Qui font des magn' et du flafla
Et c'est nous qu'i's appell'nt soulauds,
                    Ah ! les salauds !

I's sont des tin', i's sont des tas,
Des fils de race et de rastas,
Qui descendent des vieux tableaux,
                  Ah ! les salauds !

LES LOUPIOTS

C'est les petits des grandes villes,
Les petits aux culs mal lavés,
Contingents des guerres civiles
Qui poussent entre les pavés.

Sans gâteaux, sans joujoux, sans fringues,
Et quelquefois sans pantalons,
Ils vont, dans de vieilles redingues
Qui leur tombent sur les talons.

Ils traînent, dans des philosophes,
Leurs petits pieds endoloris,
Serrés dans de vagues étoffes…
Chaussettes russes de Paris !

Ils se réchauffent dans les bouges
Noircis par des quinquets fumeux,
Avec des bandits et des gouges
Qui furent des loupiots comme eux.

Ils naissent au fond des impasses,
Et dorment dans les lits communs
Où les daronnes font des passes
Avec les autres et les uns…

Mais ces chérubins faméliques,
Qui vivent avec ces damnés,

Ont de longs regards angéliques,
Dans leurs grands châsses étonnés.

Et, quand ils meurent dans ces fanges.
Ils vont, tout droit, au paradis,
Car ces petits-là sont les anges
Des ruelles et des taudis.

C'est les petits des grandes villes,
Les petits aux culs mal lavés,
Contingents des guerres civiles
Qui poussent entre les pavés.

FANTAISIE TRISTE

I' bruinait... L' temps était gris,
On n' voyait pus l' ciel... L'atmosphère,
Semblant suer au d'ssus d' Paris,
Tombait en bué' su' la terre.

I' soufflait quéqu' chose... on n' sait d'où,
C'était ni du vent ni d' la bise,
Ça glissait entre l' col et l' cou
Et ça glaçait sous not' chemise.

Nous marchions d'vant nous, dans l' brouillard,
On distinguait des gens maussades,
Nous, nous suivions un corbillard
Emportant l'un d' nos camarades.

Bon Dieu! qu' ça faisait froid dans l' dos!
Et pis c'est qu'on n'allait pas vite;

La moell' se figeait dans les os,
Ça puait l' rhume et la bronchite.

Dans l'air y avait pas un moineau,
Pas un pinson, pas un' colombe,
Le long des pierr' i' coulait d' l'eau,
Et ces pierr's-là… c'était sa tombe.

Et je m' disais, pensant à lui
Qu' j'avais vu rire au mois d' septembre :
Bon Dieu ! qu'il aura froid c'tte nuit !
C'est triste d' mourir en décembre.

J'ai toujours aimé l' bourguignon,
I' m' sourit chaqu' fois qu'i' s'allume ;
J' voudrais pas avoir le guignon
D' m'en aller par un jour de brume.

Quand on s'est connu l' teint vermeil,
Riant, chantant, vidant son verre,
On aim' ben un rayon d' soleil…
Le jour ousqu' on vous porte en terre.

Dans la rue

Alphonse Allais

POÈME MORNE

Traduit du belge

Pour Maeterlinck.

Sans être surannée, celle que j'aimerais aurait un cer-
    tain âge.
Elle serait revenue de tout et ne croirait à rien.
Point jolie, mais persuadée qu'elle ensorcelle tous les
    hommes,
sans en excepter un seul.
On ne l'aurait jamais vue rire.
Sa bouche apâlie arborerait infréquemment le sourire
    navrant de ses désabus.

Ancienne maîtresse d'un peintre anglais, ivrogne et
    cruel,
qui aurait bleui son corps,
tout son corps,
à coups de poing,
elle aurait conçu la vive haine de tous les hommes.

Elle me tromperait avec un jeune poète inédit,
dont la chevelure nombreuse, longue

et pas très bien tenue
ferait retourner les passants
et les passantes.

Je le saurais, mais, lâche, je ne voudrais rien savoir.
Rien !
Seulement, je prendrais mes précautions.
Le jeune poète me dédierait ses productions,
ironiquement.

Cette chose-là durerait des mois
et des mois.
Puis, voilà qu'un beau jour Éloa s'adonnerait à la mor-
phine.

Car c'est Éloa qu'elle s'appellerait.

La morphine accomplirait son œuvre
néfaste.
Les joues d'Éloa deviendraient blanches, bouffies,
si bouffies
qu'on ne lui verrait plus les yeux,
et piquetées de petites tannes.
Elle ne mangerait plus.
Des heures entières, elle demeurerait sur son canapé,
comme une grande bête lasse.
Et des relents fétides se mêleraient aux buées de son
haleine.

Un jour que le pharmacien d'Éloa serait saoul,
il se tromperait,
et, au lieu de morphine,
livrerait je ne sais quel redoutable alcaloïde.
Éloa tomberait malade,
comme un cheval.
Ses extrémités deviendraient froides

comme celles d'un serpent,
et toutes les angoisses de la constriction
se donneraient rendez-vous dans sa gorge.

L'agonie commencerait.

Ma main dans la main d'Éloa,
Éloa me ferait jurer,
qu'elle morte,
je me tuerais.
Nos deux corps, enfermés dans la même bière,
se décomposeraient en de communes purulences.
Le jus confondu de nos chairs putréfiées passerait dans
    la même sève,
produirait le même bois des mêmes arbustes,
s'étalerait, viride, en les mêmes feuilles,
s'épanouirait, radieux, vers les mêmes fleurs.

Et, dans le cimetière,
au printemps,
quand une jeune femme dirait : *Quelle bonne odeur!*
cette odeur-là, ce serait, confondues, nos deux âmes
    sublimées.

Voilà les dernières volontés d'Éloa.
Je lui promettrais tout ce qu'elle voudrait, et même
    d'autres choses.

Éloa mourrait.

Je ferais à Éloa des obsèques convenables, et,
le lendemain,
je prendrais une autre maîtresse
plus drôle.

(*Le Chat Noir*, 2 février 1889)

CHRONIQUE SCIENTIFIQUE

Il est temps de mettre un terme à la fumisterie absurde qui consiste à faire faire des cours dans les facultés par des messieurs de noir habillés et très ennuyeux. Le journal *Le Chat Noir* s'est adjoint quelques professeurs distingués qui donneront à cette place une série de leçons attrayantes.

Nous commencerons aujourd'hui un cours de chimie sur l'air connu de : *À la façon de Barbari*.

> L'oxygène a pour densité,
> On en a fait l'étude,
> 1,1056 calculé
> Avec exactitude.
> Il entretient la combustion,
> La faridondaine, la faridondon.
> C'est lui qui entretient la vie
>   Biribi
> À la façon de Barbari,
>   Mon ami.

> On le prépare en calcinant
> Le potassiqu' chlorate,
> Mais il faut chauffer doucement
> De peur que ça n'éclate.
> Les poumons quand nous respirons,
> La faridondaine, la faridondon,
> S' dilatent l'un et l'autre à l'envi,
>   Biribi
> À la façon de Barbari
>   Mon ami.

Zéro, zéro, six, neuf, deux, six,
Telle est de l'hydrogène,
D'après Thénard et Regnault fils
La densité certaine.
Il sert à gonfler les ballons,
La faridondaine, la faridondon.
Il éteint aussi les bougies,
Biribi
À la façon de Barbari
Mon ami.

(*Le Chat Noir*, 6 mai 1882)   (signé : K. Lomel)

FACULTÉ DES SCIENCES
DU CHAT NOIR

Nous continuons aujourd'hui nos cours humoris-
tiques, interrompus par des travaux urgents, de notre
collaborateur K. Lomel.

Air connu

L'azote est un gaz bien malsain
Dans l'quel on n' peut pas vivre,
Il se trouv' dans l'air le plus sain,
C'est pas lui qui enivre,
Il n'a pas la moindre action,
La faridondaine, la faridondon,
Il empêche même la vie
Biribi
À la façon de Barbari, mon ami.

On extrait l'azote facil'ment
D' l'azotite d'ammoniaque,
Et l'on peut chauffer brusquement,
Y a pas d' crainte que ça claque,
Et ce moyen-là est très bon,
La faridondaine, la faridondon,
Pour pouvoir fabriquer c' corps-ci,
    Biribi,
À la façon de Barbari, mon ami.

Sous un' cloche on peut le retirer
De l'air atmosphérique,
On prend du phosphore pour former
De l'acide phosphorique
Qui entre en dissolution,
La faridondaine, la faridondon,
Et l'azote nous reste ainsi
    Biribi,
À la façon de Barbari, mon ami.

Mais c'est assez nous entretenir
De ce gaz méphitique,
Nous aurons bien plus de plaisir
De l'acide azotique
Qui ronge le cuivre, le laiton,
La faridondaine, la faridondon,
Et attaque le fer aussi
    Biribi,
À la façon de Barbari, mon ami.

(*Le Chat Noir*, 10 juin 1882)

UNE BONNE FORTUNE

Une véritable bonne fortune pour le *Chat Noir* et ses lecteurs. Tout le monde a été surpris de la brusque interruption des *Maximes* que publiait récemment *l'Écho de Paris,* maximes dues au cerveau puissant et à la plume prestigieuse de M. Alexandre Dumas.

Cette brusque interruption fut vivement commentée dans les milieux littéraires et même dans quelques cercles diplomatiques. Plusieurs hautes sphères en furent vivement alarmées.

L'heure a sonné de dire le mot de cette énigme : *l'Écho de Paris* ne publie plus les *Maximes* de M. Dumas, parce que le *Chat Noir* en a acquis la propriété exclusive.

Au poids de l'or, ajoutons-le, car l'administration, qui ne recule devant aucun sacrifice, n'a pas hésité à offrir au célèbre dramaturge de l'avenue de Villiers dix centimes de plus (par maxime) qu'on ne lui payait à l'hôtel Colbert.

Devant cette brusque et inattendue surenchère, le petit-fils du père d'Alexandre Dumas pâlit, chancela et consentit.

Il ne mit qu'une condition à son marché :

— Signez-les, implora-t-il, d'un pseudonyme assez opaque pour qu'on ne me reconnaisse pas.

— Fiez-vous-en à nous, répliqua l'administration.

Et voilà comment nous pouvons commencer aujourd'hui la publication des *Maximes* de M..., mais chut ! nous avons promis le secret.

Allons-y :

MAXIMES

Premier Dix-septain

I

Dieu a sagement agi en plaçant la naissance avant la mort; sans cela, que saurait-on de la vie?

II

Combien peu de gens, aujourd'hui, consentiraient à habiter la maison de verre du juste? Et encore serait-elle en verre dépoli?

III

Quoi de plus inhumain qu'un sacrifice humain?

IV

La misère a cela de bon, qu'elle supprime la crainte des voleurs.

V

J'ai connu bien des filles de joie qui avaient pour père un homme de peine.

VI

On a dit que le génie était une longue patience. Et le mariage donc !

VII

Les gens mariés vieillissent plus vite que les célibataires ; c'est l'histoire de la goutte d'eau qui, tombant sans relâche à la même place, finit par creuser le granit le plus dur.

VII

La statistique a démontré que la mortalité dans l'armée augmente sensiblement en temps de guerre.

IX

Quelques phares ont la forme d'une chandelle. Ils en ont aussi le pouvoir éclairant, toutes proportions gardées, bien entendu.

X

Dieu n'a pas fait d'aliments bleus. Il a voulu réserver l'azur pour le firmament et les yeux de certaines femmes.

XI

Une jolie femme sotte bien habillée, c'est une belle bouteille vide parée d'une superbe étiquette.

XII

Faire la charité, c'est bien. La faire faire par les autres, c'est mieux.

On oblige ainsi son prochain, sans se gêner soi-même.

XIII

C'est le lapin qui a commencé... la rupture de bien des ménages éphémères.

XIV

Le tic-tac des horloges, on dirait des souris qui grignotent le temps.

XV

Épouser une cocotte, c'est peindre son chiffre sur les panneaux d'un omnibus.

XVI

Les gendarmes ont grand tort de malmener les criminels. Sans eux, ils n'existeraient pas.

XVII

Pendant l'hiver, les pauvres gens ramassent du bois mort dans la campagne. Le bois mort, c'est le coke du village.

DUMAPHIS.

MAXIMES

Deuxième Dix-septain★

XVIII

Danser devant le buffet, c'est exécuter la vraie danse du ventre.

XIX

Le jeu retire à l'homme l'idée de la femme à tel point, que j'ai dernièrement entendu un joueur qui traduisait *donna è mobile* par *la donne passe*.

★ Ce deuxième dix-septain se compose de douze maximes, la Direction s'étant vue dans la nécessité d'en supprimer cinq, révoltantes d'obscénité.

XX

Dieu a mis le remède à côté du mal. C'est ainsi des boutiques de pharmaciens au rez-de-chaussée de maisons mal famées.

XXI

Quand mademoiselle Sylviac se rend en Angleterre, le Pas-de-Calais est le plus heureux détroit.

XXII

Plus les galets ont roulé, plus ils sont polis. Pour les cochers, c'est le contraire.

XXIII

Les Russes sont généralement très propres. On a raison de dire, en parlant d'eux : les populations slaves.

XXIV

Il est toujours avantageux de porter un titre nobiliaire. Être *de quelque chose*, ça pose un homme, comme être *de garenne*, ça pose un lapin.

XXV

Nous parlons de tuer le temps, comme si, hélas! ce n'était pas lui qui nous tuait!

XXVI

« L'amour est enfant de Bohème », chante-t-on dans *Carmen*. C'est peut-être pour cela qu'il est fragile comme un verre.

XXVII

Le phare illumine les mers.
Le fard enlumine les filles.

XXVIII

Dans les milieux littéraires, quand on parle des poètes morts jeunes, ce sont les morts vieux qui se mouchent.

XXIX

Sarah Bernhardt fait couler les petits ruisseaux de larmes qui produisent les grandes rivières de diamants.

DUMAPHIS.

(*Le Chat Noir*, 11 et 25 janvier 1890)

NÉFASTE — PARFOIS —
INFLUENCE DE JEAN RICHEPIN
SUR LA LYRE MODERNE

Pour Tiarko.

De tous les beaux vers de Richepin qu'on avait dits, ce soir-là, deux particulièrement demeurèrent dans l'esprit du jeune homme.

C'étaient ces deux-ci, qui se trouvent, sauf erreur, dans la *Chanson Aryenne* :

> Nous nous étalons
> Sur des étalons.

Cette rime : *étalons* et *étalons* le tourmenta toute la nuit, et, le lendemain matin, sans avoir rien cherché, par simple et inconscient génie, le jeune homme, en se réveillant, murmura, complétant l'idée du maître :

> Nous nous étalons
> Sur des étalons,
> Et nous percherons
> Sur des percherons !

Et alors, la torture de la hantise commença pour lui : le pauvre garçon était poète ! Et quel poète !

Hier, il est venu me lire son morceau, en espoir que j'en parle à Mme Adam, sur l'esthétique de laquelle, exagéra-t-il, je fais la pluie et le beau temps.

Avant que ce poème ne paraisse *in-extenso* dans la

Nouvelle Revue, j'ai la bonne fortune d'en pouvoir donner quelques extraits ici même.

Je n'ai pas la prétention que ce genre plaise à tout le monde, il sera même très âprement discuté dans les milieux littéraires ; mais nul ne songera à en discuter la curieuse et fertile tendance :

> Nous nous étalons
> Sur des étalons,
> Et nous percherons
> Sur des percherons.
> C'est nous qui bâtons,
> À coups de bâtons,
> L'âne des Gottons
> Que nous dégottons !...
> Mais nous l'estimons[*]
> Mieux dans les timons.

Un joli couplet sur l'amour brutal :

> Nous nous marions
> À vous Marions
> Riches en jambons.
> Nous vous enjambons
> Et nous vous chaussons,
> Catins, tels chaussons !

Rappel à de plus délicates et subtiles caresses :

> Oh ! plutôt nichons
> Chez nous des nichons !
> Vite polissons
> Les doux polissons !

[*] L'âne, bien entendu.

Pompons les pompons
Et les repompons !

En passant un chœur vigoureux d'intrépides pêcheurs :

C'est nous qui poissons
Des tas de poissons,
Et qui les salons
Loin des vains salons !

Fatigués de l'amour brutal, des subtiles caresses, de la pêche et des salaisons, si nous faisions un bon repas ? Oyez-moi ce menu :

Tout d'abord pigeons,
Sept ou huit pigeons !
Du vieux Pô* tirons
Quelques potirons !
Aux doux veaux rognons
Leurs tendres rognons,
Qu'alors nous oignons
Du jus des oignons !
Puis, enfin, bondons-
Nous de gras bondons !
Les vins ?… Avalons
D'exquis Avallons !
Après quoi ponchons
D'odorants ponchons**.

Mais tout ce programme exige beaucoup d'argent. Vite en route pour le Klondike :

---

* La chose se passe en Italie.
** M. Raoul Ponchon, notre éminent confrère et brave ami, ayant donné son nom à une des meilleures marques de cigares de la Havane, le verbe *poncher* est devenu synonyme de *fumer avec délices*.

Ah! thésaurisons!
Vers tes horizons,
Alaska, filons!
À nous tes filons!

Une rude vie que celle des chercheurs d'or :

Pour manger, visons
Au front des visons,
Pour boire, lichons
L'âpre eau des lichons*.

Malheureusement, je ne puis tout citer (le poème ne comporte pas moins de 1,342 vers).

Quelques passages sont d'un symbolisme dont, malgré ma très vive intelligence, m'échappe la signification.

Celui-ci entre autres :

Ce que nous savons
C'est grâce aux savons
Que nous décochons
Au gras des cochons!

Le sens des deux derniers vers est plus tangible :

Oh! mon chat, virons,
Car nous chavirons!

Le fait est qu'il y a un peu de ça!

---

* On appelle *lichon*, au Canada, le filet d'eau qui coule des glaciers.

POÈTE DÉPARTEMENTAL

— Alors, entendu pour midi, jeudi?

— Entendu!

Cette fin d'entretien se déroulait dimanche dernier aux courses de Trouville, entre mon ami Henri de Fondencomble et celui qui a l'honneur d'écrire ces lignes.

Après mille avatars divers, ou, plus simplement, après mille avatars, car le propre d'un avatar est précisément d'être divers, après mille avatars, dis-je, mon ami Henri de Fondencomble est, à c'te heure, rédacteur en chef d'un journal estival, l'*Indépendant de Cricquebeuf*, organe des intérêts de Cricquebeuf, Pennedepie et Vasouy.

Comment Fondencomble, que rien ne semblait désigner à la noble profession de publiciste, arriva-t-il d'emblée à d'aussi hautes fonctions dans la presse départementale, je ne m'en souviens plus, bien qu'il me l'ait raconté par le menu. La chose, d'ailleurs, importe peu.

Je n'eus garde de manquer la gracieuse invitation à déjeuner de mon vieux camarade et, jeudi dernier, vers 11 heures et demie, mon fidèle yacht, l'*Écumoire*, faisait son entrée triomphale dans le port de Cricquebeuf.

Les bureaux de l'*Indépendant* sont situés sur le quai Maurice-Bertrand, juste en face le débarcadère des paquebots de Melbourne.

La pipe aux dents, les yeux luisants de bon accueil, mon ami Henri de Fondencomble m'attendait sur le seuil de l'imprimerie du journal.

Une petite bonne, jolie comme un cœur, nous servit du porto, et peu après nous avisa que ces messieurs étaient servis.

Ces messieurs se mirent à table.

— Célestine, dit Henri, si on vient me demander, tu diras que je n'y suis pas.

— Bien, monsieur.

— Comment ! fis-je un peu scandalisé, tu tutoies ta bonne ?

— Je tutoie toutes celles de mes bonnes qui sont jolies et âgées de dix-huit ans à peine.

— Chaque peuple a ses usages.

— Bien sûr... Encore un peu de turbot ?

— Volontiers.

Célestine entra :

— Monsieur, il y a un type en bas qui demande à vous parler.

— Je t'ai dit que je n'y suis pour personne.

— Oui, mais celui-là est un type si rigolo ! Ça doit être un poète.

— Un nourrisson des Muses ! qu'il pénètre !

Une sorte de grand dadais, jaune et long, chevelu, avec, sur la figure, des boutons, fut introduit par Célestine.

— Monsieur de Fondencomble ? s'informa-t-il.

— C'est moi, répondis-je, mû par mon vieil et indéracinable esprit de mystification.

— Je viens solliciter l'honneur de collaborer à l'*Indépendant de Cricquebeuf.*

— Vous êtes journaliste ?

— Oh non, monsieur ! se redressa-t-il. Poète !

— Et vous désirez que j'insère quelques-unes de vos poésies dans la partie littéraire de mon organe ?

— Précisément, monsieur. Nous débuterons, si vous le voulez bien, par un poème dont je suis assez content.

— Quel, ce poème ?

— Ce sont des vers que j'ai écrits sur le vieux toit en chaume de la maison où je suis né.

— Une drôle d'idée, vraiment ! Et pas banale pour un sou !

— N'est-ce pas, monsieur ?

— Où êtes-vous né ?

— Pas très loin d'ici, dans un petit pays qui s'appelle Lieu-Godet.

— Parfaitement... Eh bien, un de ces jours, je pousserai en bicyclette jusqu'à Lieu-Godet et je prendrai connaissance de votre poème... Vous avez une échelle, chez vous ?

— Une échelle ? Pourquoi faire, une échelle ?

— Dame, pour grimper sur le vieux toit en chaume de la maison où vous êtes né, et sur lequel vous avez eu la fichue idée d'écrire ces vers.

— Mais, monsieur...

— Car, enfin, c'est une fichue idée ! Vous ne pouvez donc pas faire comme tout le monde et écrire vos vers sur du papier ?

Amours, délices et orgues

L'ENFANT CAMÉLÉON

Cet enfant est maigre et né pour la peine.
Son père, ouvrier lâche et violent,
Le bat constamment, le nourrit à peine.
Le petit Gustave est pâle, tout blanc.

Le petit garçon, toujours assez sage,
Vient de renverser par mégarde un seau.
Son père lui fait un mauvais visage :
Le petit Gustave est rouge ponceau.

Ce père cruel, d'une main trop sûre,
Se fait de le battre un barbare jeu.
Le corps de l'enfant n'est que meurtrissure :
Le petite Gustave est devenu bleu.

Pauvre créature ! Enfin elle est morte
Ainsi qu'une fleur au souffle de l'air,
Dans la tombe froide un jour on l'emporte :
Le petit Gustave est devenu vert.

CAPTAIN CAP.

(*Le Chat Noir*, 5 août 1889)

LE PROGRAMME
DU CAPTAIN CAP

1º Établissement d'un fort sur la butte Montmartre ;

2º Établissement d'un observatoire sur la même butte ;

3º La place Pigalle port de mer ;

4º Fabrication des blancs gras en France ;

5º Suppression de l'impôt sur les bicyclettes ;

6º Rétablissement de la licence dans les rues au point de vue de la repopulation ;

7º Continuation de l'avenue Trudaine jusqu'aux grands boulevards ;

8º Suppression de la bureaucratie ;

9º Établissement sur la butte d'une Plazza de toros et d'une piste nautique ;

10º Suppression de l'école des Beaux-Arts, etc., etc.

DIFFICULTÉ DE LA POÉSIE FRANÇAISE POUR CERTAINS ÉTRANGERS

— Cap, vous qui touchez à toutes les sciences, à tous les arts, avec une égale supériorité, comment se fait-il que je ne connaisse point de vos poèmes ?

— Des vers, mon cher ami, j'en ai fait quand j'étais jeune, j'en ai fait à remplir des magasins à coton, et des halles à blé. Quand je me décidai à les brûler, je me trouvais alors à Melbourne, l'atmosphère en fut obscurcie pendant plus de huit jours.

— Peste !

Et Cap éclata de rire.

— Connaissez-vous, ajouta-t-il, mon ami Tom Hatt ?

— Nullement.

— Eh bien, écoutez cette petite histoire d'un poète étranger.

Il y a quelques semaines débarquait, porteur à mon adresse d'une lettre de recommandation, un jeune Américain du Kentucky nommé Tom Hatt, appellation qu'il justifie pleinement par le rouge éclatant de son pileux système.

Mais ce n'est pas grâce à l'écarlate de son poil que le jeune Tom Hatt attire l'examen du connaisseur, c'est plutôt par la folâtre façon qu'il emploie de prononcer votre belle langue française, façon si folâtre que l'oreille la plus exercée aux gutturs yankees ne saurait démêler en la conversation de Tom le moindre compréhensible fétu.

Beaucoup d'esprits superficiels, écoutant mon jeune ami, jureraient même qu'il profère quelque idiome pahouin.

Il faut dire aussi pour sa décharge que, dans le fin fond de son Kentucky, entièrement dénué du plus pâle compagnon français, Tom Hatt réussit à force d'énergie — ah! la supériorité des Anglo-Saxons! — à apprendre le français, tout seul, dans quelques livres trouvés chez le brocanteur.

En le simple de son âme, inloti de renseignements *ad hoc*, Tom Hatt trancha la question de la prononciation en ne l'abordant pas, et Tom Hatt prononça le français comme depuis sa naissance il prononçait la langue de Washington.

En sorte que, depuis son arrivée en Europe, il n'avait rencontré personne, sauf un individu avec lequel il pût s'entretenir, sans inconvénient, dans notre langue.

Aussi fallait-il les voir — et non pas les entendre, vous allez comprendre tout à l'heure pourquoi — tailler d'interminables bavettes, mon ami Tom Hatt et un certain Tony Truand, jeune sourd-muet marseillais dont notre Américain avait récemment fait la connaissance aux concerts Colonne!

Le silencieux Tony Truand — ironie des noms! — n'accordait à la question de prononciation nulle importance. De son côté, l'infirmité de Tony ayant aboli chez le pauvre Phocéen les inconvénients de l'accent marseillais, Tom et Tony n'éprouvaient aucune difficulté à se comprendre, et c'est à merveille que les deux braves garçons s'entendaient, bien entendu, par gestes.

Tony Truand arriva même à prendre sur Tom Hatt un énorme ascendant, et il l'engagea bientôt à composer des poèmes, ainsi qu'il le faisait lui-même depuis sa plus tendre enfance.

Seulement, dame, pour les rimes, Tony n'y allait pas de main morte.

Non satisfait de les accoupler, ces rimes d'or, il les — si j'osais inaugurer ce terme — attriplait.

(Je ne veux pas dire que Tony inventa ce mode, —

d'autres l'employaient depuis longtemps, — mais, lui, l'appliqua dans toute sa rigueur.)

Au bout de fort peu de temps, Tom Hatt m'apportait un petit poème qui débutait par ce curieux tercet :

> Dans les environs d'Aigues-
> Mortes, sont des ciguës
> Auxquelles tu te ligues.

Etc., etc.

— Mais, mon pauvre ami, ne pus-je m'empêcher de m'écrier, ça ne rime pas !

— Je le sais déjà, répondit Tom, Tony me l'a dit.

— Qu'en peut-il savoir, lui, sourd ?

— C'est avec ses yeux qu'il l'a vu, mon cher. Il m'a reproché l'absence de consonne d'appui avant l'*i*.

— Il a raison.

— Je vais recommencer, voilà tout ! À demain !

Et, le lendemain, en effet, Tom Hatt soumettait à mon examen un second morceau, de haute envolée, de philosophie profonde, mais dont voici le début :

> Tout vrai poète tient
> À friser le quotient
> De ceux qui balbutient.

Etc., etc.

Devant tant de bonne volonté, je n'ai eu — qu'est-ce que vous voulez ! — qu'à m'incliner.

— Cette fois-ci, mon vieux, ça y est ! Tous mes compliments.

Et de plaisir, alors, la peau de Tom Hatt devint aussi rouge que ses cheveux.

BREUVAGES

ALABAZAM COCKTAIL : Glace pilée, quelques gouttes d'angustura et de jus de citron, cuillerée à café de curaçao, remplissez avec cognac, passez, zeste de citron, servez. Tel est l'*Alabazam*.

ALE-FLIP : Au début d'un rhume, rien de tel qu'un *ale-flip*. Vous le préparez ainsi. Faites chauffer un demi-verre de pale-ale, mélangez à part un œuf avec une cuillerée à bouche de sucre en poudre, saupoudrez de muscade. Après avoir bien battu le tout, versez lentement dans la bière en remuant vivement par petite quantité. Cette boisson est une sorte de lait de poule à la bière.

AMERICAN GROG : Faites chauffer moitié vieux rhum, moitié eau, sucrez et ajoutez un rond de citron dans lequel vous aurez fiché quatre clous de girofles. Réchauffant et stimulant.

AMERICAN-LEMONADE : L'*american-lemonade* se fabrique comme la limonade ordinaire, sucre, jus de citron, eau de seltz. La seule différence est qu'on y doit ajouter une petite quantité de porto rouge.

ANGLER'S COCKTAIL : Êtes-vous comme moi ? J'adore l'*angler's cocktail*. Goûtez-en, vous verrez : glace pilée, quelques gouttes d'angustura, une cuillerée à café d'orange-bitter, une autre de sirop de framboise, complétez avec du gin, agitez, passez, délectez-vous.

BRANDY COCKTAIL : Glace en petits morceaux, quelques gouttes d'angustura, une demi-cuillerée de crème de noyaux, une autre de curaçao, finir avec fine champagne. Agitez, pressez, zeste de citron, buvez.

BRANDY SHANTERALLA : Le *brandy shanteralla*, peu recommandé au sexe frêle, se prépare ainsi : dans glace en morceaux, versez une cuillerée à bouche de curaçao, une de chartreuse jaune, une d'anisette, complétez avec bon cognac.

CHAMPAGNE-GOBBLER : Remplissez de glace pilée un grand verre, une cuillerée à café de curaçao, une autre de crème de noyaux, finissez avec tisane de Saint-Marceaux. Remuez, une tranche orange, une tranche citron, fraises et fruits selon la saison. Agitez, versez sur le tout, sans mélanger, un filet de porto rouge. Dégustez avec chalumeau.

CHAMPAGNE JULEP : Dans un grand verre, pilez trois ou quatre branches de menthe fraîche avec une cuillerée de sucre en poudre, un verre à liqueur de cognac, remplissez de glace pilée, un verre à liqueur de chartreuse jaune, finissez avec du Saint-Marceaux sec, remuez bien, trempez dans le jus de citron une petite branche de menthe, ajustez-la au milieu du verre, fruits selon la saison, un filet de bon rhum sans mélange, saupoudrez de sucre. Dégustez avec chalumeau.

COFFEE PUNCH : Dans un verre rempli de glace pilée, versez une demi-cuillerée à café de noyau ; demi de curaçao, deux cuillerées à café de sucre en poudre, un verre à liqueur de cognac, un de rhum et un de kirsch. Finissez avec de bon café noir, agitez, passez, buvez avec chalumeau.

CORPSE REVIVER : Cette consommation, d'une si originale fantaisie, est assez difficile à préparer, les produits qui la composent étant eux-mêmes de densités fantaisistes. Il s'agit de verser à l'aide d'une petite cuiller, avec infiniment de précaution pour ne pas les mélanger, les 12 liqueurs suivantes : grenadine, framboise, anisette, fraise, menthe blanche, chartreuse verte, cherry-brandy, prunelle, kummel, guignolet, kirsch et cognac. On avale d'un seul coup.

COSMOPOLITAN CLARET PUNCH : Dans un grand verre plein de glace pilée, versez une cuillerée de sirop de framboise, une de marasquin, une de curaçao. Ajoutez un verre à liqueur de fine champagne, finissez avec vieux bordeaux. Une tranche d'orange, fruits selon la saison, chalumeau.

GIN CLING : Pour obtenir un *gin cling*, faites chauffer moitié gin, moitié eau, ajoutez sucre en poudre et jus de citron, versez et buvez avant que cela ne refroidisse.

GIN-FLIP : Dans de la glace en petits morceaux, deux cuillerées de sucre en poudre, un jaune d'œuf bien frais, petite quantité de crème de noyau, finir avec du *Old Tom Gin*. Agitez, passez, versez, saupoudrez de muscade. Excellent stimulant au cours des températures rafraîchissantes que ce *gin-flip*.

ICE-CREAM-SODA : Cap procède de la sorte : dans un récipient rempli de glace écrasée par lui-même, il verse deux verres à liqueur de crème de vanille et un de kirsch. Il complète avec moitié lait et moitié eau de seltz. On peut varier selon les goûts et remplacer la crème de vanille par de la crème de cacao ou telle autre liqueur qui vous plaira. On peut également substituer le rhum au kirsch.

IRISH WHISKY COCKTAIL : Même préparation
que le *brandy-cocktail*, en remplaçant le brandy par de
l'*Old Tom Gin*.

JOHN COLLINS : Excellente boisson pour matins
alanguis, le *John Collins* se prépare de la façon sui-
vante : remplissez un grand verre de glace pilée, deux
cuillerées de sucre en poudre, pressez un citron, versez
un verre à liqueur de gin, complétez avec eau de seltz
ou soda, renversez et dégustez avec des chalumeaux.

LEMON-SQUASH : Le *lemon-squash* n'est autre que
notre citronnade ; glace pilée, jus de citron, sucre en
poudre, eau de seltz ou soda. Remuez bien, ajoutez un
rond de citron.

MANNHATTAN COCKTAIL : Apéritif exquis que
ce *mannhattan cocktail* : mélange par parties égales de
whisky et de vermouth de Turin additionné de quelques
gouttes d'angustura et d'une petite cuillerée de cura-
çao. Glace pilée. Agitez, passez, versez.

MARTINI COCKTAIL : Un des meilleurs cocktails
quand il est bien préparé. Glace en petits morceaux,
demi-cuillerée à café d'orange-bitter, de curaçao et de
crème de noyau. Finir avec parties égales de gin et de
vermouth de Turin. Agitez, passez, zeste de citron.

MINT-JULEP : Excellent le *mint-julep*, quand on
peut se procurer de la menthe fraîche : Pilez quatre
branches de cette plante avec une cuillerée de sucre en
poudre, ajoutez un verre de cognac, remplissez de glace
pilée, un verre à liqueur de chartreuse jaune, finissez
avec de l'eau, bien remuer. Trempez dans du jus de
citron une branche de menthe que vous piquez au

milieu du verre. Ajoutez fruits de saison, versez sur le tout, sans remuer, petite quantité de rhum. Saupoudrez de sucre. Dégustez avec chalumeau.

PICK ME UP : Le *Pick me up* est, comme l'indique son nom, un ravigotant recommandé. Pour l'obtenir, dans un gobelet d'argent, mettez glace en morceaux, une cuillerée à bouche de jus de citron, une autre de grenadine et une troisième de kirsch vieux. Agitez, passez, versez. Remplissez le verre avec du Saint-Marceaux sec, une tranche d'orange.

ROCKY MOUNTAIN PUNCH : Dans un verre à gobbler rempli de glace pilée, deux cuillerées de sucre en poudre, le jus d'un demi-citron, demi-verre de vieux rhum, une cuillerée à bouche de marasquin, finir avec du Saint-Marceaux, un morceau de sucre candi, fruits selon la saison. Dégustez avec un chalumeau.

SOYER AU CHAMPAGNE : Dans un verre à gobbler rempli de glace pilée, versez une cuillerée de curaçao et une autre de marasquin, remplissez de Saint-Marceaux sec, remuez. Au moment de servir, ajoutez sans remuer, quelques gouttes de bonne crème de vanille.

STARS AND STRIPES : *Stars and stripes*, autrement dit les *étoiles et les raies*. Dans un verre-flûte, versez sans mélanger crème de noyau, marasquin, chartreuse jaune, curaçao et verre fine champagne.

THUNDER : Bon réconfortant que le *thunder* : glace en petits morceaux, demi-cuillerée de sucre en poudre, un œuf entier bien frais et un verre à liqueur de vieux cognac, une forte pincée de poivre de Cayenne. Frappez, passez, buvez.

WHISKY COCKTAIL : Dans votre verre à mélange mettez quelques petits morceaux de glace, quelques gouttes d'angustura, une petite quantité de curaçao et de liqueur de noyau, complétez avec du scotch whisky. Agitez, passez et versez. Lorsque le cocktail est servi, coupez délicatement et en fines lames un zeste de citron que vous cassez légèrement en deux afin d'en faire jaillir le jus et que vous plongez ensuite dans le verre.

WHISKY STONE FENCE : Le *whisky stone fence*, autrement dit *barrière de pierre* du whisky, n'est autre que d'excellent cidre sucré et frappé dans lequel vous ajoutez un verre d'*irish* ou de *scotch whisky*. On peut remplacer ces spiritueux par du calvados.

Le Captain Cap, ses aventures, ses idées, ses breuvages

COMFORT

Je ne sais pas si vous êtes comme moi, mais j'adore l'Angleterre.

Je lâcherais tout, même la proie, pour Londres.

J'aime ses bars, ses music-halls, ses vieilles femmes saoules en chapeau à plume.

Et puis, il y a une chose à se tordre qui vaut, à elle seule, le voyage : c'est la contemplation du *comfortable* anglais.

Le monsieur qui, le premier, a lancé la légende du *comfortable* anglais était un bien prodigieux fantaisiste. J'aimerais tant le connaître !

Le *comfortable* anglais... Oh ! laissez-moi rire un peu et je continue.

D'ailleurs ça m'est égal, le confortable.

Quand on a été, comme moi, élevé à la dure par un père spartiate et une mère lacédémonienne, on se fiche un peu du confortable.

Les serviettes manquent-elles ? Je m'essuie au revers de ma manche. Les draps du lit ont-ils la dimension d'un mouchoir de poche ? Eh ! je me mouche dedans, puis, pirouettant sur mes talons, je sifflote quelque ariette en vogue.

Voilà ce que j'en fais du confortable, moi.

Et je ne m'en trouve pas plus mal.

Pourtant, une fois...

(J'avertis mes lectrices anglaises que l'histoire qui suit est d'un *shocking*...)

Pourtant, une fois, dis-je, j'aurais aimé voir London (c'est ainsi que les gens de l'endroit appellent leur cité) un tantinet plus confortable.

À Londres, vous savez, ce n'est pas comme à Paris.

Dans un sens particulier, dans le sens *chalet*, Paris est une véritable petite Suisse.

Il est vrai — oh ! le beau triomphe que de casser l'aile aux rêves ! —, il est vrai qu'au gentil mot de *chalet* le langage administratif ajoute *de nécessité*.

Qu'importe, ô Helvétie !

À propos d'Helvétie, c'était justement la mienne — je reviens à mes moutons — qui se trouvait cruellement en jeu, ce jour-là.

J'avais bu beaucoup d'*ale*, pas mal de *stout* et un peu de *porter*.

Je regagnais mon logis. Il pouvait être cinq ou six heures du soir. À l'entrée de *Tottenham Court Road*, je regrettai vivement... le boulevard Montmartre, par exemple.

Le boulevard Montmartre est bordé, sur ses trottoirs, de kiosques à journaux, de colonnes Morris et de... comprenez, Parisiens.

Tottenham Court Road, une belle artère, d'ailleurs, manque en totalité de ces agréments de la civilisation, et vous savez qu'en Angleterre il est absolument dangereux de lire des affiches de trop près.

Entrer quelque part et demander au concierge... dites-vous?... Doux rêveurs! En Angleterre, nul concierge. (Ça, par exemple, c'est du confortable.)

Alors, quoi?

Mon *ale*, mon *stout*, mon *porter* s'étaient traîtreusement coalisés pour une évasion commune, et je sentais bien qu'il faudrait capituler bientôt.

Pourrais-je temporiser jusqu'à *Leicester Square*? *That was the question.*

Je fis quelques pas. Une angoisse aiguë me cloua sur le sol.

Chez moi le besoin détermine le génie.

J'avisai un magasin superbe, sur les glaces duquel luisaient, en lettres d'or, ces mots:

ALBERT FOX,
chemist and druggist

J'aime beaucoup les pharmacies anglaises à cause de l'extrême diversité des objets qu'on y vend, petites éponges, grosses éponges, cravates, jarretières, éponges moyennes, etc.

J'entrai résolument.

— Good evening, sir.

— Good evening, sir.

— Monsieur, continuai-je en l'idiome de Shakespeare, je crois bien que j'ai le diabète...

— Oh! reprit le *chemist* dans la même langue.

— Yes, sir, et je voudrais m'en assurer.

— La chose est tout à fait simple, sir. Il n'y a qu'à analyser votre... do you understand?

— Of course, I do.

Et pour que je lui livrasse l'échantillon nécessaire, il me fit passer dans un petit laboratoire, me remit un flacon de cristal surmonté d'un confortable entonnoir.

Quelques secondes, et le flacon de cristal semblait un bloc de topaze.

Je me rappelle même ce détail — si je le note, ce n'est pas pour me vanter, car je suis le premier à trouver la chose dégoûtante —, le flacon était un peu exigu, je dus épancher l'excédent de topaze dans quelque chose de noir qui mijotait sur le feu.

Sur l'assurance que mon analyse serait scrupuleusement exécutée, je me retirai, promettant d'en revenir chercher le résultat le lendemain à la même heure.

— Good night, sir.

— Bonsoir, mon vieux.

Le lendemain, à la même heure, le steamer *Pétrel* cinglait vers Calais, recélant en sa carène un grand jeune homme blond très distingué, qui s'amusait joliment.

C'est égal, si jamais je deviens réellement diabétique, je croirai que c'est le dieu des *english chemists* qui se venge.

À se tordre, histoires chatnoiresques

RIMES RICHES À L'ŒIL

L'homme insulté qui se retient
Est, à coup sûr, doux et patient.
Par contre, l'homme à l'humeur aigre
Gifle celui qui le dénigre.
Moi, je n'agis qu'à bon escient :
Mais, gare aux fâcheux qui me scient !

Qu'ils soient de Château-l'Abbaye
Ou nés à Saint-Germain-en-Laye,
Je les rejoins d'où qu'ils émanent,
Car mon courroux est permanent.
Ces gens qui se croient des Shakespeares
Ou rois des îles Baléares !
Qui, tels des condors, se soulèvent !
Mieux vaut le moindre engoulevent.
Par le diable, sans être un aigle,
Je vois clair et ne suis pas bigle.
Fi des idiots qui balbutient !
Gloire au savant qui m'entretient !

(*Le Sourire*, 7 décembre 1901)

PROSODIE NOUVEAU JEU

Le vers néo-alexandrin, dont j'ai l'honneur d'être l'auteur, se distingue de l'ancien en ce que, au lieu d'être à la fin, la rime se trouve au commencement. (C'est bien son tour.)

Ce nouveau vers doit se composer d'une moyenne de douze pieds ; je dis d'une moyenne, parce qu'il n'est pas nécessaire que chaque vers ait personnellement douze pieds.

L'important est qu'à la fin du poème, le lecteur trouve son compte exact de pieds, sans quoi l'auteur s'exposerait à des réclamations, des criailleries parfaitement légitimes, nous en convenons, mais fort pénibles.

Voici un léger spécimen de ces vers néo-alexandrins :

CHER ami gardéniste, amateur de bonne   11
CHÈRE, on t'appelle à l'appareil téléphonique.   12

ALLÔ! qu'y a-t-il? — voici.   7

À L'HÔtel Terminus (le fameux Terminus)   12

NOUS NOUS réunirons   6

(NOUNOUS, le présent avis n'est pas pour
   votre fiole)   15

SAMEDI... (non lundi) 20 mars à 7 heures
   précises.   13

ÇA ME DIT, cette proposition, et à toi aussi
   j'espère.   17

LUNDI 20 mars donc... (non samedi, mais
   non lundi).   13

L'UN DIT une chose, l'autre une autre, voilà
   comme on se trompe.   16

ON SE les calera bien, foi d'Alf   9

ONSE Allais! après quoi suivront   8

CONCERT varié, danses lascives, bref
   le programme   14

QU'ON SERT d'habitude dans nos cordiales
   et charmantes petites soirées   20

AMÈNE ta bonne amie, ça nous fera plaisir.   13

AMEN!...   9
                                                             _____

Or $\dfrac{192}{16}$ = 12 C.Q.F.D.   192

(*Le Sourire*, 7 décembre 1901)

POÈMES HYDROCÉPHALES

LE MARIAGE D'UNE JEUNE NIAISE

Bête à ne savoir pas dire la moindre phrase,
Cette dinde épousa Gontran de Saint-Omer
Qu'elle voyait depuis vingt ans aux bains de mer.

Tant va la cruche à l'eau qu'enfin elle se case.

PROMPTE RÉPARATION
D'UNE ERREUR

Devenu le mari d'une exécrable rosse,
Il la tua dès le réveil,
Au lendemain de son absurde noce.

La nuit porte conseil.

LE GALANT PRESSÉ

Avant de demander sa main,
Il la baisa... près de l'oreille.

Ne remets pas au lendemain
Ce que tu peux faire la veille.

AVEC SA JEUNE ÉPOUSE

Avec sa jeune épouse, au soir du mariage,
Nicolas sut monter des quantités d'étages.
Dans le sport amoureux, superbe il se montra.
Unique au lit fut Nicolas

NE VOUS MÊLEZ JAMAIS
DES AFFAIRES DES AUTRES

Il voulait se noyer. De nageurs une horde
Le retira de l'eau, mais cela sans profit,
Car, comble de malheur, bientôt il se pendit.

À tout r'pêché, misère et corde.

LE VOYAGEUR ET L'ESCALIER

Sous l'escalier d'un tram, bien à l'abri,
Le cœur brûlant de mille flammes,
Un voyageur riait de voir monter les dames.

Morale

Plus on est dessous, plus on rit.

(*Le Sourire*, 30 décembre 1899 - 30 mars 1901)

René Ponsard

LE VIEUX CHAT
DE GRAND'MÈRE

À mon ami Gustave Aimard.

Qu'un autre que moi glorifie
Les promesses de nos guerriers,
Et tous les combats meurtriers
Dont le souvenir terrifie,
Moi, qui dans un gai quolibet
Plaisantai les héros d'Homère,
Je chante sur le galoubet
      Le vieux chat de grand'mère.

Ceux qui l'ont vu dans sa jeunesse
Savent qu'il charma bien des yeux
Par l'éclat de son poil soyeux,
Noir et d'une grande finesse ;
Depuis qu'il est chauve, il pâtit,
Et trouvant l'existence amère,
Il bâille et n'a plus d'appétit
      Le vieux chat de grand'mère.

S'il faut en croire une voisine
Qui jadis connut l'animal,

Sous prétexte qu'il vivait mal
Vingt fois il changea de cuisine;
Et quand la faim le harcelait,
À ce qu'ajoute la commère,
Ce n'est pas du mou qu'il fallait
        Au vieux chat de grand'mère.

Son nom appartient à l'histoire,
Car grand'mère, un jour, m'a conté
Que son chat fut longtemps fêté
Par un membre du Directoire...
Comme il sentait le Jacobin,
Soit en florial ou brumaire,
Tous les jours il prenait un bain
        Le vieux chat de grand'mère.

La sombre année où le cosaque
Nous couvrit de honte et de rats,
Accablé par les scélérats,
Il se fit frotter la casaque...
Il voulait vaincre, et je l'absous
D'avoir nourri cette chimère,
Mais il eut toujours le dessous
        Le vieux chat de grand'mère.

Au grand jour comme à la nuit close
Il fallait voir notre héros
Avaler le rat le plus gros,
Comme un requin gobe une alose;
En étrangla-t-il, le vaurien!
Mais toute gloire est éphémère...
Car il n'étrangle, hélas! plus rien
        Le vieux chat de grand'mère.

(*Le Chat Noir*, 21 janvier 1882)

LE MOULIN DE LA GALETTE

Tout en haut du Mont-des-Martyrs,
Sous les lilas que le vent fane,
Aux bruits des orgues et des tirs,
On découvre un temple profane.
De l'aube jusqu'à son déclin
Le joyeux soleil s'y reflète...
Cela se nomme le moulin,
    Le Moulin-de-la-Galette.

De tout temps, depuis Pharamond,
— Tout au moins depuis Henri quatre —
Ainsi que sur le double mont,
La folle muse vient s'ébattre;
Plus souvent en déshabillé
Que dans une grande toilette,
Nos grand'mères ont gambillé
    Au Moulin-de-la-Galette.

Dans cet endroit, où, j'en réponds,
On respire à pleine poitrine,
Il se fripe plus de jupons
Qu'il ne se blute de farine;
Au risque de prêter le flanc
À la médisance aigrelette,
J'affirme qu'on ne sort pas blanc
    Du Moulin-de-la-Galette.

Là, se forment entre amoureux
Des nœuds que l'âme idéalise,
De ces hymens aventureux

Qui fraudent les droits de l'église,
Car, fière de sa puberté,
La jeunesse d'humeur folette
Donne tout... hors sa liberté
    Au Moulin-de-la-Galette.

L'amour à qui la clarté nuit,
Caché sous l'aile du mystère,
Guide à la faveur de la nuit
Les voyageuses pour Cythère!...
Livrant à l'air tous ses tissus,
Plus d'une gente bachelette
Lance son bonnet par dessus
    Le Moulin-de-la-Galette.

Moi, que l'âge n'a pas fourbu,
Mis en gaîté chaque dimanche
Par le petit vin que j'ai bu,
Il faut voir si je me démanche;
Flanqué d'une fraîche dondon,
Ventripotente et rondelette
Je pince un joyeux rigodon
    Au Moulin-de-la-Galette!

(*Le Chat Noir*, 18 mars 1882)

Adolphe Vautier

CRÉPUSCULE

(Charbon)

C'est l'heure où, chez les mastroquets,
Plus culottés que les vieux bouges,
Des consommateurs aux nez rouges
Étranglent de verts perroquets.

Il reste un soupçon de jour terne
Et les réverbères mouchards
Dénoncent les premiers pochards
À l'autorité peu paterne.

Sans merci pour le célibat,
Ces dames, toujours perspicaces,
Fourbissant leurs souples carcasses,
Se harnachent pour le combat.

Allons, le blanc à la rescousse !
L'ocre et le carmin en avant !
Mettons nos cheveux neufs au vent !
Gare, le soir, à la secousse.

Des bohèmes longs et blafards,
Batteurs d'asphalte à maigre côte,
Courent, vrais frères de la côte,
S'embusquer sur les boulevards.

Sur leurs sièges, avec des poses
De petits amours barbouillés,
Sourient, tout de noir habillés
Les croque-morts joufflus et roses.

Et comme eux, l'œil un peu paillard,
Retour des demeures funèbres,
Les chevaux couleur de ténèbres
Vont, chahutant le corbillard.

(*Le Chat Noir*, 25 février 1882)

Georges Camuset

LE HOMARD

Sonnet à la Coppée

C'était un tout petit homard des Batignolles
Nous l'avions acheté trois francs, place Bréda,
En vain pour le payer moins cher, on marchanda,
Le fruitier, cœur loyal, n'avait qu'une parole.

Nous portions le cabas tous deux à tour de rôle.
Comme nous arrivions au rempart, Amanda
Entra dans un débit de vins, y demanda
Deux setiers, — le soleil dorait sa tête folle.

Puis ce furent des cris, des rires enfantins,
Elle avait un effroi naïf, des intestins
Dont, je dois l'avouer, l'odeur était amère.

Nous revînmes le soir, peu nourris, mais joyeux
Et d'un petit homard nous fîmes trois heureux.
Car, elle avait gardé les pattes pour sa mère !

(*Le Chat Noir*, 4 mars 1882)

Clovis Hugues

SÉRÉNADE À LOUISE MICHEL

Puisque les chroniqueurs, pour distraire leurs maîtres,
Font de l'esprit sur nous au doux bruit des écus;
Puisque nous égayons les muscadins de lettres;
Puisqu'on me fait chanter des vers sous tes fenêtres,
Dans les journaux bourgeois où l'on rit des vaincus;
Nous redirons nos deuils, notre espérance austère,
   Nous qui sans remords
   Regardons la terre
   Où dorment les morts!

Le mépris de la plume et l'outrage du glaive
Glissent sur notre orgueil comme une goutte d'eau;
Nous nous ceignons les reins, dès que l'aube se lève;
Et nous sommes de ceux qui, croyant à leur rêve,
Jusqu'au bout du chemin porteront leur fardeau.
Qui donc a supposé que l'on nous ferait taire,
   Nous qui sans remords
   Regardons la terre
   Où dorment les morts?

Oh! les bourreaux gantés qui font les bons apôtres!
Les tueurs qui voudraient nous mettre à leur niveau!
Nous n'avions pas livré Metz et Paris, nous autres!
On avait fusillé quatre mille des nôtres,
Quand le sang nous monta brusquement au cerveau.
Et qui saura le mal que nous aurions pu faire,
   Nous qui sans remords

> Regardons la terre
> Où dorment les morts ?

Est-ce nous qui, pour coudre un galon à nos manches,
Massacrions les gens, sans les avoir jugés ?
Est-ce nous qui, railleurs, affamés de revanches,
Avons fait dans les rangs le choix des barbes blanches ?
Est-ce nous qui jetions les blêmes insurgés
À la fosse commune, à l'éternel mystère,
> Nous qui sans remords
> Regardons la terre
> Où dorment les morts ?

Est-ce nous qui disions : « Taisez-vous, tas de gueuses ! »
Aux vierges de seize ans qu'on adossait aux murs ?
Est-ce nous qui faisions grincer les mitrailleuses,
Instruments meurtriers, formidables faucheuses
Qui traitaient les vivants comme des épis mûrs ?
Est-ce nous qui trouvions la bombe salutaire,
> Nous qui sans remords
> Regardons la terre
> Où dorment les morts ?

Est-ce nous, dis-le-moi, grande républicaine,
Apôtre du devoir, noble porte-flambeau !
Est-ce nous qui vidions la coupe de la Haine ?
Est-ce nous qui, debout dans la mêlée humaine,
Avons rougi de sang la caserne Lobau ?
Est-ce nous qu'escortait le clairon militaire,
> Nous qui sans remords
> Regardons la terre
> Où dorment les morts ?

Avons-nous par milliers couché sous la chaux vive
Les vaincus mal tués, encor tout frémissants ?
Avons-nous étouffé leur voix sourde et plaintive ?

Dans le sol gras, devant la nature attentive
Avons-nous fait pousser vingt poteaux en deux ans?
Avons-nous aux carniers traîné le prolétaire,
            Nous qui sans remords
            Regardons la terre
            Où dorment les morts?

Les rimeurs t'offriraient leurs ballades nouvelles,
On servirait ta gloire aux naïfs abonnés,
Si tu t'étais trouvée au nombre des femelles
Qui tournaient en riant le bout de leurs ombrelles
Dans les grands yeux sanglants des captifs enchaînés.
Mais qui nous chantera, nous qu'on huait naguère,
            Nous qui sans remords
            Regardons la terre
            Où dorment les morts?

Qu'importe? Nous irons devant nous, sans faiblesse,
Pensifs, le torse droit et la main dans la main!
Les siècles nous ont fait une auguste promesse:
Il faudra bien qu'un jour le vieux monde nous laisse
Cueillir tous les fruits d'or de l'idéal humain;
Car nous voulons venger l'amour, tuer la guerre,
            Nous qui sans remords
            Regardons la terre
            Où dorment les morts?

(*L'Intransigeant*, 15 janvier 1882)

GAMME NOUVELLE

Soit, je vais te chanter la mode nouvelle !
Sur les immenses mers, en proie aux flux vivants,
J'ai confié ma voile au désir qui m'appelle
Dans la paix de l'azur et les soleils levants.

Les autans ont fléchi le nénuphar rebelle,
Et la nymphe est songeuse au fond des bois mouvants.
Toi seule m'apparais magnétiquement belle
Avec la fixité de tes yeux captivants.

Or je veux t'emporter dans ma barque furtive.
L'illusion fleurit, l'aube argente la rive ;
Cypris a les flancs ronds, Pan est toujours debout.

La rose saigne, hélas ! la brise est une lyre...
Mais, puisqu'on peut s'aimer sans parler pour rien dire,
Qu'est-ce que tout cela peut te faire, après tout ?

Les Évocations

André Gill

DÉMÉNAGEMENT

C'est le terme. Au pavé les gueux. Bon débarras !...
Empile vivement dans la charrette à bras
Ton poussier disloqué, tes deux chaises de paille,
Tes poêlons, tes outils, tes guenilles, canaille.
Et file ! fous le camp tout droit, sans savoir où.
Cherche si le hasard te garde encore un trou
Suffisamment hideux pour servir de tanière
Aux tiens, en attendant le trou du cimetière.

L'homme est dans les brancards. L'aîné, le moins chétif
Des petits, va derrière : il surveille attentif
L'équilibre branlant des haillons de famille.
Et, quelques pas plus loin, un gosse qui sautille
À côté de la mère, admire gravement
Le trésor qu'elle porte avec recueillement
Sous un globe, idiote et touchante relique :
— Sa couronne de fleurs d'oranger symbolique.

La Muse à Bibi

LA STATUE D'ERWIN

Erwin, le grand Erwin, pâle sous le ciel clair,
Quand il vit achevée enfin son œuvre immense,
La lourde cathédrale, et sa flèche en démence,
Éperdument plongée aux profondeurs de l'air;

Erwin qui sentait l'âge appesantir sa chair,
Fit sa propre statue et, dans la véhémence
De sa joie, il cria : «Que ma gloire commence!»
Car l'orgueil au génie allume son éclair.

Et depuis lors, selon le vœu du statuaire,
Son image s'accorde au fond du sanctuaire.
L'Éternité s'écoule; et, lentement vieillis,

Le culte se fait rare et rare la prière.
Les hommes vont toujours saluer, recueillis,
Le vieux Maître enchâssé dans son rêve de pierre.

(*Le Chat Noir*, 18 mars 1882)

CROQUIS

Croquis : la Pauvresse farouche
Adossée à l'angle d'un mur
Contemple un morceau de pain dur
Avant de le mettre à sa bouche.

Pour elle, pauvre, ou pour un chien
Cette croûte, aumône bourrue
Du hasard, gisait dans la rue ;
Cette croûte vaut mieux que rien.

D'ailleurs midi flambe et l'inonde,
— Car midi luit pour tout le monde —
Il étale un rayon vermeil

Sur ce pain ; et la vagabonde
Dans un flot de lumière blonde,
A l'air de manger du Soleil.

(*Le Chat Noir*, 25 mars 1882)

LE PAILLASSON

Je m'fais pas plus marioll' qu'un aut'e ;
L'Emp'reur l'était, mon père autant ;
C'est d'nature : on a ça dans l'sang...
J'suis paillasson ! C'est pas d'ma faute.

Paillasson, quoi ! cœur d'artichaut.
C'est mon genre : un' feuill' pour tout l'monde
Au jour d'aujourd'hui, j'gob' la blonde ;
Après-d'main, c'est la brun' qu'i m'faut.

L'une après l'aut', — en camarade, —
C'est rupin. Mais l'collag', bon dieu !
Toujours la mêm' chauffeus' de pieu !
M'en parlez pas : ça m'rend malade.

À c'fourbis-là, mon vieux garçon,
— Qu'vous m'direz, — on n'fait pas fortune,
Faut un' marmite, — et n'en faut qu'une ;
Y a pas d'fix' pour un paillasson.

Tant pir' pour moi ; j'suis trop artisse,
Trop volag' pour signer des bails ;
Je m'dégoût' des plus beaux travails :
Sans ça j'm'aurais mis d'la police.

C'est d'nature, on a ça dans l'sang :
J'suis paillasson ! c'est pas d'ma faute.
Je m'fais pas plus mariol' qu'un aut'e :
Mon pèr' l'était ; l'Emp'reur autant !

(*Le Chat Noir*, 29 juillet 1882)

L'ANDERLIQUE DE LANDERNEAU

ou

LE PRÉJUGÉ TRIOMPHANT

(Légende bretonne)

À Landerneau, en Bretagne,
Il était un vidangeur
Qui n'avait pas de compagne
Et cherchait une âme sœur.
I' n'ramassait la matière
Qu' chez les ducs et les marquis
À caus' que sa bonbonnière
Possédait un chic exquis…

C'était un' tonn' pas mouchique,
C'était un girond tonneau,
L'anderlique, l'anderlique,
L'anderliqu' de Landerneau !

Vidangeant dans un'famille
Qui comptait des mass's d'aïeux,
Il aperçut la jeun'fille
Qu'allait justement aux lieux.
À l'instant, il s'éprit d'elle ;
Il revint ; il lui parla...
Le fifi plut à la belle ;
Un même feu les brûla !

Chaqu'soir — c'était idyllique —
Passait devant le château,
L'anderlique, l'anderlique,
L'anderliqu' de Landerneau !

Un beau matin, dès l'aurore,
Le vidangeur tout tremblant
Au pèr' qui dormait encore
Alla d'mander son enfant...
Mais, plein d'préjugés étrange',
Le pèr' dit : «Loin d'moi ! bien loin !
Mett' ma fill' dans la vidange ?
J'n'en éprouv' null'ment l'besoin !

Je n'veux pas — et je m'en pique —
Orner d'mon blason si beau
L'anderlique, l'anderlique,
L'anderliqu' de Landerneau !»

L'vidangeur, la mort dans l'âme,
Sentit qu'par les préjugés

De ce pèr' vraiment infâme,
Ses jours d'vaient être abrégés...
Il ouvrit sa bonbonnière
Où l'espac' paraissait noir,
Et, la tête la première,
S'y jeta de désespoir...

Destinée mélancolique,
Cet amant eut pour tombeau
L'anderlique, l'anderlique,
L'anderliqu' de Landerneau!

Mais l'amant défunt se venge...
Car dans l'manoir depuis lors,
Chaque nuit, des sons étrange'
Roulent dans les corridors...
On reste pâl', sans haleine,
En entendant tout à coup
Comm'le bruit d'un' voiture' pleine
Qui se vid'rait par un bout!

On entend, chose' fantastique!
Dans les couloirs du château,
L'anderlique, l'anderlique,
L'anderliqu' de Landerneau!

CARREFOUR

Carrefour de l'Observatoire,
Un danseur de corde, devant
Les badauds, exerce en plein vent
Sa verve funambulatoire.

Son maillot rose est pailleté
De sequins et d'astérioles;
On croit voir, dans ses cabrioles,
Un lapin sans trêve sauté.

Il saute, danse, pirouette,
Touche la corde et rebondit,
Culbute, exulte, resplendit,
Vertigineuse silhouette.

Aussi les passants, les flâneurs,
Marchands de coco, culs-de-jatte,
Tous s'arrêtent, bouche béate;
Et, les yeux grisés de lueurs,

Nourrice, voyou, militaire,
S'entredisent : quel caoutchouc!
C'est plus fort que la soupe au chou!
Chacun selon son caractère.

Tout son corps vibre comme un luth,
Hystérique amoureux du vide
Il verse sur la foule avide
L'effluve de ses nerfs en rut.

C'est un triomphe où rien ne manque;
Et Bullier, par-dessus le mur
De son jardin, voit dans l'azur
Bondir le léger saltimbanque.

Le marchand de gaufres, tenté
Par cet enchanteur élastique,
Accourt, laissant là sa boutique.
Les fiacres ont l'air hébété.

De l'autre côté de la place,
Le maréchal Ney, pur airain,
Se hausse, risque un tour de rein
Pour suivre des yeux dans l'espace

Le fier et brillant tourbillon
D'or, de soie et de fantaisie,
Qu'un souffle ardent de poésie
Emporte comme un papillon.

Et dans le cercle où l'on s'écrase,
Un croque-mort, entré pour voir,
Immobile, muet et noir,
Semble une araignée en extase.

PRÉFACES AU CHOIX

Celui qui a écrit ce livre n'existe pas. C'est-à-dire qu'il se manifeste partout : Partout, nulle part ; nulle part et en tout. Tout est rien ; rien est tout : Toutou. Pauvre chien !
Il offre ce livre au public. Pourquoi ?
Pour rien. Rien du tout. C'est son genre. Genre humain, masculin ; disons mieux : genre divin. Genres égaux : tous deux créent. Différence : quotité, quantité : même qualité. Disons encore : nullité. Nullité partout, dans tout, et surtout en celui qui est tout. Je coupe : Atout !

LUI

Ce livre est de moi ou il ne sera pas. S'il est de moi, c'est un document : document multiple, assemblage de documents à moi. Mais pas d'idéal ! Je hais l'idéal, moi, comme j'honore le document ; et je guéris de l'un, par l'autre. Document, médicament ; c'est ma rime unique, à moi, et je reviens au document.

J'ai connu une vieille femme, très vieille, très laide, très sale et toujours soûle, qui vivait avec un chat, et disait ingénument : Mon chat me suit *pas-t-à-pas.*

Cette femme laide, vieille, sale, soûle et inutile avait un furoncle à la fesse droite.

Voilà un document !

M O I

La Muse à Bibi

André Gill et Louis de Gramont

LA LEVRETTE ET LE GAMIN

(Histoire parisienne)

Écoutez l'histoir' du gamin,
Du gamin et de la levrette!
L'un demeurait à la Villette;
L'autre habitait faubourg Germain!

C'était une levrette exquise;
Je n' sais plus comme elle' s'app'lait;
Mais c'était la chienn' d'un' marquise,
Qui de la levrett' raffolait.
C'te p'tit' bête était adorée,
Tell'ment qu'aux Tuil'ri's, chaque jour,
On l'envoyait faire un p'tit tour
Avec un larbin en livrée!

Quant au gamin, c'était l' gavroche
Qui parcourt Paris en tous sens,
Et qui, sans peur et sans reproche,
Flân', rigole et blagu' les passants,
Or, un jour qu'aux Tuil'ri's (mazette!
Ça se cors' comm' du Montépin!)

Il était planté devant l' bassin,
Précisément pass' la levrette...

Contre le goss' levant la patte,
La levrett', — cett' chienn' de salon, —
Avec un' morgu' d'aristocrate
Lui compiss' tout son pantalon.
Le gamin sent l' pipi qui l' mouille,
I' s' retourne, i fait du potin...
Mais de la levrett' le larbin
Le trait' de p'tit' gouape et d' fripouille !

L'gamin, jurant de s' venger, file
La bête et l' laquais sans êt' vu...
Jusqu'à leur noble domicile
Il les suit d' loin, à leur insu...
Su' l' pas d' la porte, au bout d'une heure,
La p'tit' levrett' vient prendre l'air...
L' gamin l'empoign', prompt comm' l'éclair,
Et l'entraîn' loin de sa demeure !

Il lui fit faire, à la Villette,
Connaissanc' d'un caniche affreux...
La levrette agit en levrette !
Ell' prit l' canich' pour amoureux.
Deux jours plus tard dans la soirée,
Lâchée enfin par le gamin,
Ell' reparut faubourg Germain...
Mais elle était déshonorée !

Peu d'temps après, ell' mit au monde,
Non sans quelques douleurs de reins,
Six cabots d'un' laideur immonde,
Bâtards, p't'-êt' même adultérins !...
Mais l' plus bath de l'historiette
C'est qu' la marquis', tout récemment,

A pris son cocher pour amant,
Histoir' d'imiter la levrette !

Et voilà l'histoir' du gamin,
Du gamin et de la levrette !
Quel triomphe pour la Villette !
Quel deuil pour le faubourg Germain !

Anthologie des poètes de Montmartre

Louis Marsolleau

SONNET

Un enfant de chœur bâille et porte
Très languissamment l'encensoir
Et près du seuil tendu de noir
Le corbillard est à la porte

L'ordonnateur et son escorte
Vont à pas lents sur le trottoir
Les passants s'arrêtent pour voir
Descendre le corps de la morte

Là-haut, l'on pleure à grands sanglots,
Près du lit aux muets rideaux,
Où dort le cadavre de cire.

Et cependant, dans l'escalier,
Les croque-morts sur le palier,
Se sont mis tous les quatre à rire.

(*Le Chat Noir*, 8 avril 1882)

SONNET EN ROSE

Dans son boudoir tendu de rose, Cydalise
Toute rose, en paniers de satins rose clair
Est à son clavecin, martyrisant un air ;
L'abbé tourne la page avant qu'elle la lise.

Les meubles sont en bois de rose couleur chair,
La fenêtre à vitraux, discrètement, tamise
Un jour tendre qui rose un flocon de chemise
Fleur de dentelle éclose au corsage entr'ouvert.

Pourtant, l'abbé coquet, sans vicaire et sans pages,
Tourne de plus en plus éperdument les pages ;
L'amour commencera quand l'air sera fini.

Et tous les deux iront, causant de mille choses,
Vers le lit rose au pied duquel Boucher peignit
De roses Cupidons dans des nuages roses.

Anthologie des poètes de Montmartre

Paul Marrot

TABLEAU DE RUE

Je vis, traînant sur le pavé,
Un cul-de-jatte lamentable ;
Il était haut comme une table,
Triste comme un tambour crevé,

À ses côtés, sa femme, maigre,
Demandait des sous aux passants,
En tirant des bruits languissants
Des boyaux d'un violon aigre.

L'estropié faisait pitié,
Son état, qui portait aux larmes,
Ajoutait je ne sais quels charmes
Au violon de sa moitié.

Race humaine, race ironique,
Pour secouer ton embonpoint,
La misère ne suffit point,
Il y faut un peu de musique.

(*Le Chat Noir*, 29 avril 1882)

Maurice Rollinat

LA BLANCHISSEUSE
DU PARADIS

À Mademoiselle Ducasse.

Au son de musiques étranges
De harpes et de clavecins,
Tandis que flottent par essaims
Les cantiques et les louanges,

Elle blanchit robes et langes
Dans l'eau bénite des bassins,
Au son de musiques étranges
De harpes et de clavecins.

Et les bienheureuses phalanges
Peuvent la voir sur des coussins
Repassant les surplis des saints
Et les collerettes des anges,
Au son de musiques étranges.

LE FOU

Je rêve un pays rouge et suant le carnage,
Hérissé d'arbres verts en forme d'éteignoir,
Des calvaires autour, et dans le voisinage
Un étang où pivote un horrible entonnoir.

Farouche et raffolant des donjons moyen âge,
J'irais m'ensevelir au fond d'un vieux manoir
Comme je humerais le mystère qui nage
Entre de vastes murs tendus de velours noir !

Pour jardins, je voudrais deux ou trois cimetières
Où je pourrais tout seul rôder des nuits entières ;
Je m'y promènerais lugubre et triomphant,

Escorté de lézards gros comme ceux du Tigre.
— Oh ! fumer l'opium dans un crâne d'enfant,
Les pieds nonchalamment appuyés sur un tigre !

VILLANELLE DU DIABLE

À Théodore de Banville.

L'Enfer brûle, brûle, brûle.
Ricaneur au timbre clair,
Le Diable rôde et circule.

Il guette, avance ou recule
En zigzags, comme l'éclair;
L'Enfer brûle, brûle, brûle.

Dans le bouge et la cellule,
Dans les caves et dans l'air
Le Diable rôde et circule.

Il se fait fleur, libellule,
Femme, chat noir, serpent vert;
L'Enfer brûle, brûle, brûle.

Puis, la moustache en virgule,
Parfumé de vétiver,
Le Diable rôde et circule.

Partout où l'homme pullule,
Sans cesse, été comme hiver,
L'Enfer brûle, brûle, brûle.

De l'alcôve au vestibule
Et sur les chemins de fer
Le Diable rôde et circule.

C'est le Monsieur noctambule
Qui s'en va, l'œil grand ouvert.
L'Enfer brûle, brûle, brûle.

Là, flottant comme une bulle,
Ici, rampant comme un ver,
Le Diable rôde et circule.

Il est grand seigneur, crapule,
Écolier ou magister.
L'Enfer brûle, brûle, brûle.

En toute âme il inocule
Son chuchotement amer :
Le Diable rôde et circule.

Il promet, traite et stipule
D'un ton doucereux et fier,
L'Enfer brûle, brûle, brûle.

Et se moquant sans scrupule
De l'infortuné qu'il perd,
Le Diable rôde et circule.

Il rend le bien ridicule
Et le vieillard inexpert.
L'Enfer brûle, brûle, brûle.

Chez le prêtre et l'incrédule
Dont il veut l'âme et la chair,
Le Diable rôde et circule.

Gare à celui qu'il adule
Et qu'il appelle « mon cher ».
L'Enfer brûle, brûle, brûle.

Ami de la tarentule,
De l'ombre et du chiffre impair,
Le Diable rôde et circule.

— Minuit sonne à ma pendule :
Si j'allais voir Lucifer ?...
L'Enfer brûle, brûle, brûle ;
Le Diable rôde et circule !

LE RIRE

À Georges Lorin.

Rire nerveux et sardonique
Qui fais grimacer la douleur,
Et dont le timbre satanique
Est la musique du malheur ;

Rire du paria farouche,
Quand, d'un geste rapide et fou,
Il met le poison dans sa bouche
Ou s'attache la corde au cou ;

Rire plus amer qu'une plainte,
Plus douloureux qu'un mal aigu,
Plus sinistre qu'une complainte,
Rire atroce aux pleurs contigu ;

Sarcasme intime, inexorable,
Remontant comme un haut-le-cœur
Aux lèvres de la misérable
Qui se vend au passant moqueur :

Puisque, dans toutes mes souffrances,
Ton ironie âpre me mord,
Et qu'à toutes mes espérances
Ton explosion grince : «À mort!»

Je t'offre cette Fantaisie
Où j'ai savouré sans terreur
L'abominable poésie
De ta prodigieuse horreur.

Je veux que sur ces vers tu plaques
Tes longs éclats drus et stridents,
Et qu'en eux tu vibres, tu claques,
Comme la flamme aux jets ardents!

J'ai ri du rire de Bicêtre,
À la mort d'un père adoré;
J'ai ri, lorsque dans tout mon être
S'enfonçait le *Dies iræ*;

La nuit où ma maîtresse est morte,
J'ai ri, sournois et dangereux!
— «Je ne veux pas qu'on me l'emporte!»
Hurlais-je avec un rire affreux.

J'ai ri, — quel suprême scandale! —
Le matin où j'ai reconnu,
À la Morgue, sur une dalle,
Mon meilleur ami, vert et nu!

Je ris dans les amours funèbres
Où l'on se vide et se réduit;
Je ris lorsqu'au fond des ténèbres,
La Peur m'appelle et me poursuit.

Je ris du mal qui me dévore;
Je ris sur terre et sur les flots;
Je ris toujours, je ris encore
Avec le cœur plein de sanglots!

Et quand la Mort douce et bénie
Me criera: «Poète! à nous deux!»
Le râle de mon agonie
Ne sera qu'un rire hideux!

LE SUCCUBE

Toute nue, onduleuse et le torse vibrant,
La fleur des lupanars, des tripots et des bouges
Bouclait nonchalamment ses jarretières rouges
Sur de très longs bas noirs d'un tissu transparent,

Quand soudain sa victime eut ce cri déchirant :
« Je suis dans un brouillard qui bourdonne et qui bouge !
Mon œil tourne et s'éteint ! où donc es-tu, ma gouge ?
Viens ! tout mon corps tari te convoite en mourant ! »

À ces mots, la sangsue exulta d'ironie :
« Si tu veux jusqu'au bout râler ton agonie,
Je t'engage, dit-elle, à ménager ta voix ! »

Et froide, elle accueillit, raillant l'affreux martyre,
Ses suprêmes adieux par un geste narquois
Et son dernier hoquet par un éclat de rire.

Les Névroses

LES MORTS-VIVANTS

Heureux qui vit sans se connaître
Indéfiniment établi
Dans la paix de son propre oubli,
À la surface de son être !

Car les clairvoyants du destin
Vivent la mort lente et soufferte,
Sentant partout la tombe ouverte
Au bord de leur pas incertain.

Ils ont usé la patience
Comme ils ont épuisé l'orgueil;
Toute leur âme est un cercueil
Où se débat la conscience.

Leur existence n'est, au fond,
Qu'une spectrale survivance
Où se confesse par avance
L'inanité de ce qu'ils font.

Le doute dans sa foi d'artiste,
De penseur et de citoyen,
Hélas! ils n'ont plus le moyen
D'échapper à ce mal si triste!

Épaves de l'humanité,
Cœurs vides, naufragés suprêmes,
Ils traînent le dégoût d'eux-mêmes
À travers la fatalité.

Hors des mirages, des mensonges,
Des espérances, des projets,
Ils sentent qu'ils sont des objets
Fantomatisés par des songes.

D'où leur viendrait-il un secours,
Puisque leur volonté s'achève
En constatant la fin du rêve
À chaque degré de son cours?

Comme un fruit doué de pensée
Qui guetterait obstinément
Le graduel enfoncement
De la vermineuse percée,

Chacun d'eux, exact à nourrir
Sa funéraire inquiétude,
Espionne sa décrépitude,
Se regarde et s'entend mourir.

L'idée horrible qui les hante
Poursuit leur fièvre et leur torpeur!
Ils se reposent dans la peur,
Ils agissent dans l'épouvante.

De tous les néants du passé
Leur avenir grouille et s'encombre,
Et leur Aujourd'hui n'est que l'ombre
De leur lendemain trépassé.

Si bien que la Mort qui les frôle
Assiste même à leur présent
Et que son œil stérilisant
Y lit par-dessus leur épaule.

LE NÉANT

Qu'en dites-vous à la surface
Et qu'en pensez-vous dans le fond,
Du mirage humain qui s'efface
Et du néant qui vous confond
Par votre propre face-à-face?

Avec une lenteur vivace
Le sang pâlit, la moelle fond
Et la vanité se crevasse,
       Qu'en dites-vous?

La vie, enterreuse rapace,
Vous aspire comme un siphon;
Elle vous vide au plus profond,
Et vous laisse une carapace
Que le Temps souffle dans l'espace...
       Qu'en dites-vous?

LE SOLILOQUE

Le soliloque ne ment pas
Quand il nous dénonce à nous-mêmes
Le néant de nos stratagèmes
Et notre frayeur du trépas.

À travers nos piteux combats
Et nos infortunés blasphèmes,
Le soliloque ne ment pas
Quand il nous dénonce à nous-mêmes.

Oh! lorsque la nuit pas à pas
Nous suit dans les campagnes blêmes
Où les formes sont des problèmes
Et qui se lamentent très bas...
Le soliloque ne ment pas!

LA VIRGINITÉ

La virginité nous attire,
Mais son mystère nous confond,
Car il demeure aussi profond
Dans la souillure et le martyre.

Les syllabes qu'on lui soutire
Sont des gouffres à double fond.
La virginité nous attire,
Mais son mystère nous confond.

Et masque ambigu qui retire
L'aveu que ses rougeurs nous font,
Monstre glacé qui nous morfond
Et le cauchemar blanc du Satyre,
La virginité nous attire.

LE BLAFARD

Quand on nous dit : « Vous êtes pâle ! »
Aussitôt un trouble nous vient,
Et nos traits perdant tout maintien
Foncent encor leurs tons d'opale,

N'aurait-on pas le cœur plus mâle
Si l'on ne se reprochait rien ?
Quand on nous dit : « Vous êtes pâle ! »
Aussitôt un trouble nous vient.

Car c'est le vice qui nous hâle,
Nous ne le savons que trop bien :
De là l'angoisse qui nous tient,
Nous sentons plus près notre râle
Quand on nous dit : «Vous êtes pâle.»

L'ÉPÉE DE DAMOCLÈS

Tel raffiné pervers qui joue à l'assassin
Domine sa cervelle et gouverne sa fibre
Jusqu'à pouvoir pencher, en gardant l'équilibre,
Son vertige savant sur un mauvais dessein.

Mais il se peut qu'au fond d'un cauchemar de crime
Qui le réveillera livide sur son drap,
Il se voit opérant un projet scélérat
Et consommant sa chute au plus creux de l'abîme.

Dès lors, sa conscience aura peur de sa main.
Innocent aujourd'hui, le sera-t-il demain ?
Si ce qu'il a pensé s'incarnait dans un acte ?

Et toujours son destin surgira plus fatal,
Son doute plus visqueux, sa crainte plus compacte :
— Horrible châtiment d'avoir couvé le mal !

L'Abîme

L'ÉPITAPHE

Quand on aura fermé ma bière
Comme ma bouche et ma paupière,
Que l'on inscrive sur ma pierre :
— «Ci-gît le roi du mauvais sort.
Ce fou dont le cadavre dort
L'affreux sommeil de la matière,
Frémit pendant sa vie entière
Et ne songea qu'au cimetière.
Jour et nuit, par toute la terre,
Il traîna son cœur solitaire
Dans l'épouvante et le mystère,
Dans l'angoisse et le remords.
Vive la mort! Vive la mort!»

Les Névroses

Fernand Crésy

LA SÉPULTURE

À Georges Dumas.

Sans psaumes, sans larmes, sans bruit,
— Quand je serai mort — qu'on m'enterre
Dans cette plaine solitaire
Que, tout l'été, le soleil cuit.

Lieu sinistre que l'oiseau fuit
Et qu'enveloppe un lourd mystère.
Bien des fois, promeneur austère,
J'y viens rêver jusqu'à la nuit...

Je veux ma fosse en cette lande
Et que jamais croix ni guirlande
N'y dise où je dors sous les cieux,

Pour que, sur ma tombe aplanie,
Ce paysage triste aux yeux
Conserve sa monotonie.

(*Le Chat Noir*, 13 mai 1882)

LE CRÂNE

À Marie Krysinska.

C'est la tête de ma cousine.
Un soir que le vent des hivers
Hurlait tristement à travers
L'effroyable forêt voisine,

Elle est morte : les cyprès verts
Ont dans son ventre pris racine
Et de son sang fait leur résine ;
Mais j'ai sauvé cela des vers.

Amant sombre et mélancolique,
Je garde l'étrange relique
À l'œil fixe, au rire éternel ;

Et mêlant dans mes spleens moroses
Le gracieux au solennel,
J'ai ceint son front chauve de roses.

(*Le Chat Noir*, 10 juin 1882)

EFFET DE RÊVE

À Edmond Haraucourt.

Notre nuit fut féconde en fauves voluptés
    En inexprimables caresses ;
Nos plaisirs furent vifs et longuement goûtés
    Au sein d'un abîme d'ivresses.

Puis nos désirs repus et nos sens apaisés
    (C'était au matin, il me semble),
Et nos lèvres n'ayant plus de force aux baisers,
    Nous nous assoupîmes ensemble...

Et, retrempant ainsi mes membres énervés
    Par la stupéfiante orgie,
Par un cocasse jeu du hasard, je rêvais,
    Au travers de ma léthargie,

Au travers du présent odieux m'étouffant
    Avec ses étreintes fatales,
Je rêvais du passé, de mes vieux jours d'enfant,
    Et des noires roches natales.

Je revis le jardin, la vigne et la maison :
    Sur la porte deux lauriers-roses
Et devant mes regards avides d'horizon,
    Une file de pics moroses,

Et dans un coin, sous la vérandah de jasmin,
    Ma mère, paisible et fleurie,
À mes ébats joyeux oubliant dans sa main
    L'aiguille et la tapisserie...

Ce songe m'était bon; mais je me réveillai :
      Le soleil emplissait la chambre
Et mettait aux blancheurs du mur émerveillé
      De larges reflets d'or et d'ambre.

Et je considérai ma maîtresse dormant
      Extatique et comme inspirée :
Sa gorge frémissait de moment en moment
      Sous sa chemise déchirée.

Son épaule étalait d'éclatants blocs de chair
      Où fourmillait le bleu des veines
Et fleurait ce parfum âcre qui m'est plus cher
      Que les menthes et les verveines.

Sa chevelure en flots de flamme ruisselait,
      Onduleuse comme les vagues,
Sur sa peau blanche ainsi que le marbre et le lait
      Pleine de miroitements vagues;

Sa paupière où pesaient l'insomnie et le rut
      Se cerclait d'une teinte opale,
Et sa figure vue au grand jour m'apparut
      Un peu vieillie et toute pâle...

Or, l'endormie ouvrit languissamment ses yeux...
      Jamais je ne saurais décrire
Tout ce qu'avait de tendre et de délicieux
      Sa lèvre tordue en sourire...

Soudain, j'eus un frisson et ma bouche s'emplit
      D'un juron gras de bave amère,
Quand elle se dressa, dolente, sur le lit :
      Elle ressemblait à ma mère!!!

(*Le Chat Noir*, 22 juillet 1882)

Edmond Haraucourt

SONNET POINTU

Reviens sur moi ! Je sens ton amour qui se dresse ;
Viens. J'ouvre mon désir au tien, mon jeune amant.
Là... Tiens... Doucement... Va plus doucement...
Je sens tout au fond ta chair qui me presse.

Rythme   ton   ardente   caresse
Au gré de mon balancement.
Ô mon âme... Lentement,
Prolongeons l'instant d'ivresse

Là... Vite ! Plus longtemps !
Je fonds ! Attends
Oui... Je t'adore...

Va ! Va ! Va !
Encore !
Ha !

PHILOSOPHIE

Sonnet honteux

À Émile Goudeau.

L'anus profond de Dieu s'ouvre sur le Néant,
Et, noir, s'épanouit sous la garde d'un ange.
Assis au bord des cieux qui chantent sa louange,
Dieu fait l'homme, excrément de son ventre géant.

Pleins d'espoir, nous roulons vers le sphincter béant
Notre bol primitif de lumière et de fange ;
Et, las de triturer l'indigeste mélange,
Le Créateur pensif nous pousse en maugréant.

Un être naît : salut ! Et l'homme fend l'espace
Dans la rapidité d'une chute qui passe :
Corps déjà disparu sitôt qu'il apparaît.

C'est la Vie : on s'y jette, éperdu, puis on tombe ;
Et l'Orgue intestinal souffle un adieu distrait
Sur ce vase de nuit qu'on appelle la tombe.

SONNET À MA MIE[1]

Je regrette le temps où tout bardé de fer,
Hampe au poing, dague au flanc, on errait par le monde :
Le tems où l'on vêtait le heaume à grille ronde,
Le gorgerin de cuir, la gambe, et le hauber.

Coups de masse et d'estoc! on était fort et fier.
On se navrait gaîment pour le laus de sa blonde,
Le cœur était loyal et la valeur féconde :
Les gentils preux n'avaient souci que de l'Enfer.

On ne se cachait point pour rêver à sa mie ;
On s'aimait sans remors et nul n'en gaussait mie :
Seul, le parjure aux vœux d'amour était félon.

Beau tems! J'eusse porté tes couleurs, ta devise,
Et ton nom brodé d'or sur mon blanc gonfalon :
— Une nuit m'eût fait roy, qui t'eût faite marquise!

1. D'abord publié dans : *La Légende des sexes* par le Sire de Chambley, puis dans *Le Chat Noir*, 29 juillet 1882, et signé Edmond Haraucourt.

LA FLÛTE

Triolets

À *Léopold Allard.*

Quand les vers m'auront désossé,
Tout nu, tout sec, dans mes six planches ;
Fait de trous comme un bas percé.
Quand les vers m'auront désossé ;
Quand le Temps grave aura lissé
Mon vieux squelette aux maigreurs blanches ;
Quand les vers m'auront désossé,
Tout nu, tout sec, dans mes six planches :

Alors, gaiement, venez me voir,
Chœur lascif des vierges à naître
Qui vivez trop tard pour m'avoir...
Alors, gaiement, venez me voir !
Vous lèverez le marbre noir,
Et me creusant une fenêtre,
Alors, gaiement, venez me voir,
Chœur lascif des vierges à naître.

Vous chercherez parmi mes os
Cet os viril qui fut mon membre :
Près des fémurs, au bas du dos,
Vous chercherez parmi mes os.
Roide encore dans son repos
Comme un athlète qui se cambre,
Vous chercherez parmi mes os
Cet os viril qui fut mon membre.

Vous le verrez très long, très fort,
Dur aux contours, et creux au centre ;
Veuf de son double contrefort,
Vous le verrez très long, très fort,
L'os vaillant qui sous son effort
Fora tant d'isthmes au bas ventre :
Vous le verrez très long, très fort,
Dur aux contours, et creux au centre.

Hélas, j'en aurai fait mon deuil :
Emportez-le, je vous le donne.
Il fut ma force et mon orgueil,
Hélas, j'en aurai fait mon deuil !
Dans le célibat du cercueil,
On dort seul, et la mort chaponne...
Hélas, j'en aurai fait mon deuil :
Emportez-le, je vous le donne.

Vous percerez sept trous, sept trous,
Et le canal deviendra flûte :
Dans l'os sonore aux reflets roux,
Vous percerez sept trous, sept trous,
Pour accompagner les froufrous
Des jupons que froisse la lutte :
Vous percerez sept trous, sept trous,
Et le canal deviendra flûte.

Sur la gamme des baisers nus
L'Amour va chanter sa romance :
Souffle dans ma flûte, ô Vénus !
Sur la gamme des baisers nus
Souffle tes airs les plus connus :
Voici le bal qui recommence :
Sur la gamme des baisers nus
L'Amour va chanter sa romance.

Do, ré, mi, fa, sol, la, si, do :
La valse horizontale danse,
Tourne, ondule sous le rideau ;
Do, ré, mi, fa, sol, la, si, do…
La flûte suit le crescendo
Et rythme l'amour en cadence.
Do, ré, mi, fa, sol, la, si, do :
La valse horizontale danse !

Et l'os vibre sous le baiser,
Au souffle de la lèvre rose ;
L'air chaud le gonfle à le briser !
Et l'os vibre sous le baiser
Du doigt blanc qui court se poser,
Va, revient, remonte, et se pose…
Et l'os vibre sous le baiser
Au souffle de la lèvre rose !

Ainsi j'attendrai doucement
Sur la bouche des belles filles,
L'heure auguste du Jugement.
Ainsi j'attendrai doucement,
Joyeux de pouvoir en dormant
Conduire encor les chauds quadrilles :
Ainsi j'attendrai doucement,
Sur la bouche des belles filles.

La Légende des sexes par le Sire de Chambley

ADULTÈRE

Je t'apprendrai l'amour stérile, et le secret
Des bonheurs trop savants qu'ignore l'hyménée :
Je veux t'ouvrir un monde où nul ne t'a menée,
Si beau qu'on n'en revient qu'en pleurant de regret.

Oh ! l'art du long baiser qui court, profond, discret,
Sur le ravissement de la chair étonnée !
L'art que ne savaient point ceux qui t'ont profanée
Sur la couche brutale où ton cœur s'enivrait...

Viens ! Ce que tu rêvas sans le pouvoir connaître,
Je te le donnerai ! Tu te sentiras naître ;
Tes grands yeux dessillés verront dans l'infini :

Et tous deux, emportés sur un rêve sublime,
Nous aurons, pour bénir encor l'amour béni,
L'immense volupté qu'on appelle le crime !

L'AXE

À Félicien Rops.

Des larmes, des serments, des vœux, des mandolines,
Des extases pour un frisson de mains câlines ;
Des fêtes, des joyaux et des bouquets fanés ;
De longs soupirs d'angoisse autour des nouveau-nés ;
Des rires sans raison, des baisers aux étoiles,

Et des râles d'amour sous la rondeur des toiles ;
Des rêves d'un instant et des douleurs sans fin,
De lourds remords noyés dans les oublis du vin,
Des duels, des spadassins essuyant leur rapière
Et des vieillards en deuil pleurant sur une pierre ;
Des parjures, des rapts ; des martyrs, des héros ;
Les lauriers de la gloire ou le fer des bourreaux ;
Des suicides, des vols, des viols, des mains rougies ;
De tièdes lupanars entr'ouvrant leurs orgies
Quand les sergents du guet ont tourné les arçons ;
Le trafic de la chair avec l'or ; des chansons,
Des hontes, la sagesse hypocrite des prônes,
Et les filles de joie assises sur les trônes ;
Puis, des guerres : les rois rués contre les rois,
Les murs en feu, les champs pillés, les chefs en croix,
Le formidable choc des vaisseaux loin des terres ;
Puis des dieux inventés, des rites, des mystères,
Tout le mal, tout le bien, pour un vœu, vers un but !
Car l'Ordre a dit : « Peuplez le monde : allez en rut. »

L'Âme nue

X.

BALLADE DES ASSASSINS

Merdauculatives guenilles,
Guenipes aux regards malsains,
Gaupes, gouges, vadrouilles, filles
Dont s'honorent nos traversins,
Souffrez que notre main caresse
La gélatine de vos seins,
Tirependières en détresse,
Sous les bosquets des Assassins.

Potaches, rapins, joyeux drilles,
Larbins, collignons, petits saints
Portant casaques et mandilles,
Capitans, bretteurs, spadassins
Qu'arde la soif, cette traîtresse,
Accourez ici par essaims
Communier à la dive messe
Au maître-autel des Assassins.

Poètes rongeurs de croustilles,
Mieux dentés que des marcassins,
Là d'alléchantes béatilles
Remplissent d'argileux bassins ;

Pipeurs de bémols en liesse
Qui chatouillez les clavecins,
Venez cueillir des fleurs d'ivresse
En bénissant les Assassins.

ENVOI

Citadins amants des courtilles
Venez ici, loin des roussins,
Livrer votre joie aux charmilles,
Sous les regards des Assassins.

(*Le Chat Noir*, 20 mai 1882)

Georges Lorin

SONNET

Rêver, presque dormir. Dormir des paysages,
Peindre avec du sommeil de très lourds horizons
Où n'ont surgi jamais ni souliers, ni maisons,
Mais seulement parfois d'impalpables visages.

Peindre rien, presque rien, en tous subtils et doux.
Ne se frôler les yeux qu'avec des robes d'âmes,
Ne pas troubler de bruit ces visions de femmes
Qui rôdent longuement dans l'intime de nous.

Chanter, chanter très bas la chanson irréelle.
Souffler le dessin net et la touche cruelle,
Copier le non-être avec soin et très bien.

Au bas d'un brouillard flou mettre sa patarafe.
Par impuissance, hélas!... n'être rien, presque rien.
N'être rien!... mais surtout n'être pas photographe!

(*Le Chat Noir*, 24 juin 1882)

Gaston Sénéchal

LE DAHLIA BLEU

Ô créer avec fièvre un rien, quatorze vers
Délicats, spéciaux, rares, heureux d'éclore,
Un bouquet effaçant par le choix de sa flore
La vieille rhétorique et les jeunes prés verts !

Y mettre le secret de mon cœur, comme Arvers,
Et les vocables doux par lesquels on implore,
Et, sous le nom vraiment rythmique, Hélène ou Laure,
Oser vous y parler d'amour, à mots couverts !

Vous les liriez, non pas comme ceux qu'on renomme,
Mais à mi-voix, en y mettant du vôtre, et comme
Ce sonnet sans défaut vaudrait bien un baiser,

Ayant touché le fin bristol du bout des lèvres,
Vous iriez, doucement, doucement, le poser
Sur l'étagère où sont vos tasses de vieux sèvres.

(*Le Chat Noir*, 10 février 1883)

DON JUAN

Don Juan, gloire et terreur de Séville et d'ailleurs,
Délices et tourment d'Elvire et de tant d'autres
Que ta main sur le cœur et tes chants bons apôtres
Persuadaient, malgré les staccati railleurs.

Va ! malgré ton cynisme et tes airs gouailleurs,
Et malgré la débauche absurde où tu te vautres,
Nous t'avons, dès l'abord, admis comme un des nôtres,
Un des plus méritants sans doute et des meilleurs.

Comme nous tu connus cette souffrance amère
De n'atteindre jamais l'impossible chimère
Dont l'attrait douloureux pardonne aux seuls goujats.

L'amour a fait de toi sa victime suprême :
Mais toi, du moins, ô fier ami, tu te vengeas,
Comme on doit se venger d'un Dieu, par le blasphème !

(*Le Chat Noir*, 8 mars 1890)

Jean Lorrain

SONNET BOHÈME

À François Coppée.

Au manche usé de ma guitare
J'ai piqué trois bleus papillons.
Couleur de ciel et de rayons,
Chacun d'eux fait un joyau rare.

Mon âme de refrains avare,
S'éveille alors sous mes haillons
Et chante en folles visions
Leur souffrance ailée et bizarre.

Le premier pâle et transparent,
C'est ma gaîté de sire errant,
Mes amours libres de bohème.

L'autre est la lâche trahison
De mon aimée, et le troisième
Ma fin morne et gueuse en prison.

BOHÈME IDYLLE

À Jean Richepin.

Au vieux rebord de la muraille,
Où croissent les œillets poivrés,
Les bras sur sa cruche de grès,
Thyrra s'est assise et me raille.

«Ô le grand nigaud qui travaille,
Au lieu de courir par les prés»,
M'a dit la fille aux yeux dorés,
La fille aux cheveux couleur paille.

«Les gars aimants et vigoureux
Sont les bandits au ventre creux.»
Et, charmante et dépoitraillée,

Me montrant le nu de sa peau,
Thyrra, rose sous la feuillée,
M'a lancé dans l'ombre un couteau.

La Forêt bleue

COQUINES

À Ch. Willette.

Avec des gestes de coquines
Les petites femmes des bars

Versent aux snobs des boulevards
Des poisons verts dans des chopines.

En jerseys collants, en basquines,
Deux grands yeux fous, comme hagards,
Sous des frisons d'or clair épars,
Ce sont les sveltes arlequines

Des longs Pierrots en habit noir,
Qu'avec des gestes de coquines
Ces chattes blanches et taquines
Attirent près de leur comptoir.

Leurs mains perversement câlines
En servant ont d'heureux hasards
Et leurs bouches rouges de fards
Ont des paroles si félines,

Qu'on est fou de ces libertines
Qui, raillant dans le chaud boudoir
L'entreteneur en habit noir,
Une fois seules, les coquines,
S'entre-baisent en colombines,
Les seins nus devant leur miroir.

PRÉCOCITÉ

À Guy de Maupassant.

I

Un foulard rouge autour des reins,
Le soir à l'entour des guinguettes,

Elle vendait des allumettes
En allumant des vieux marins.

Un collier de corail à grains
Rares, alternés d'amulettes,
Faisait un bruit de castagnettes
Sur sa peau brune aux tons d'airains.

Dans sa tête ronde et crépue
Son œil et sa bouche lippue
Mettaient un large et double éclair;

Et le musc et l'odeur du nègre
Confondaient dans son buste maigre
Un parfum de plante et de chair.

II

Les forçats, dont vingt ans de bagne
Ont blasé le cœur et les sens,
Aimaient ses reins noirs et luisants,
Qu'un lambeau de pourpre accompagne,

Reins de garçonnet de douze ans,
Et pour un cigare d'Espagne
L'attiraient droite, sous son pagne,
Entre leurs genoux caressants.

Penchés, la prunelle allumée,
Sous sa peau lentement humée,
Leurs jarrets la serraient un peu;

Et l'enfant, sous l'œil des étoiles,
Sentant leurs genoux sous leurs toiles,
Passive, leur donnait du feu.

SAUT D'OBSTACLE

Le marquis est navré : c'est une fausse couche.

Coiffée en jeune gars et svelte en long peignoir,
La petite marquise au fond de son boudoir
Reçoit ses visiteurs, le sourire à la bouche.

« Allons, ne pleurez pas... Est-ce que ça me touche ? »
Dit-elle, toute drôle, au duc de Bonvouloir,
Qui, datant du roi Louis, croit être au désespoir,
« Pour un enfant lavé, vous voilà bien farouche !

Il m'embêtait assez ce môme à mettre au jour,
Puis les enfants, cher duc, c'est la mort de l'amour.
Enfanter et nourrir, c'est écœurant, parole.

Eut-on jamais l'idée à vingt ans d'accoucher ?
Aussi j'ai travaillé rageusement, en folle
Cheval et sauts d'obstacle... et je l'ai... décroché. »

LITTLE BOY

La marquise entre. Émoi.
                    Charmante et garçonnière,
La jaquette en drap noir, le cou frêle étranglé

Dans le petit col droit, plastron blanc épinglé
D'or anglais, cheveux courts, rose à la boutonnière.

Aussi dans l'assistance antique et minaudière
Des *potets** au chignon savamment crespelé,
C'est tout un désarroi comique et désolé
À ces témérités d'enfant primesautière.

Enfin le gros orage éclate à l'unisson
« Ma chère, un tel costume est la honte des femmes. »

Mais elle avec un air de gamin polisson
« Je suis de votre avis, mais qu'y faire, mesdames ?
Le marquis m'aime telle, et n'a pour moi de flammes,
Que les jours, où je suis habillée en garçon. »

Modernités

---

* *Potets*, argot de club, vieilles belles.

Achille Mélandri

Ô PRIMAVERA

Dans le coin le plus noir d'un affreux caboulot
Où j'allais savourer des potages hirsutes
Avec des sacripants à ravir feu Callot
Et de rudes beautés, vertus faites aux chutes,

Souvent, le rouge au front me montait comme un flot.
Ma puberté farouche, après de longues luttes
Ainsi que l'ouragan soufflant sur un falot
Éteignait ma raison — âme livrée aux brutes !

Alors, je m'épuisais en madrigaux fort vains
On ne m'écoutait pas. — La fille entre deux vins
Aime les régiments avec leur tintamarre...

Un Dumanet vainqueur sortait avec Toinon
Et je restais pensif, devant ce goût bizarre
De la chair à scalpel pour la chair à canon.

(*Le Chat Noir*, 15 juillet 1882)

Jean Moréas

MONTMARTRE

Les hôtels somptueux brillent par leur absence,
Et le marlou n'est pas éclaboussé souvent
Par le trotteur anglais plus léger que le vent
Traînant la haute gomme et l'obèse opulence.

Pas de lords ayant des aïeux au Westminster,
Pas de boyards, ni de princes plus ou moins slaves,
Pas de biches aux cils peints, aux tignasses fauves,
Madones de *clubmen* et de gros *bookmaker*.

Là, sur le trottoir où raccroche la gouine
Pour payer du pétrole, au dos vert avili,
Le *modèle* fringant montre sa tête fine
Où rêvent deux grands yeux en lapis-lazuli.

Là, de pâles rapins, petits Rubens en herbe,
Traînent la guêtre sur les pavés édentés,
En rêvant des Vénus blondes comme la gerbe
Ou quelque Néréïde aux beaux seins effrontés.

Et le superbe gueux, le poète lyrique,
S'en va par les chemins qui grimpent de travers.

Cherchant la rime d'or au timbre métallique,
Et dînant moins souvent de beefsteaks que de vers!

(*Le Chat Noir*, 30 septembre 1882)

À MAGGY

Peut-être pourrions-nous nous aimer, ma petite,
Et goûter le bonheur charmant d'un tendre amour;
Mais il faut des brillants, des chapeaux Pompadour,
Et des mets truffés dans ce monde sybarite.

Si je dis que je t'aime et que mon cœur palpite
Quand je baise ta gorge au gracieux contour
Hélas! je ne suis pas un banquier de Hambourg
Et tu me répondras; *que tu t'en bats l'orbite.*

Je voudrais te bâtir un frais cottage, au bout
D'un jardin parfumé d'aubépine et de rose
Pour que tu passes là contente le mois d'août.

Mais, l'homme propose et le louis d'or dispose…
Et je n'ai que mon cœur qui ne vaut pas grand'chose
Et mon corps fatigué qui ne vaut rien du tout.

(*Le Chat Noir*, 21 octobre 1882)

L'HIVER

Au clair de la lune, il neige à flocons.
Sous le castor roux, la loutre et la martre
Les vieilles catins aux nez rubiconds
Trottinent par le boulevard Montmartre.
Au clair de la lune, il neige à flocons.

Le samovar bout sur la table en laque.
J'entends crépiter le coke allumé;
Dans le vieux japon du prince Valaque,
Lise, verse-moi le thé parfumé.
Le samovar bout sur la table en laque.

Sous les rideaux au riche passement
De ton lit couvert de dentelles blanches,
Nous nous blottirons amoureusement,
Les yeux dans les yeux, hanche contre hanche;
Sous les rideaux au riche passement.

La neige entassée a des teintes mates.
Les jolis *tendrons* au regard taquin,
Au bras des boursiers et des diplomates
Montent l'escalier de l'*Américain*.
La neige entassée a des teintes mates.

(*Le Chat Noir*, 27 janvier 1883)

SQUARE DES BATIGNOLLES

Dix heures, soir d'été, square des Batignolles
Un vent fade répand de très vagues odeurs,
Conducteurs de tramways, quelques fillettes folles
De placides bourgeois et de louches rôdeurs.

Dans la pénombre, sous la frondaison poudreuse,
Contre le tronc chétif d'un arbre rabougri,
Avec un cabotin ainsi qu'une pierreuse
La quincaillière flirte au nez de son mari.

Dehors, devant la grille infinie, une grasse
Matrone tenant par la main un garçonnet,
Reste-là, pour voir le chemin de fer qui passe...
— On dirait un tableau du grand maître Manet.

(*Le Chat Noir*, 24 février 1883)

LA MAUVAISE MÈRE

> Et le cœur se mit à parler du fond du plat.
> CHANSON CANDIOTE.

Dans son jardin d'été,
Parmi les lauriers blancs,
Dans son jardin d'été,
Parmi les lauriers roses ;

Dans son jardin d'été
La belle se repose,
Parmi les lauriers blancs,
Parmi les lauriers roses.

Assis à son côté,
Un étranger lui cause,
Lui cause tendrement
Parmi les lauriers blancs.

«— Mère, pourquoi causer
Avec un étranger,
Parmi les lauriers roses,
Dans le jardin d'été !

— Au bord du fleuve bleu
Où mouillent les frégates,
Mon fils, va donc jouer
Avec tes camarades.

— Je vais dire à mon père
Que tu causais, ma mère,
Avec un étranger,
Dans le jardin d'été.

— Mon fils, viens dans ma chambre
Et je te donnerai
Du musc et des grains d'ambre,
Mon fils, viens dans ma chambre. »

Elle l'égorge ainsi
Qu'un agneau le boucher,
Elle arrache son cœur,
Le donne au cuisinier.

Voilà que son mari
Par la plaine revient,
Il revient de la chasse
Avec ses vingt-deux chiens.

Il apporte des lièvres
Et des chevreuils tués,
Pour son fils il apporte
Un cerf apprivoisé.

«— Femme, dis à mon fils
De venir me trouver,
C'est pour lui que j'apporte
Le cerf apprivoisé.

— Ton fils est à jouer
Avec ses camarades;
Ton fils est à jouer,
Viens boire et viens manger.»

Elle lui verse à boire
Dans un vase d'argent
Et lui sert à manger
Le cœur de son enfant.

Et le cœur parle et dit:
«Qu'un mécréant me mange!»
Et le cœur parle et dit:
«Que mon père m'embrasse!».

Il égorge sa femme
Avec ses propres mains,
Il arrache son cœur
Et le jette à ses chiens.

LE PUR CONCEPT

Fi ! du monitor attendu,
Et de l'éternel leurre, trêve !
Le philtre de la coupe brève
Sur la poussière est répandu ;
Le philtre est bu par la poussière.
— Dans le crible de la sorcière
Qui donc regarder osera,
Regarder et s'y reconnaître !

— Sur ce qui fut ou qui sera,
Mon âme, fermons la fenêtre.

Les Cantilènes

HISTORIETTE

De sa hache — ah ! qu'il est las ! —
Le chevalier aux blanches armes.
À coups de hache
Rompre des casques — ah ! qu'il est las ! —
Le chevalier aux blanches armes.
Et de la jolie fille de Perth,
Et de Béatrix et de Berthe,
Et des robes à bordures de perles,
Et des cheveux sur le cou — ah ! qu'il est las ! —

Et des bras autour du cou — ah! qu'il est las! —
Le chevalier aux blanches armes.

De mourir — ah! qu'il est las! —
Le chevalier aux blanches armes.

Le Pèlerin passionné

Marie Krysinska

LES FENÊTRES

À François Coppée.

Le long des boulevards et le long des rues elles étoilent les maisons;

À l'heure grise du matin, repliant leurs deux ailes en persiennes, elles abritent les exquises paresses et emmitouflent de ténèbres le Rêve frileux.

Mais le soleil les fait épanouir comme des fleurs, — avec leurs rideaux blancs, rouges ou roses, — Le long des boulevards et le long des rues.

Et tandis que la vitre miroite comme de l'eau dormante, que de charme inquiétant et que de confidences muettes, entre les plis des rideaux blancs, rouges ou roses.

Les arabesques des guipures chantent les existences heureuses,

Les feux joyeux dans les cheminées,

Les fleurs rares aux parfums charrieurs d'oubli,

Les fauteuils hospitaliers où sommeillent les volup-

tueuses songeries et — dans la splendeur des cadres —
les évocations de pays rêvés.

Mais comme ils pleurent les lamentables rideaux de
mousseline fanée,
Que de plaintes et que d'angoisses dans le lambeau
de percale salie qui semble pris à un linceul;
Et comme elles sont tragiques les fenêtres sans
rideaux, —
Les fenêtres vides comme des yeux d'aveugles, —
Où sur la vitre brisée, le morceau de papier collé
plaque des taies livides...

Parfois pourtant elle est radieuse la pauvre fenêtre,
au bord du toit,
Quand, pour cacher sa triste nudité, le ciel la peint
tout en bleu.
Avec son pot de géranium chétif, elle semble alors —
la pauvre fenêtre, au bord du toit, — un morceau
d'azur où pousseraient des fleurs.

Le long des boulevards et le long des rues, elles étoi-
lent les maisons.
Et quand le soleil se couche sur son bûcher incendié,
éclaboussant d'or et de sang l'horizon,
Elles resplendissent comme des armures,
Jusqu'à l'heure navrée, où, dans le recueillement de
tous les objets, l'obscurité tombe comme une neige
noire, par flocons.

Alors tous les miroitements s'éteignent; toutes les
couleurs se confondent et s'effacent;
Seuls, les vitraux des églises, illuminés par quelque
lampe solitaire, rayonnent doucement, mystérieux et
symboliques.

Mais il s'éveille bientôt le Paris noctambule;
Il ouvre ses millions d'yeux aux ardentes prunelles;
Et dans la prestigieuse atmosphère du soir, les
fenêtres revivent
Le long des boulevards et le long des rues.

La lampe suspend son globe familier : doux soleil qui
fait fleurir les heures intimes;
Les bougies des lustres reflètent, dans les glaces,
leurs grappes joyeuses,
Et sur la vitre qui est d'opale, on voit glisser des
ombres fugitives, aux rythmes de musiques plus vagues
que des souffles;
Auprès, les fenêtres des maisons en construction
s'ouvrent comme des bâillements de perpétuel ennui;
Sous les combles, la pauvre chandelle grelotte, —
cependant que le gaz braille aux entresols des restau-
rants.

Et lueurs de lampes, lueurs de gaz, candélabres et
chandelles — confondent leurs notes disparates dans
une symphonie de rayons;
Où la radieuse cantilène des heures bénies se mêle à
la hurlante voix des gaietés fausses,
Où, bruits de fêtes, bruits de baisers se mêlent aux
râles des solitaires agonies, et aux clameurs de la
débauche lugubre.

Puis l'heure silencieuse et froide vient éteindre
lumières et bruits.
Seul le pas régulier d'un sergent de ville va et vient

sur le trottoir sonore, sous les fenêtres qui s'endorment comme des yeux lassés

Le long des boulevards et le long des rues.

Novembre 1883.

LES BIJOUX FAUX

À Georges Duval.

Je rêvais que je me promenais en un jardin merveilleux.

Dans la clarté des lampes allumées, s'épanouissaient des roses en satin et des camélias de velours.
Les feuilles étaient en fin papier luisant,
Et les tiges de laiton, soigneusement enveloppées de ouates et de taffetas, —
Étaient d'un vert radieux et s'élançaient avec des poses gracieuses, —

Dans la clarté des lampes allumées ; —

Et parmi cette floraison étrange — de roses roses, de roses bleues et de feuilles en fin papier luisant —
Étaient suspendus des colliers de *fausses* pierres précieuses.

Pareils à des gouttes de vin et pareils à du sang, étincelaient de faux rubis — et clignotaient comme des yeux les émeraudes en verre.
Les saphirs bleus comme des flammes de punch

flambaient à côté des grains de corail *trop* rouges et
semblables aux lèvres teintées de carmin.

La turquoise en porcelaine mettait sa note mate
auprès des changeantes opales;

Et dans cette féerie de pacotille, au milieu des étoiles
en doublé, et des lunes en papier d'argent mon spleen
inquiet s'endormait comme un enfant malade qu'on
berce.

Et j'oubliais les roses vraies, les roses, filles des bleus
matins, pour ces roses artificielles.

Et pour ces lunes en papier d'argent, j'oubliais la
lune amie des rêveurs qui vont par les soirs parfumés,
accablés d'une incurable nostalgie.

Des faux rubis étincelants pleuvait une lumière ardente
qui étourdissait.

Le pâle reflet des turquoises charmait comme un
coin du ciel.

Et les émeraudes en verre faisaient songer aux énig-
matiques profondeurs des flots.

Souvent, hélas! le cœur où notre cœur s'est réfugié,
    Est un jardin merveilleux où s'épanouissent des roses
en satin et des camélias de velours,
    Où étincellent — pareils à des gouttes de vin et pareils
à du sang, — de faux rubis, auprès des turquoises en
porcelaine, dont le pâle reflet charme comme un coin
du ciel.

Je rêvais que je me promenais en un jardin merveilleux.

30 juin 1883.

SYMPHONIE EN GRIS

À Rodolphe Salis.

Plus d'ardentes lueurs sur le ciel alourdi,
Qui semble tristement rêver.
Les arbres, sans mouvement,
Mettent dans le loin une dentelle grise. —
Sur le ciel qui semble tristement rêver,
Plus d'ardentes lueurs. —

Dans l'air gris flottent les apaisements,
Les résignations et les inquiétudes.
Du sol consterné monte une rumeur étrange,
                                    [surhumaine.
Cabalistique langage entendu seulement
Des âmes attentives. —
Les apaisements, les résignations, et les inquiétudes
Flottent dans l'air gris. —

Les silhouettes vagues ont le geste de la folie.
Les maisons sont assises disgracieusement
Comme de vieilles femmes —
Les silhouettes vagues ont le geste de la folie. —

C'est l'heure cruelle et stupéfiante,
Où la chauve-souris déploie ses ailes grises,
Et s'en va rôdant comme un malfaiteur. —
Les silhouettes vagues ont le geste de la folie. —

Près de l'étang endormi
Le grillon fredonne d'exquises romances.

Et doucement ressuscitent dans l'air gris
Les choses enfuies.

Près de l'étang endormi
Le grillon fredonne d'exquises romances.
Sous le ciel qui semble tristement rêver.

                                        4 novembre 1882.

MIDI

                              À Georges d'Esparbès.

Le firmament luit comme un cimeterre
Et les routes sont pâles comme des mortes.

Les Vents — allègres paladins —
Sont partis devers
                Les mers ;
Montés sur les éthéréens chevaux
Au fier galop de leurs sonnants sabots
Ils sont partis devers
                Les mers.

Une paix maléfique plane comme un oiseau
Faisant rêver de mort le plaintif olivier
Et de forfaits le figuier tenace
Dont le fruit mûr se déchire et saigne.

Les sources — comme elles sont loin !
Et les Naïades —
                Où sont-elles ?

Mais voici — joie des yeux —
Près de la roche courroucée
Le petit âne gris
      Mangeur de chardons.

Rythmes pittoresques   Nice.

CHANSON MODERNE

À Armand Masson.

Le Poker et le Turf ont tari
    Mon escarcelle,
— Sèche tes yeux, petite belle.
Sèche tes yeux, petite chère —
Il faut que je me marie
    Avec une héritière.

Trois demoiselles d'honneur danseront à ma noce,
      — Sèche tes yeux —
La Faillite, la Tristesse et la Vieillesse précoce,
      — Mignonne, adieu !

     Qu'un autre prenne
Tes jolis yeux, petite mienne,
Et ta bouche amoureuse, si rouge aux blanches dents,
    Je n'y vois pas d'inconvénient.

     Et même au Cercle, je connais
    Un qui te trouve un charme rare,
      Je te le présenterai
      Comme par hasard.

LA DU BARRY

À Lucienne Dorsy.

La petite fée du joli, toute poudrée de grâces mièvres,
Tourne d'une main distraite, et blanche à merveille,
La cuiller, dans une tasse — qui est assurément
En fine porcelaine de Sèvres —
Où fume le café odorant, don nouveau
          D'un monde aussi fabuleux
Que les contrées des contes de Perrault.

Les fleurettes de sa robe à panier
Sont moins futiles et folles que sa tête frisée
À menus frisons, blancs comme du sucre.

C'est un oiselet voluptueux et insoucieux ;
Fait pour le nid royal et les longues paresses,
Sur des tapis — qui coûtent des provinces.

Tout ce qu'elle sait — cette petite courtisane —
C'est que son amoureux est le plus grand
          Gentilhomme de France, —
Et que le rose tendre lui va divinement.

        Mais le carmin mignard,
        De ses joues, pâlit soudain ;
        Car, le souvenir lui vient
        D'un odieux cauchemar
        Qu'elle eût dernièrement :

C'était, au milieu d'une hurlante multitude...
        Un lourd couteau
Tombait sur son cou délicat...

— Ah ! le vilain rêve ! — dit-elle, de ses mignonnes
                          [lèvres roses,
Qu'on dirait peintes par Boucher,
— Décidément, je ne boirai plus de café,
C'est lui qui doit en être cause —

Mais déjà, pensant à autre chose,
Elle vide sa tasse à petits traits.

BACCHANALE

À Aurélien Scholl.

Sous les lampadaires verts des chênes,
La farouche et rythmique extase se déchaîne.

Les torses, aussi beaux que des ciels d'été,
Souplement ondoient. Et les seins lactés —
Ainsi que d'ivres nébuleuses —
Voguent au gré des danses amoureuses.

Et le flot du vin odorant se mêle
Aux flots des chevelures qui follement ruissellent.

Sous les lampadaires verts des chênes,
La farouche et rythmique extase se déchaîne.

Les susurrants tambourins échappent aux mains lassées.
Et de plus âpres étreintes font les formes enlacées.

Ainsi que des lianes caressantes
De frêles bras s'éprennent des épaules puissantes ;
Et le saint Délire, en tournoyantes rondes,
Constelle l'horizon rose de chairs blondes.

Le Rire divin sonne de somptueux tocsins,
Les lèvres rient, aussi les yeux, aussi les seins...
Et, tandis que la fin du jour déploie ses pompes,
Les Satyres, enflant leurs joues, soufflent dans les
                                                   [trompes.

LE SABBAT

À Jean Lorrain.

Par la clairière,
Blême de lumière
     De lune,
La folle ronde
Tournoie et gronde —
Comme la rafale
Chevauchant la pâle
     Lagune.

C'est la gaieté — combien morose ! —
C'est la peur et la soif de l'oubli guérisseur,
De l'oubli destructeur
     De toute chose,

Qui enlace : riant et criant,
Ces pauvres êtres en proie
          À la pire joie ;

Et fait ces fulgurantes étreintes d'amour —
      Sans Amour.

Mais, de cette ivresse, triste comme la Mort,
Où les vivants damnés veulent fuir la Vie
  — Ses deuils, ses crève-cœur, ses crimes, ses remords —
D'autres êtres vont naître — et l'odieuse Vie
Germera triomphante en ces baisers de Mort.

          Par la clairière,
          Blême de lumière
             De lune,
          La folle ronde
          Tournoie et gronde...

SÉRÉNADE

À Stéphane Mallarmé.

La Nuit, gracieuse et farouche sirène,
Flotte dans le calme bleu éthéréen,
Ouvrant ses yeux purs — qui sont des astres —
Et pleure de longues larmes tranquilles,
Des larmes de lumière, tremblant un peu,
Dans la paix dormante de l'eau
Où les navires à l'amarre
Sont des fantômes de navires,
Si pâlement profilés sur le ciel ;
On dirait d'une très ancienne estampe
Effacée à moitié par le temps.

Un charme indolent vaporise les contours ;
Et les formes sont de tendres spectres

Revêtus de passé, de mystère et de rêve,
Au gré de notre désir incertain.

La Nuit câline se berce, comme dans un hamac
Une fille des chaudes contrées,
Et, de ses mains ouvertes,
Tombe le précieux opium de l'heure.

La cohorte brutale des soucis
Est en déroute
Sous le pur regard de la Nuit.

Plus rien d'hostile ne se mêle
À la sérénité des choses assoupies ;
Et l'âme du poète peut croire
Retrouvé le pays promis à ses nostalgies ;
Le pays à l'égal charme doux —
Comme un sourire d'amie, —
Le pays idéal, où
Plus rien d'hostile ne se mêle.
À la sérénité des choses.

Flottez, gracieuse et farouche sirène !
Nuit indolente, dans le calme bleu éthéréen,
Flottez sans hâte — car voici déjà
À l'Orient la menace rose
Du jour,
Et voici retentir dans l'air assoupi
Le clairon qui sonne le retour
Des soucis — brutale cohorte.
Le haïssable chant du coq
Lance la narquoise sérénade :
— Aux pires hôtes ouvrez vos portes,
Voici le jour !

Joies errantes

Louis Le Cardonnel

PANTOUM

À Émile Goudeau.

C'est un petit jardin, désolé comme un champ,
L'herbe rousse frémit sous un vent monotone,
À l'ombre des vieux murs, que le lierre festonne.
Au fond des cieux plombés, baigne un soleil couchant.

L'herbe rousse frémit sous un vent monotone ;
Un oiseau près de moi file en s'effarouchant :
Au fond des cieux plombés, saigne un soleil couchant,
Dans les bassins, la voix des grenouilles détonne.

Un oiseau près de moi, file en s'effarouchant,
Le Chat Noir aux yeux verts, là-bas, se pelotonne,
Dans les bassins, la voix des grenouilles détonne ;
Les ombrages rouillés ont un funèbre chant !

Le Chat Noir aux yeux verts, là-bas, se pelotonne.
Il me fixe d'un œil satanique et méchant ;
Les ombrages rouillés ont un funèbre chant
Je t'aime, ô symphonie étrange de l'automne.

(*Le Chat Noir*, 14 octobre 1882)

CHANSON POUR MÉLODRAME

À George Auriol.

Mon Ingénue à l'œil cafard
A triplé sa couche de fard!

Et, l'ayant baisée avec ruse
Sur son rouge et sur sa céruse —

Je la suis, à travers le soir,
Au fond du jardin blanc et noir.

— Nuages noirs et lune pâle —
Froissant les thuyas le vent râle —

Des arbres par ce vent cinglés
Ont comme des cris étranglés —

Ce bruit meurt — Clignant sa paupière,
Elle me montre un banc de pierre.

Tous deux nous nous asseyons là —
Donc, du courage, tra, la, la!

Non, non, plus de miséricorde,
J'ai dans ma poche un bout de corde…

Je le crois suffisamment long;
Au loin bastringue et violon…

La romance qu'elle me chante
Me paraît à peu près touchante...

Oui, mais quel ton de voix cafard,
Dans sa voix elle a de son fard...

Hop ! Serrons ! Sous la lune pâle,
Vrai, ça n'est plus le vent qui râle !

(*Le Chat Noir*, 5 décembre 1885)

Henry Somm

POINTES SÈCHES

Regardez la nature, ça flatte l'amour-propre de Dieu. Au jugement dernier, vous vous en tirerez par un compliment.

To be, or not to be, mais jamais en anglais...

Évitez l'assassinat, il conduit au vol et ce dernier est presque toujours le chemin de la dissimulation.

Ne parlez jamais de persil à la veuve d'un perroquet.

Il était une fois, un roi, une reine, un huissier, un crocodile et un serpent à sonnettes. Comme la reine avait des dettes, l'huissier vint le 31 octobre pour la saisir. Mais le serpent à sonnettes avala complètement l'huissier et ils eurent beaucoup d'enfants.

Tous ceux qui ont cherché le problème de l'Extinction du Paupérisme, paraissent d'accord sur les moyens à employer.
On y va de sa petite Révolution... et on fait tuer beaucoup de pauvres.

D'où — Extinction radicale du Paupérisme, pour les susdits.

Ce qu'il fallait démontrer.

La ligne droite est le plus bête chemin d'un point à un autre.

C'est ce qui fait trouver la ligne en zig-zag plus courte à tous ceux qui ne sont pas géomètres, et c'est ce que je vous souhaite.

(*Le Chat Noir*, 25 novembre et 16 décembre 1882)

CONTE POUR RENDRE LES PETITS ENFANTS FOUS

Il y avait une fois un roi, une reine et tout ce qu'il faut pour écrire.

Il n'en faut pas davantage pour faire un conte.

La reine était belle comme un dividende, et tous ses sujets ambitionnaient l'honneur de la toucher.

Le roi était vilain comme un créancier.

Comme le roi aimait beaucoup la reine, la reine ne pouvait souffrir le roi.

Roi infortuné ! Reine coupable !...

Car, sachez-le bien, vous surtout, jeunes enfants qui appartenez à un sexe différent du mien, chaque âge possède ses devoirs auxquels il est peu délicat de se soustraire.

Ces devoirs d'épouse, vous les connaîtrez plus tard. Inutile à moi de vous les préciser davantage en éveillant dans vos précoces intelligences des idées au-dessus de votre âge.

La reine négligeait ses devoirs d'épouse!...

Le roi n'aimait pas la négligence...

En vain essaya-t-il de tous les subterfuges connus et même inconnus pour ramener la reine à de meilleurs sentiments.

La reine persistait, sa résolution était inébranlable, et même dans une scène absolument intime dont il sied de cacher les détails, s'oublia à ce point de jeter à la face du roi ces mots indignes d'une Majesté:

«Vous êtes trop laid!...»

Le roi, fort marri de cette aventure, chut dans un désespoir d'autant plus grand qu'il aimait éperdument sa femme, et la crainte de voir, à sa mort, le trône sans héritiers, lui fit prendre une énergique résolution.

Il fit venir à sa cour tous les grands savants du royaume. Puis, il leur demanda, comment, lui, Roi, il pourrait, grâce à leur science, devenir beau, très beau, et vaincre ainsi toutes les résistances de la reine.

Les savants, eux non plus, n'étaient pas absolument jolis, mais à quoi cela leur eût-il servi de l'être? La science est une maîtresse austère, qu'importent les vains avantages pour la séduire!... C'est ce que pensait le roi, en contemplant cette collection de museaux, hures, groins, rostres, mufles qui caractérisaient les représentants de l'érudition dans ses États.

Les savants répondirent d'abord en latin, puis en grec ancien, puis en grec moderne, puis en hébreu, en sanscrit, en madécasse, en langue louch et bem, en nègre abrégé, en marseillais vulgaire, en bulezien, etc., etc. etc.

Des consultations écrites furent rédigées par eux en caractères Fira-Kana, Man-Yo-Kana et Kata-Kana.

D'autres, couvertes d'ibis et de lotus, égyptiacques en diable, suivirent.

Une dernière, en néo-albinos de la seconde moitié du treizième siècle excita même, parmi tous ces lettrés, un véritable enthousiasme, malgré une discussion acerbe survenue entre deux puits de science au sujet d'un accent mal placé. Mais les savants de ce pays-là possédaient un travers commun à bien d'autres savants; la langue de leur pays était celle qu'ils parlaient le moins, et le Roi, qui leur avait déjà avancé des sommes considérables, tant en décorations, distinctions honorifiques qu'en argent, qui pourvut même d'un cheval tous les gens qu'il nomma officiers d'Académie, afin qu'ils pussent porter plus cavalièrement leurs insignes. Le Roi, las d'avoir créé un bibliothécaire par livre dans toute l'étendue de son royaume, commençait à se lasser de tout ce verbiage cosmopolite auquel il ne comprenait rien, il leur enjoignit de s'expliquer nettement et de trouver dans le plus bref délai le moyen de lui acquérir la beauté tant désirée ou sinon... Je n'ose dire de quel geste terrible le roi accompagna ses paroles, mais les pauvres savants tremblèrent tous avec un bruit de vieilles médailles secouées, et retrouvant, sous le coup d'une grande émotion, l'usage de leur langue maternelle, ils promirent, en proie à la plus vive anxiété.

Le trac a toujours réconcilié les partis, et c'est d'un commun accord qu'ils se décidèrent à avertir secrètement la reine de ce qui se passait.

La reine, plus belle et plus imposante que jamais, leur fit une profonde impression; la réception fut toute gracieuse, elle entra même au sujet du roi, son mari, dans des détails que seul l'amour de la science peut excuser.

Huit jours après les savants avaient trouvé le remède destiné à combattre la laideur du roi; le traitement était un peu dur et bien compliqué comme vous allez le voir, mais de quels sacrifices un homme, fût-il lui-même le roi, n'est-il pas capable pour conquérir l'affection de la reine, quand cette reine est jeune et belle.

Le roi devait, par ordre de la Faculté, se tenir éloigné de son palais durant un espace de dix-neuf ans, six mois et sept jours.

Une garde du corps devait même, au cas que la lon-
gueur du remède commençât à le fatiguer, lui interdire,
tout roi qu'il était, la moindre sortie.

Et quel régime, mes enfants!...

Vous citerai-je, au hasard de la plume?

La lumière d'œil de musaraigne distillée, dont la
fonction était de raviver les yeux éteints et alourdis du
pauvre monarque.

Tout un système de treuils, poulies, cabestans, méca-
niques, épouvantables à voir, posés cruellement sur le
nez, afin d'en atténuer les élévations sans noblesse.

Les oreilles limées deux fois par jour.

Et quels horribles breuvages n'avala-t-il pas, l'infor-
tuné!

De quelle patience ne fit-il pas preuve.

Pas une plainte, pas un mot, et dans cette âme de
martyr rien qu'une seule pensée, un seul désir, un seul
espoir : *la Reine*...

Enfin, dix-neuf ans, six mois et sept jours se sont
écoulés.

Quelles transes!... la cure a-t-elle réussi? car seule-
ment alors le pauvre roi peut en constater les effets
merveilleux dans un miroir!...

Miracle! Bonheur! Ivresse! Le voilà beau, beau
comme Damala! plus beau que Damala!...

Il court au palais de la reine.

Horreur!... la reine est maintenant un vieux tru-
meau, laide comme un pou.

Ils n'eurent jamais d'enfants. On vient de proclamer
la République dans leurs États.

Moralité

Tout vient à point à qui sait attendre.

(*Le Chat Noir*, 20 janvier 1883)

L'ESCALIER

(Air excessivement connu)

INTRODUCTION

Un escalier qui n'aurait pas de marches
Ne serait pas du tout un escalier ;
Un escalier, il faut qu'il ait des marches,
Sans quoi il n'est plus du tout escalier.

Un escalier, il faut qu'on le descende
Afin qu'on puisse après le remonter ;
Pour le monter, il faut d'abord descendre,
Et pour descendre, il faut l'avoir monté.

COUPLET BIEN HUMAIN

Marches d'airain de l'escalier de gloire,
Combien d'humains cherchent à vous monter !
De vous gravir combien peu ont la gloire :
On vous descend quand on croit vous monter !

Un escalier qui n'aurait pas, etc., etc.

COUPLET POUR LES DAMES

Sexe charmant, j'allais nommer les dames
Qui de leur cœur nous ouvrent l'escalier,

Quand on y monte, ah! qu'il est doux, mesdames!
Quand on descend, qu'il est dur l'escalier!

Un escalier qui n'aurait pas, etc., etc.

COUPLET PHILOSOPHIQUE

Le verre en main, amis, tenons la rampe,
En la tenant nous tenons l'escalier;
Car quand plus tard nous lâcherons la rampe,
Nous lâcherons en même temps l'escalier.

Un escalier qui n'aurait pas, etc., etc.

PREMIER COUPLET PATRIOTIQUE

Si l'ennemi du drapeau tricolore
Voulait l'traîner en bas de l'escalier,
Nous prendrions le drapeau tricolore
Pour l'arborer en haut de l'escalier.

Un escalier qui n'aurait pas, etc., etc.

DEUXIÈME COUPLET PATRIOTIQUE

Si l'ennemi il s'obstinait encore
A le r'traîner en bas de l'escalier,
D'un feu plus pur nous r'brûlerions encore
Pour l'r'arborer en r'haut de l'escalier.

Un escalier qui n'aurait pas de marches
Ne serait pas du tout un escalier;

Un escalier, il faut qu'il ait des marches,
Sans quoi il n'est plus du tout escalier.

Un escalier, il faut qu'on le descende
Afin qu'on puisse après le remonter;
Pour le monter, il faut d'abord descendre,
Et pour descendre il faut l'avoir monté.

Dans le numéro 47 du *Chat Noir*, Mélandri en disait un peu
plus à propos d'*Henry Somm* :

> Son vrai nom est Henri Sommier,
> Il veut qu'on l'appelle Henry Somm
> Talent souple comme un sommier,
> Il sourit quand la somme y est
> Et qu'on lui compte cette somme.
> Son vrai nom est Henri Sommier,
> Il veut qu'on l'appelle Henry Somm.

Armand Masson

L'ÉDUCATION DES OTARIES

Fable loufoque, mais plutôt phoque que loup

Dédiée à Charles de Sivry

Bien que le morse, d'ordinaire,
Soit un animal débonnaire,
Il ne faut pas trop l'exciter :
On sait que les morses vont vite ;
Quand quelque chose les irrite,
Rien ne peut plus les arrêter.
Seuls, et je ne sais trop grâce à quelles amorces,
Les moujicks, en Russie, ont, dit-on, le pouvoir
De les faire rentrer soudain dans le devoir.

Moralité

Le moujick adoucit les morses.

(*Le Chat Noir*, 8 septembre 1894)

FÊTE NATIONALE

À Thérésa.

C'était pendant l'horreur d'un Quatorze Juillet.

... Le Jour de gloire étant arrivé, l'on braillait
Ferme, et des orphéons mouraient pour la patrie.
Des orgues exerçaient toute leur barbarie
Contre la pauvre Marseillaise, et leurs abois
Électrisaient de bons petits chevaux de bois,
Qui, l'œil en feu, pointant l'oreille, et la crinière
Au vent, semblaient prêts à partir pour la frontière.
Et, c'était ridicule et triste en même temps
Un si grand bruit fait par de si petites gens.

— Or, ce jour-là, ce fut au Chat Noir grande fête :
Dans la petite salle où naquit maint poète
La bonne Thérésa, reine de la chanson,
Ce jour-là parmi nous vint chanter sans façon ;
Cependant qu'au dehors s'égosillait la foule,
— De sa voix qui tantôt rugit, tantôt roucoule, —
Elle égrena l'écrin de ses couplets charmeurs
Devant tout un royal parterre de rimeurs.
Elle chanta «Rossignolet du bois sauvage»,
Et le naïf adieu du Conscrit «qui s'engage
Pour l'amour de sa blonde» et ce drame immortel,
Ce poème saignant de l'amour maternel
Qu'écrivit Richepin dans un jour de génie,
«La Glu.»
         — Le cœur serré d'une angoisse infinie,

J'écoutais dans un coin, très humble.
                                 — Elle chantait.
Je ne sais même pas si l'on applaudissait ;
Mais la salle vibrait tout entière avec elle,
Et la chanteuse en eut une émotion telle
Qu'elle se prit soudain à pleurer avec nous.
— Le maître du logis, un pandour au poil roux,
Qui n'était pas d'humeur sensible que je sache,
Ce soir-là mâchonnait rudement sa moustache.
· ·
Il était tard. Un orgue au loin s'égosillait...
— C'était pendant l'horreur d'un Quatorze Juillet...

LE GUEUX AUX ROSES

À Georges d'Esparbès.

I

J'aime les vieux romans et les contes de fées
Où combattent les preux au son des olifants,
Où le bon chevalier se couvre de trophées,
Épouse la princesse et fait beaucoup d'enfants.

Je guerroie avec eux ; avec eux je pourfends
Les Stryges du jardin, de vipères coiffées,
Et je m'assieds avec mes héros triomphants
Aux festins servis par des nymphes dégrafées.

— Ainsi, maigre poète aux coudes anguleux,
Je chemine à travers les Édens fabuleux,
Loin de ce monde, et loin des écœurantes proses :

Je parfume ma vie aux rêves du passé,
Comme ce gueux qu'un jour j'ai vu, près d'un fossé,
Qui mangeait son pain sec en respirant des roses.

II

L'homme avait dû marcher longtemps ; il était vieux,
Parcheminé, le chef branlant, le dos en voûte.
Sur le bord du chemin, il cassait une croûte,
Près d'une source claire au gazouillis joyeux.

Il tenait dans ses doigts un bouquet d'églantine :
Assis, le cul dans l'herbe, il mordait son pain noir
Avec tant d'appétit que je voulus savoir
Ce qu'il avait de bon sur sa maigre tartine.

Je n'étais qu'un enfant : « Tu ne comprendras pas,
Mais qu'importe, dit-il, avec un bon sourire…
Vois-tu, quand on est gueux et qu'on n'a rien à frire,
Il est encor moyen de faire un bon repas.

Si pénible que soit la route où l'on chemine,
Il est des coins ombreux et des buissons fleuris :
Cueille en passant les fleurs ; c'est toujours ça de pris
Pour la mauvaise étape et les jours de famine.

Compose ton bouquet et choisis tes parfums.
L'hiver venu, — plus tard tu comprendras ces choses ! —
On mange son pain sec en respirant les roses
Des paradis perdus et des printemps défunts. »

LA VIERGE AUX ORANGES

Pour Madeleine

Quand les Anges ne sont pas sages,
On les met au cabinet noir,
En pénitence jusqu'au soir
Derrière un rideau de nuages :

Ils ne peuvent mêler leurs voix
Adorablement aigrelettes
Au son des saintes épinettes
Des théorbes et des hautbois ;

Et les pauvres petits coupables,
Exclus des divines clartés,
Heurtent leurs fronts désappointés,
Le long des grilles redoutables.

Un grand Séraphin tout en blanc
Brandit sur leurs têtes craintives
Les lanières rébarbatives
D'un martinet étincelant.

— Mais la maman-gâteau des Anges,
La Vierge, dans son manteau bleu,
Vient en cachette du bon Dieu,
Et leur apporte des oranges.

BOUCHÉE À LA REINE

Pour un civet il faut un lièvre :
Il faut une idée au sonnet.
Prenez-la délicate et mièvre,
Un déjeuner de sansonnet.

Dans une coupe de vieux Sèvre
Faites-la fondre un tantinet
Avec ces mots doux à la lèvre
Où Benserade butinait.

Saupoudrez de rimes parfaites,
Poivre, piments, cannelle, et faites
Un trait précieux pour la fin :

Vous aurez une chose exquise,
Un plat de petite marquise,
— Bon pour les gens qui n'ont pas faim.

PURIFICATION

À Alphonse Allais.

Au bord d'une piscine creuse
Qui coule à mi-chemin des cieux,
Un grand Ange, au front soucieux,
Accroupi comme une laveuse,

Frappe, d'un bras nerveux et fort,
Sur la margelle expiatoire,
Où les Âmes du Purgatoire
Se vont baigner après la mort.

Et le battoir, dans sa main pure,
S'abat, à coups lourds et cruels,
Sur les linges spirituels
Qu'il faut laver de leur souillure :

Car chaque tache, en s'effaçant
Pendant la lessive finale,
Doit colorer l'onde lustrale
D'abondantes larmes de sang,

Avant que, blanche et dessouillée,
L'Âme s'envole vers les Cieux,
Au pied des Trônes radieux,
— D'une aile encore un peu mouillée.

Pour les quais

Vox Populi

LA MARSEILLAISE
DES CHATS NOIRS

(Air du Vitrier qui passe)

Refrain :

Encor un coup d'aile dans l'bleu,
V'là l'Idéal qui passe,
Encor un coup d'aile dans l' bleu,
L' bourgeois n'y voit qu' du feu !

De Rollinat, chanteur fantomatique
La découverte a fait un bruit d'enfer.
À Mossieu Wolf pour donner la réplique
Des découvert's efforçons-nous d'en fair'
       Encor un coup d'aile dans l' bleu, etc.

Émil' Goudeau, le paradox' fait homme,
Chante la femme en ses vers bitumeux.
Il a conquis l'estime d'Henry Somm
Et c'est un' preuv' qu'il deviendra fameux !
       Encor un coup d'aile, etc.

Fernand Crésy, poète rastacouère
Beaucoup plus grand qu' les rocs pyrénéens,

Cherche le beau dans la campagne où erre
Une pastoure aux bras marmoréens.
            Encor un coup d'aile, etc.

Y a d'Haraucourt, rimeur qu'attend la gloire.
Il fait du «chaste» et prouve abondamment
Qu' Victor Hugo n'est qu'un' viel' balançoire
Et qu'il n'est qu' temps qu'il fasse son testament.
            Encor un coup d'aile, etc.

Ave' Lorin, long, lent, las — Fantaisiste
Couvant Paris de ses yeux grands ouverts,
Y a Mélandri qui pratiqu' le vers triste.
Il aim' mieux ça qu' d'écrire en tristes vers.
            Encor un coup d'aile, etc.

Un pur, un vrai, le bon Charles Frémine
Rimeur joyeux, aimé des camaros
De l'épater en vain on ferait mine…
Mais il n'a pas la couleur qu'a Marrot.
            Encor un coup d'aile, etc.

V'là Krysinska, dans sa robe d'aurore
(Chante, ô mon luth, et vous, sonnez, sonnets!)
Pour célébrer la diva qu'il adore,
Tout le *Chat noir* répète en polonais :
            Encor un coup d'aile, etc.

Detouche y a qu'est peintre et philosophe.
Pour crayonner les cocott's, les gommeux,
Il possède un talent très chocnosophe
Et n'a pas l' tort de s'habiller comme eux.
            Encor un coup d'aile, etc.

Willette, enfin, crayon chéri d' la muse,
Amant d' la lune et d' son ami Pierrot,

Tous ces noms-là seront si je n' m'abuse
Dans le bouquin du nommé Vapereau !
      Encor un coup d'aile, etc.

Du blond Salis le bock est littéraire.
Il rime, il peint, il fume et cætera !
En admirant sa têt' de mousquetaire
Juliett' Lamber s'écriait : nom d'un rat :
      Encor un coup d'aile dans l' bleu
      V'là l'Idéal qui passe,
      Encor un coup d'aile dans l' bleu,
      L' bourgeois n'y voit qu' du feu !

(*Le Chat Noir*, 3 février 1883)

Jules Jouy

LES PENSÉES DU CHAT NOIR

La nuit n'est autre chose qu'un chat noir, de dimensions telles, qu'il masque le soleil, et que les hommes ne peuvent voir qu'un de ses yeux : la lune.
Quand il fait jour, c'est que le chat n'est pas là.

La nuit, si les chats sont gris, les hommes sont saouls.

(*Le Chat Noir*, 24 mars 1883*)*

SONNETS DE L'ENTR'ACTE

I. COQUELIN AÎNÉ

Molière, aux Champs-Élysées,
Dit à Dieu : «De mes valets
Mon ombre voudrait voir les
Figures réalisées :

Je voudrais qu'un joyeux drille,
Vivant profil de Scapin,
Jouât, tel que je l'ai peint,
L'aventureux Mascarille :

«Nez au vent, œil fanfaron,
Voix forte, comme un clairon,
Éclatant drue à l'oreille.»

Et, guidé par Poquelin,
Dieu fit — œuvre sans pareille! —
Mascarille-Coquelin.

II. COQUELIN CADET

Cheveux gaîment taillés et qu'un coup de vent fouette;
Nez en l'air, adorant la nue avec ferveur;
Œil naïf, effaré, comiquement rêveur,
Qui semble suivre, au ciel, le vol d'une alouette,

Saluez, bons bourgeois; c'est l'ami Pirouette :
Vif croquis d'un talent de fantasque saveur :
Eau-forte d'un jet large, osé, dont le graveur
Sur le *convenu* plat culbute et pirouette.

Qu'il cisèle l'esprit, geigne le *Hareng saur*,
Vive sa gaîté franche au juvénile essor!
Joyeux comme un Fou, grave comme un problème,

Hanlon ganté de frais, ô clown en habit noir!
J'aime le rire anglais peint sur ta face, blême
Comme une lune ovale au faîte d'un manoir.

III. ROUSSEIL

Chimène, agenouillée au calme cimetière,
Pleure sur les lauriers du Cid triomphateur;
Mais, sentant son amour l'étreindre tout entière,
Un sévère combat se livre dans son cœur.

Redresse fièrement ta silhouette altière,
Chimène! Du duel, en revenant vainqueur,
Don Rodrigue a conquis l'estime de ton père,
Car du vieux don Diègue il a vengé l'honneur.

Relève-toi! Donnant libre cours à ta flamme,
Va, dénouant la lutte éclose en ta grande âme,
Te livrer sans remords aux baisers d'un héros:

Et montre que l'Espagne, aux manolas charmantes,
Dansant nerveusement les joyeux boléros,
Est la patrie aussi des sublimes amantes.

IV. MÉLINGUE

Mélingue, de la scène, avec toi, sont partis
Les héros dont la foule acclama l'épopée;
Vaillants dont la cohorte, artistement campée,
Peupla de ses exploits le rêve des titis.

Rengainant l'arme, habile aux rudes cliquetis,
Leur ombre, en ton linceul, avec toi s'est drapée;
Car les lourds héritiers de ta pesante épée
Ont, pour la mettre au vent, les poignets trop petits.

Mais nous gardons toujours, vivants, dans nos pensées,
Ton profil redoutable aux lignes élancées,
Alors que, châtiant quelque traître arrogant,

Tu le tenais captif sous ta garde de pierre ;
Ta hautaine façon de lui jeter le gant,
Et ton geste, en tirant du fourreau — la rapière !

V. AGAR

En vérité, ces temps ont un grêle maintien :
Dans les remous humains de nos places publiques,
Parmi les flots errants de nos foules étiques,
Mes yeux cherchent en vain la beauté, comme un bien.

Ce triomphe du Galbe, Agar, Dieu l'a fait tien.
Noble tragédienne aux accents magnifiques,
Aux gestes arrachés des bas-reliefs antiques,
Tableaux mouvementés du vers cornélien.

C'est plaisir d'admirer tes formes idéales,
Se prêtant, sans effort, aux grâces sculpturales,
Dur marbre de Paros où palpite un roseau.

Ô femme ! en te voyant, le divin Praxitèle
Eût sans doute, étreignant son magique ciseau,
Enrichi d'une sœur sa Vénus immortelle !

VI. HYACINTHE

Un visage au dessin replet, où l'œil s'effare :
Où la bouche, à loisir, ainsi qu'un arc, se tend,
Sous un nez musculeux, formidable, éclatant,
Épique, olympien, se dressant comme un phare.

Un corps membru, pesant, de robustesse rare.
En une anatomie étrange se heurtant :
Une voix de marchand forain, où l'on entend
Sonner discrètement des notes de fanfare.

Un jeu de gros Guignol, acteur mû par des fils,
Esquissant lourdement les grotesques profils
D'une mimique épaisse, incohérente, informe.

Bref, le rire s'allume, homérique et certain,
Au spectacle bouffon de ce Jocrisse énorme,
Se démenant avec des gestes de pantin.

VII. JEANNE SAMARY

Fragonard eût rêvé devant son œil charmant,
Où brille la gaîté des soubrettes mutines ;
Démons enjuponnés, Lisettes et Martines,
Prêtresses de Molière au bon sens éclatant.

C'est miracle d'ouïr tinter joyeusement
Aux attirants contours de ses lèvres sanguines,
Chapelets égrenés en notes cristallines,
L'écho du rire ailé d'Augustine Brohan.

Pascal lui-même eût déridé son front morose
Au juvénile aspect de cette fille, rose
Comme un vin clair, jailli des flacons débouchés.

Foin de l'actrice blême, au corps ployant et veule,
Psalmodiant le vers avec des airs penchés !
Et vive la Gauloise accorte et forte en gueule !

VIII. LASSOUCHE

Un comédien ? Point : Un type
Bouffon, sur la scène tombé.
Corps grêle, élégamment courbé...
Comme le tuyau de ma pipe.

Aspect rugueux... comme un Principe.
Pantomime au geste embourbé.
Masque figé de vieil abbé,
Où l'œil, révolté, s'émancipe.

Lazzi pesants et gros accents
D'un gavroche de quarante ans ;
Gamin vieilli. Bref, une touche

À tenter Cham ou Traviès.
Tel est le baron de La Souche,
Rejeton du geôlier d'Agnès.

IX. TAILLADE

Rien qu'à voir la pâleur de son masque fatal,
Où, profond comme un trou, s'enfonce son œil cave,
L'on devine aisément l'effrayant Idéal
Au triomphe duquel il s'attelle en esclave.

Les drames de Shakespeare et leurs accents altiers
Conviennent à son jeu, libre de toute entrave,
Et leurs profils, en lui, revivent tout entiers.
Son geste singulier, très profondément, grave

Au cerveau du public un vivant souvenir :
Hamlet ou Richard Trois, Macbeth ou le roi Lear,
Il est le maître, en ces farouches personnages,

Lorsque son poing nerveux sur eux s'est affermi,
Et, talent plein d'éclairs, mais aussi de nuages,
Il n'est jamais médiocre ou superbe à demi.

X. FRÉDÉRICK-LEMAÎTRE

Quand je le contemplai, de l'Acteur gigantesque,
De l'Artiste, protée énorme et sans rivaux,
Au génie acclamé par d'illustres bravos,
Il restait un vieillard, par l'âge brisé presque.

Parfois, pourtant, fouillant son front michelangesque,
Cet Hercule affaissé, las des anciens travaux,
Trouvait, pour le graver en nos jeunes cerveaux,
Un geste inimitable : immense et pittoresque.

Rien n'était merveilleux, étrange, saisissant
Comme ce beau lutteur torturé, s'efforçant
De rompre, des vieux ans, le lourd carcan de glace.

Et j'assistais, songeant aux triomphes d'antan,
Blême, l'horreur sacrée empreinte sur la face,
À cet écroulement superbe d'un Titan.

(*Le Chat Noir*, 9 août au 27 septembre 1884)

LA FILLE ET LE CHEVAL

Dans un sentier passe un cheval
Chargé d'un sac et d'une fille :
J'observe, en passant, le cheval ;
Je jette un coup d'œil sur la fille :
Voilà, dis-je, un fort beau cheval ;
Qu'elle est bien faite, cette fille !
Mon geste fait peur au cheval,
L'équilibre manque à la fille.
J'étais alors près du cheval :
Le sac, tombant avec la fille,
Me renverse auprès du cheval :
Et sur moi se trouve la fille,
Non assise, comme à cheval
Se tient d'ordinaire une fille,
Mais comme un garçon à cheval.
En me trémoussant sous la fille,
Je la jette sous le cheval !
La tête en bas, la pauvre fille !
Craignant coup de pied de cheval,
Bien moins pour moi que pour la fille,
Je saisis le mors du cheval,
Et soudain je tire la fille.
Il faudrait être un grand cheval,
Un ours, pour laisser une fille
À la merci de son cheval.
Je voulais remonter la fille ;
Preste, voilà que le cheval
S'enfuit et laisse là la fille ;
Elle court après le cheval,
Et moi je cours après la fille ;
« Il paraît que votre cheval
Est bien fringant pour une fille ;
Mais, lui dis-je, au lieu d'un cheval,

Ayez un âne, belle fille ;
Il vous convient mieux qu'un cheval,
C'est la monture d'une fille ;
Outre les dangers qu'à cheval
On court, en qualité de fille,
On risque, en tombant de cheval,
De montrer par où l'on est fille ! »

Monologues humoristiques

SU' LA BUTTE

À mon ami Paul Alexis.

Air : À Montmartre !

Depuis qu' d'un temple on l'a chargé,
Not' vieux Montmartre est bien changé,
Grâce aux travaux qu'on exécute
    Su' la Butte.

Autrefois, des mains et des pieds,
Fallait grimper sans escaliers.
On s'embêtait pas un' minute
    Su' la Butte.

Quand je m' promène en haut pour voir,
En riant je m' souviens d'avoir
Déchiré ma premièr' culbute
    Su' la Butte.

C'est que j' la connais dans les coins ;
Ses sentiers, d' mes jeux fur'nt témoins,
Avec les fill's on f'sait la lutte
    Su' la Butte.

Parmi les gru's à faux chignons
Qu'habit'nt des hôtels à pignons,
I' y'en a plus d'un' qui débute
        Su' la Butte.

Pour ma part, j' connais un' catin
Qui d'meure au s'cond, Chausse'-d'Antin,
Et qui, jadis, f'sait la culbute
        Su' la Butte.

De l'atelier fuyant l'tintoin,
Du côté qui r'garde Saint-Ouen,
On valsait, au son de la flûte
        Su' la Butte.

Aujourd'hui, dans l' bal du Moulin,
L'calicot va fair' le malin.
On n' dans' plus maint'nant, on chahute
        Su' la Butte.

Bien que l' pays soit transformé,
Du peuple il est toujours aimé.
Je n' crois pas qu' personn' me réfute
        Su' la Butte.

Bien qu'on trouv', dans un d' ses p'tits ch'mins,
Le *Cabaret des assassins*,
Y'a pas d'escarp's ; jamais on n' bute
        Su' la Butte.

Je sais bien qu'i's ont planté d'ssus
Leur s'rin d'« Sacré-Cœur de Jésus »,
Mais l' populo n'est pas un' brute
        Su' la Butte.

Et quand i's chanteront, dans leurs chœurs,
Les cantiques du Sacré-Cœur,
Tout l' mond' leur-z-y répondra : « Flûte ! »
       Su' la Butte.

À Montmartre on est décidé,
Chacun, dans son cœur, a gardé
Le souv'nir de la dernièr' lutte
       Su' la Butte !

(*Le Chat Noir*, 21 janvier 1887)

ANDRÉ GILL

Fort comme un grand coq, droit perché
Sur ses larges ergots de pierre ;
Moustaches noires en croc ; paupière
Où l'œil ne s'est jamais caché ;

Front qu'on voudrait empanaché
De quelque feutre à plume fière ;
Crayon d'or, comme une rapière,
Au poing rudement accroché.

Dur cliquetis : sa pointe larde
La sale meute recularde,
Qui, loin du justicier maudit,

S'enfuit — comme un vol d'oiseaux maigres.
Tout autour, le Peuple applaudit,
Amoureux des crayons intègres.

(*Le Cri du peuple*, 8 mai 1887)

Charles Cros

LE HARENG SAUR

À Guy.

Il était un grand mur blanc — nu, nu, nu,
Contre le mur une échelle — haute, haute, haute,
Et, par terre, un hareng saur — sec, sec, sec.

Il vient, tenant dans ses mains — sales, sales, sales,
Un marteau lourd, un grand clou — pointu, pointu,
Un peloton de ficelle — gros, gros, gros.   [pointu,

Alors il monte à l'échelle — haute, haute, haute,
Et plante le clou pointu — toc, toc, toc,
Tout en haut du grand mur blanc — nu, nu, nu.

Il laisse aller le marteau — qui tombe, qui tombe, qui
                                            [tombe,
Attache au clou la ficelle — longue, longue, longue,
Et, au bout, le hareng saur — sec, sec, sec.

Il redescend de l'échelle — haute, haute, haute,
L'emporte avec le marteau — lourd, lourd, lourd,
Et puis, il s'en va ailleurs, — loin, loin, loin.

Et, depuis, le hareng saur — sec, sec, sec,
Au bout de cette ficelle — longue, longue, longue,
Très lentement se balance — toujours, toujours,
                                        [toujours.

J'ai composé cette histoire, — simple, simple, simple,
Pour mettre en fureur les gens — graves, graves, graves,
Et amuser les enfants — petits, petits, petits.

Le Coffret de Santal[1]

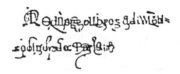

ou

LE CAILLOU MORT D'AMOUR

(Histoire tombée de la lune)

Le 24 tchoum-tchoum (comput de Wéga, 7e série),
un épouvantable tremblement de lune désola la Mer-
de-la-Tranquillité. Des fissures horribles ou char-
mantes se produisirent sur ce sol vierge* mais infécond.

1. Ce poème écrit en 1872 n'a pas été publié dans *Le Chat Noir*,
mais très souvent dit au cabaret.
* Nous ne pouvons pas tenir compte des infâmes calomnies qui ont
circulé sur ce sol.

Un silex (rien d'abord de l'époque de la pierre écla-
tée, et à plus forte raison de la pierre polie) se hasarda
à rouler d'un pic perdu et, fier de sa rondeur, alla se
loger à quelques *phtwfg** de la fissure A. B. 33, nommée
vulgairement Moule-à-singe.

L'aspect rosé de ce paysage, tout nouveau pour lui,
silex à peine débarqué de son pic, la mousse noire du
manganèse qui surplombait le frais abîme, affola le
caillou téméraire, qui s'arrêta dur, droit, bête.

La fissure éclata d'un rire silencieux, mais silencieux
particulier aux Êtres de la Planète sans atmosphère. Sa
physionomie, en ce rire, loin de perdre de sa grâce, y
gagne un je-ne-sais-quoi d'exquise modernité. Agran-
die, mais plus coquette, elle semblait dire au caillou :
«Viens-y donc, si tu l'oses!...»

Celui-ci (de son vrai nom *Skkjro***) jugea bon de
faire précéder son amoureux assaut par une aubade
chantée dans le vide embaumé d'oxyde magnétique.

Il employa les coefficients imaginaires d'une équa-
tion du quatrième degré***. On sait que dans l'espace
éthéré on obtient sur ce mode des fugues sans pareilles
(Platon, liv. XV, § 13).

La fissure (son nom sélénieux veut dire «*Augustine*»)
parut d'abord sensible à cet hommage. Elle faiblissait
même, accueillante.

Le Caillou, enhardi, allait abuser de la situation, rou-
ler encore, pénétrer peut-être...

Ici le drame commence, drame bref, brutal, vrai.

Un second tremblement de lune, jaloux de cette
idylle, secoua le sol sec.

---

* Le *Phtwfg* équivaut à une longueur de 37 000 mètres d'iridium à
7° au-dessous de zéro.

** Ce prénom, banal dans la Planète, se traduit exactement
«Alfred».

*** Le texte lunaire original porte «du palier du quatrième étage».
Erreur évidente du copiste.

La fissure (Augustine) effarée se referma pour jamais, et le caillou (Alfred) éclata de rage.

C'est de là que date l'âge de la *Pierre Éclatée*.

(*Le Chat Noir,* 20 mars 1886)

VISION

À Puvis de Chavannes.

I

Au matin, bien reposée,
Tu fuis, rieuse, et tu cueilles
Les muguets blancs, dont les feuilles
Ont des perles de rosée.

Les vertes pousses des chênes
Dans ta blonde chevelure
Empêchent ta libre allure
Vers les clairières prochaines.

Mais tu romps, faisant la moue,
L'audace de chaque branche
Qu'attiraient ta nuque blanche
Et les roses de ta joue.

Ta robe est prise à cet arbre,
Et les griffes de la haie
Tracent parfois une raie
Rouge, sur ton cou de marbre.

II

Laisse déchirer tes voiles.
Qui es-tu, fraîche fillette,
Dont le regard clair reflète
Le soleil et les étoiles?

Maintenant te voilà nue.
Et tu vas, rieuse encore,
Vers l'endroit d'où vient l'aurore;
Et toi, d'où es-tu venue?

Mais tu ralentis ta course
Songeuse et flairant la brise.
Délicieuse surprise,
Entends le bruit de la source.

Alors frissonnante, heureuse
En te suspendant aux saules,
Tu glisses jusqu'aux épaules,
Dans l'eau caressante et creuse.

Là-bas, quelle fleur superbe!
On dirait comme un lys double;
Mais l'eau, tout autour est trouble
Pleine de joncs mous et d'herbe.

III

Je t'ai suivie en satyre,
Et caché, je te regarde,
Blanche, dans l'eau babillarde;
Mais ce nénuphar t'attire.

Tu prends ce faux lys, ce traître.
Et les joncs t'ont enlacée.
Oh! mon cœur et ma pensée
Avec toi vont disparaître !

Les roseaux, l'herbe, la boue
M'arrêtent contre la rive.
Faut-il que je te survive
Sans avoir baisé ta joue ?

Alors, s'il faut que tu meures,
Dis-moi comment tu t'appelles,
Belle, plus que toutes belles !
Ton nom remplira mes heures.

« Ami, je suis l'Espérance.
Mes bras sur mon sein se glacent. »

Et les grenouilles coassent
Dans l'étang d'indifférence.

VERTIGE

Oh! soyons intenses !
Abusons des danses !
Abusons des lits
Et des seins polis !

Oh! les innocences
Et toutes leurs transes !
Leurs cruels oublis !
Froissons tous ces lys.

Nous aimons le crime
Nous trouvons la rime
Dont on meurt souvent.

Vivons d'œuvres folles !
Disons des paroles
Qu'emporte le vent.

À LA PLUS BELLE

Nul ne l'a vue et, dans mon cœur,
Je garde sa beauté suprême ;
(Arrière tout rire moqueur !)
Et morte, je l'aime, je l'aime.

J'ai consulté tous les devins,
Ils m'ont tous dit : « C'est la plus belle ! »
Et depuis j'ai bu tous les vins
Contre la mémoire rebelle.

Oh ! ses cheveux livrés au vent !
Ses yeux, crépuscule d'automne !
Sa parole qu'encor souvent
J'entends dans la nuit monotone.

C'était la plus belle, à jamais,
Parmi les filles de la terre...
Et je l'aimais, oh ! je l'aimais
Tant, que ma bouche doit se taire.

J'ai honte de ce que je dis ;
Car nul ne saura ni la femme,

Ni l'amour, ni le paradis
Que je garde au fond de mon âme.

Que ces mots restent enfouis,
Oubliés, (l'oubliance est douce)
Comme un coffret plein de louis
Au pied du mur couvert de mousse.

INSCRIPTION

Mon âme est comme un ciel sans bornes ;
Elle a des immensités mornes
Et d'innombrables soleils clairs ;
Aussi, malgré le mal, ma vie
De tant de diamants ravie
Se mire au ruisseau de mes vers.

Je dirai donc en ces paroles
Mes visions qu'on croyait folles,
Ma réponse aux mondes lointains
Qui nous adressaient leurs messages,
Éclairs incompris de nos sages
Et qui, lassés, se sont éteints.

Dans ma recherche coutumière
Tous les secrets de la lumière,
Tous les mystères du cerveau,
J'ai tout fouillé, j'ai su tout dire,
Faire pleurer et faire rire
Et montrer le monde nouveau.

J'ai voulu que les tons, la grâce,
Tout ce que reflète une glace,

L'ivresse d'un bal d'opéra,
Les soirs de rubis, l'ombre verte
Se fixent sur la plaque inerte.
Je l'ai voulu, cela sera.

Comme les traits dans les camées
J'ai voulu que les voix aimées
Soient un bien, qu'on garde à jamais,
Et puissent répéter le rêve
Musical de l'heure trop brève ;
Le temps veut fuir, je le soumets.

Et les hommes, sans ironie,
Diront que j'avais du génie
Et, dans les siècles apaisés,
Les femmes diront que mes lèvres,
Malgré les luttes et les fièvres,
Savaient les suprêmes baisers.

CARAVANE

À Olivier Pain.

Oh ! ne savoir jamais les dates,
Boire de l'eau, manger des dattes !

Les déserts ont des chemins longs
Plus gais vraiment que nos salons.

Quel soleil ! Ça manque de femmes :
Ces chameliers sont bien infâmes.

Ils ne nous versent pas de bocks
Et nous vendent des bijoux tocs.

Entre marcheurs on se dénigre :
Rien! Quel ciel! Même pas du tigre!

Oh! le désert! Assez, assez!
Rien que des chameaux désossés,

Des chacals, des rats et du sable
L'eau rare et le biscuit... passable,

Et l'on traverse tout cela
Loin du boudoir loin du gala;

On vit, on va plein d'espérance :
Parce qu'on est des gens de France.

SCÈNE D'ATELIER

À Louis Montégut.

Exquis musicien, devant son chevalet,
Le peintre aux cheveux d'or, à la barbe fleurie
Chantonne. Et cependant il brosse avec furie
La toile, car, vraiment, ce sujet-là lui plaît.

Le modèle est un tigre, un vrai tigre, complet,
Vivant et miaulant comme dans sa patrie;
Ce tigre pose mal, son mouvement varie,
Ce n'est plus le profil que le peintre voulait.

Il faut voir de la griffe, et de la jalousie...
Et le peintre, chantant des chants de rossignol,
Pousse la bête, qui rugit. Lui s'extasie.

Et de sa brosse au noir, qui court d'un léger vol,
Sème parmi le poil rayé «La Fantaisie»,
Double-croche, et soupir et dièse et bémol.

DÉSERTEUSES

Un temple ambré, le ciel bleu, des cariatides.
Des bois mystérieux; un peu plus loin, la mer...
Une cariatide eut un regard amer
Et dit : C'est ennuyeux de vivre en ces temps vides.

La seconde tourna ses grands yeux froids, avides,
Vers Lui, le bien-aimé, l'homme vivant et fier
Qui, venu de Paris, peignait d'un pinceau clair
Ces pierres, et ce ciel, et ces lointains limpides.

Puis la troisième et la quatrième : «Comment
Retirer nos cheveux de cet entablement?
Allons! nous avons trop longtemps gardé nos poses!»

Et toutes, par les prés et les sentiers fleuris,
Elles coururent vers des amants, vers Paris;
Et le temple croula parmi les lauriers roses.

MALGRÉ TOUT

Je sens la bonne odeur des vaches dans le pré;
Bétail, moissons, vraiment la richesse étincelle
Dans la plaine sans fin, sans fin, où de son aile
La pie a des tracés noirs sur le ciel doré.

Et puis, voici venir, belle toute à mon gré,
La fille qui ne sait rien de ce qu'on veut d'elle
Mais qui est la plus belle en la saison nouvelle
Et dont le regard clair est le plus adoré.

Malgré tous les travaux, odeurs vagues, serviles,
Loin de la mer, et loin des champs, et loin des villes
Je veux l'avoir, je veux, parmi ses cheveux lourds,

Oublier le regard absurde, absurde, infâme,
Enfin, enfin je veux me noyer dans toi, femme,
Et mourir criminel pour toujours, pour toujours !

AUX IMBÉCILES

Quand nous irisons
Tous nos horizons
D'émeraudes et de cuivre,
Les gens bien assis
Exempts de soucis
Ne doivent pas nous poursuivre.

On devient très fin,
Mais on meurt de faim,
À jouer de la guitare,
On n'est emporté,
L'hiver ni l'été,
Dans le train d'aucune gare.

Le chemin de fer
Est vraiment trop cher.
Le steamer fendeur de l'onde

Est plus cher encor ;
Il faut beaucoup d'or
Pour aller au bout du monde.

Donc, gens bien assis,
Exempts de soucis,
Méfiez-vous du poète,
Qui peut, ayant faim,
Vous mettre, à la fin,
Quelques balles dans la tête.

EN COUR D'ASSISES

À Édouard Dubus.

Je suis l'expulsé des vieilles pagodes
Ayant un peu ri pendant le Mystère ;
Les anciens ont dit : Il fallait se taire
Quand nous récitions, solennels, nos odes.

Assis sur mon banc, j'écoute les codes
Et ce magistrat, sous sa toge, austère,
Qui guigne la dame aux yeux de panthère,
Au corsage orné comme les géodes.

Il y a du monde en cette audience,
Il y a des gens remplis de science,
Ça ne manque pas de l'élément femme.

Flétri, condamné, traité de poète,
Sous le couperet je mettrai ma tête
Que l'opinion publique réclame !

CONQUÉRANT

J'ai balayé tout le pays
En une fière cavalcade;
Partout les gens se sont soumis,
Ils viennent me chanter l'aubade.

Ce cérémonial est fade;
Aux murs mes ordres sont écrits.
Amenez-moi (mais pas de cris)
Des filles pour la rigolade.

L'une sanglote, l'autre a peur,
La troisième a le sein trompeur
Et l'autre s'habille en insecte.

Mais la plus belle ne dit rien;
Elle a le rire aérien
Et ne craint pas qu'on la respecte.

SEIGNEURIE

J'ai le château qui brûle et le grand parc dans l'âme
J'y veux vivre à mon aise et gare à l'étranger
Qui voudrait déranger hors de ma vie en flamme
Mon penser, mon baiser, mon boire et mon manger.

Qu'à droite, à gauche, en face, en arrière on me blâme:
Que m'importe? Voyez si je sais dégager

Ma lame, éclair luisant sur le noir de la lame.
L'ennemi tombe. Et moi, je m'en vais vendanger.

Je vais cueillir la grappe et manger à la table
Où la bière et le cidre et le vin délectable
Me font ressouvenir que je ne suis pas mort.

Donc, Madame la Muse, échangeons à cette heure
Des baisers infinis. Il n'est pas vrai qu'on meure.
L'homme qui mange, boit, baise, pense est très fort[1].

SONNET

Je sais faire des vers perpétuels. Les hommes
Sont ravis à ma voix qui dit la vérité.
La suprême raison dont j'ai, fier, hérité
Ne se payerait pas avec toutes les sommes.

J'ai tout touché : le feu, les femmes, et les pommes ;
J'ai tout senti : l'hiver, le printemps et l'été ;
J'ai tout trouvé, nul mur ne m'ayant arrêté.
Mais Chance, dis-moi donc de quel nom tu te nommes ?

Je me distrais à voir à travers les carreaux
Des boutiques, les gants, les truffes et les chèques
Où le bonheur est un suivi de six zéros.

Je m'étonne, valant bien les rois, les évêques,
Les colonels et les receveurs généraux
De n'avoir pas de l'eau, du soleil, des pastèques.

---

1. La prose du *Caillou mort d'amour*, comme tous les poèmes sui-
vants, ont été publiés dans *Le Chat Noir*. La majorité a été rassemblée
dans *Le Collier de griffes*, avec les trois sonnets suivants.

TESTAMENT

Si mon âme claire s'éteint
Comme une lampe sans pétrole,
Si mon esprit, en haut, déteint
Comme une guenille folle,

Si je moisis, diamantin,
Entier, sans tache, sans vérole,
Si le bégaiement bête atteint
Ma persuasive parole,

Et si je meurs, soûl, dans un coin
C'est que ma patrie est bien loin
Loin de la France et de la terre.

Ne craignez rien, je ne maudis
Personne. Car un paradis
Matinal, s'ouvre et me fait taire.

SONNET

Moi, je vis la vie à côté,
Pleurant alors que c'est la fête.
Les gens disent : « Comme il est bête ! »
En somme, je suis mal coté.

J'allume du feu dans l'été,
Dans l'usine, je suis poète ;

Pour les pitres je fais la quête.
Qu'importe! J'aime la beauté.

Beauté des pays et des femmes,
Beauté des vers, beauté des flammes,
Beauté du bien, beauté du mal.

J'ai trop étudié les choses;
Le temps marche d'un pas normal :
Des roses, des roses, des roses!

Le Collier de griffes

Paul Verlaine

À LA MANIÈRE DE PLUSIEURS [1]

I. LA PRINCESSE BÉRÉNICE

À Jacques Madeleine.

Sa tête fine dans sa main toute petite,
Elle écoute le chant des cascades lointaines,
Et, dans la plaine langoureuse des fontaines,
Perçoit comme un écho béni du nom de Tite.

Elle a fermé ses yeux divins de clématite
Pour bien leur peindre, au cœur des batailles hautaines
Son doux héros, le mieux aimant des capitaines,
Et, Juive, elle se sent au pouvoir d'Aphrodite.

Alors un grand souci la prend d'être amoureuse,
Car dans Rome une loi bannit, barbare, affreuse,
Du trône impérial toute femme étrangère.

---

1. Publiés sous le titre : *Vers à la manière de plusieurs*, ces neuf poèmes ont paru dans *Le Chat Noir* (26 mai, 14 juillet et 18 août 1883), avant d'être rassemblés dans *Jadis et Naguère*.

Et sous le noir chagrin dont sanglote son âme,
Entre les bras de sa servante la plus chère,
La reine, hélas ! défaille et tendrement se pâme.

II. LANGUEUR

À Georges Courteline.

Je suis l'Empire à la fin de la décadence,
Qui regarde passer les grands Barbares blancs
En composant des acrostiches indolents
D'un style d'or où la langueur du soleil danse.

L'âme seulette a mal au cœur d'un ennui dense.
Là-bas on dit qu'il est de longs combats sanglants.
Ô n'y pouvoir, étant si faible aux vœux si lents,
Ô n'y vouloir fleurir un peu cette existence !

Ô n'y vouloir, ô n'y pouvoir mourir un peu !
Ah ! tout est bu ! Bathylle, as-tu fini de rire ?
Ah ! tout est bu, tout est mangé ! Plus rien à dire !

Seul, un poème un peu niais qu'on jette au feu,
Seul, un esclave un peu coureur qui vous néglige,
Seul, un ennui d'on ne sait quoi qui vous afflige !

III. PANTOUM NÉGLIGÉ

Trois petits pâtés, ma chemise brûle.
Monsieur le Curé n'aime pas les os.

Ma cousine est blonde, elle a nom Ursule,
Que n'émigrons-nous vers les Palaiseaux !

Ma cousine est blonde, elle a nom Ursule,
On dirait d'un cher glaïeul sur les eaux.
Vivent le muguet et la campanule !
Dodo, l'enfant do, chantez, doux fuseaux.

Que n'émigrons-nous vers les Palaiseaux !
Trois petits pâtés, un point et virgule ;
On dirait d'un cher glaïeul sur les eaux.
Vivent le muguet et la campanule !

Trois petits pâtés, un point et virgule ;
Dodo, l'enfant do, chantez, doux fuseaux.
La libellule erre emmi les roseaux.
Monsieur le Curé, ma chemise brûle !

IV. PAYSAGE

Vers Saint-Denis c'est bête et sale la campagne.
C'est pourtant là qu'un jour j'emmenai ma compagne.
Nous étions de mauvaise humeur et querellions.
Un plat soleil d'été tartinait ses rayons
Sur la plaine séchée ainsi qu'une rôtie.
C'était pas trop après le Siège : une partie
Des «maisons de campagne» était à terre encor.
D'autres se relevaient comme on hisse un décor,
Et des obus tout neufs encastrés aux pilastres
Portaient écrit autour : SOUVENIR DES DÉSASTRES.

V. CONSEIL FALOT

À Raoul Ponchon.

Brûle aux yeux des femmes,
Mais garde ton cœur
Et crains la langueur
Des épithalames.

Bois pour oublier !
L'eau-de-vie est une
Qui porte la lune
Dans son tablier.

L'injure des hommes,
Qu'est-ce que ça fait ?
Va, notre cœur sait
Seul ce que nous sommes.

Ce que nous valons
Notre sang le chante !
L'épine méchante
Te mord aux talons ?

Le vent taquin ose
Te gifler souvent ?
Chante dans le vent
Et cueille la rose !

Va, tout est au mieux
Dans ce monde pire !
Surtout laisse dire,
Surtout sois joyeux

D'être une victime
À ces pauvres gens :
Les dieux indulgents
Ont aimé ton crime !

Tu refleuriras
Dans un élysée !
Âme méprisée,
Tu rayonneras !

Tu n'es pas de celles
Qu'un coup du Destin
Dissipe soudain
En mille étincelles.

Métal dur et clair,
Chaque coup t'affine
En arme divine
Pour un dessein fier.

Arrière la forge !
Et tu vas frémir,
Vibrer et jouir
Au poing de saint George

Et de saint Michel,
Dans des gloires calmes,
Au vent pur des palmes,
Sur l'aile du ciel !...

C'est d'être un sourire
Au milieu des pleurs,
C'est d'être des fleurs
Au champ du martyre,

C'est d'être le feu
Qui dort dans la pierre,
C'est d'être en prière,
C'est d'attendre un peu!

VI. LE POÈTE ET LA MUSE

La Chambre, as-tu gardé leurs spectres ridicules,
Ô pleine de jour sale et de bruits d'araignées?
La Chambre, as-tu gardé leurs formes désignées
Par ces crasses au mur et par quelles virgules?

Ah fi! Pourtant, chambre en garni qui te recules
En ce sec jeu d'optique aux mines renfrognées
Du souvenir de trop de choses destinées,
Comme ils ont donc regret aux nuits, aux nuits
                                    [d'Hercules!

Qu'on l'entende comme on voudra, ce n'est pas ça:
Vous ne comprenez rien aux choses, bonnes gens.
Je vous dis que ce n'est pas ce que l'on pensa.

Seule, ô chambre qui fuis en cônes affligeants,
Seule, tu sais! mais sans doute combien de nuits
De noce auront dévirginé leurs nuits, depuis!

VII. L'AUBE À L'ENVERS

À Louis Dumoulin.

Le Point-du-Jour avec Paris au large,
Des chants, des tirs, les femmes qu'on «rêvait»,
La Seine claire et la foule qui fait
Sur ce poème un vague essai de charge.

On danse aussi, car tout est dans la marge
Que fait le fleuve à ce livre parfait,
Et si parfois l'on tuait ou buvait,
Le fleuve est sourd et le vin est litharge.

Le Point-du-Jour, mais c'est l'Ouest de Paris
Un calembour a béni son histoire
D'affreux baisers et d'immondes paris.

En attendant que sonne l'heure noire
Où les bateaux-omnibus et les trains
Ne partent plus, tirez, tirs, fringuez, reins!

VIII. UN POUACRE

À Jean Moréas.

Avec les yeux d'une tête de mort
      Que la lune encore décharne,
Tout mon passé, disons tout mon remord,
      Ricane à travers ma lucarne.

Avec la voix d'un vieillard très cassé,
          Comme l'on n'en voit qu'au théâtre,
Tout mon remords, disons tout mon passé,
          Fredonne un tralala folâtre.

Avec les doigts d'un pendu déjà vert
          Le drôle agace une guitare
Et danse sur l'avenir grand ouvert
          D'un air d'élasticité rare.

« Vieux turlupin, je n'aime pas cela ;
          Tais ces chants et cesse ces danses. »
Il me répond avec la voix qu'il a :
          « C'est moins farce que tu ne penses,

« Et quant au soin frivole, ô doux morveux,
          De te plaire ou de te déplaire,
Je m'en soucie au point que, si tu veux,
          Tu peux t'aller faire lanlaire ! »

IX. MADRIGAL

Tu m'as, ces pâles jours d'automne blanc, fait mal
À cause de tes yeux où fleurit l'animal,
Et tu me rongerais, en princesse Souris,
Du bout fin de la quenotte de ton souris,
Fille auguste qui fis flamboyer ma douleur
Avec l'huile rancie encor de ton vieux pleur !
Oui, folle, je mourrais de ton regard damné.
Mais va (veux-tu ?) l'étang là dort insoupçonné,
Dont du lys, nef qu'il eût fallu qu'on acclamât,

L'eau morte a bu le vent qui coule du grand mât.
T'y jeter, palme ! et d'avance mon repentir
Parle si bas qu'il faut être sourd pour l'ouïr.

CRIMEN AMORIS[1]

À Villiers de l'Isle-Adam.

Dans un palais, soie et or, dans Ecbatane,
De beaux démons, des Satans adolescents,
Au son d'une musique mahométane,
Font litière aux Sept Péchés de leurs cinq sens.

C'est la fête aux Sept Péchés, ô qu'elle est belle !
Tous les Désirs rayonnaient en feux brutaux ;
Les Appétits, pages prompts que l'on harcèle,
Promenaient des vins roses dans des cristaux.

Des danses sur des rythmes d'épithalames
Bien doucement se pâmaient en longs sanglots
Et de beaux chœurs de voix d'hommes et de femmes
Se déroulaient, palpitaient comme des flots,

Et la bonté qui s'en allait de ces choses
Était puissante et charmante tellement
Que la campagne autour se fleurit de roses
Et que la nuit paraissait en diamant.

Or le plus beau d'entre tous ces mauvais anges
Avait seize ans sous sa couronne de fleurs.

---

1. Publié dans *Le Chat Noir* le 28 décembre 1885 après une autre
publication, ce poème a été repris dans *Jadis et naguère.*

Les bras croisés sur les colliers et les franges,
Il rêve, l'œil plein de flammes et de pleurs.

En vain la fête autour se faisait plus folle,
En vain les Satans, ses frères et ses sœurs,
Pour l'arracher au souci qui le désole,
L'encourageaient d'appels de bras caresseurs :

Il résistait à toutes câlineries,
Et le chagrin mettait un papillon noir
À son cher front tout brûlant d'orfèvreries.
Ô l'immortel et terrible désespoir !

Il leur disait : « Ô vous, laissez-moi tranquille ! »
Puis, les ayant baisés tous bien tendrement,
Il s'évada d'avec eux d'un geste agile,
Leur laissant aux mains des pans de vêtement.

Le voyez-vous sur la tour la plus céleste
Du haut palais avec une torche au poing ?
Il la brandit comme un héros fait d'un ceste :
D'en bas on croit que c'est une aube qui point.

Qu'est-ce qu'il dit de sa voix profonde et tendre
Qui se marie au claquement clair du feu
Et que la lune est extatique d'entendre ?
« Oh ! je serai celui-là qui créera Dieu !

» Nous avons tous trop souffert, anges et hommes,
» De ce conflit entre le Pire et le Mieux.
» Humilions, misérables que nous sommes,
» Tous nos élans dans le plus simple des vœux.

» Ô vous tous, ô nous tous, ô les pécheurs tristes,
» Ô les gais Saints, pourquoi ce schisme têtu ?

» Que n'avons-nous fait, en habiles artistes,
» De nos travaux la seule et même vertu !

» Assez et trop de ces luttes trop égales !
» Il va falloir qu'enfin se rejoignent les
» Sept Péchés aux Trois Vertus Théologales !
» Assez et trop de ces combats durs et laids !

» Et pour réponse à Jésus qui crut bien faire
» En maintenant l'équilibre de ce duel,
» Par moi l'enfer dont c'est ici le repaire
» Se sacrifie à l'Amour universel ! »

La torche tombe de sa main éployée,
Et l'incendie alors hurla s'élevant,
Querelle énorme d'aigles rouges noyée
Au remous noir de la fumée et du vent.

L'or fond et coule à flots et le marbre éclate ;
C'est un brasier tout splendeur et tout ardeur ;
La soie en courts frissons comme de l'ouate
Vole à flocons tout ardeur et tout splendeur.

Et les Satans mourants chantaient dans les flammes,
Ayant compris, comme ils s'étaient résignés !
Et de beaux chœurs de voix d'hommes et de femmes
Montaient parmi l'ouragan des bruits ignés.

Et lui, les bras croisés d'une sorte fière,
Les yeux au ciel où le feu monte en léchant,
Il dit tout bas une espèce de prière,
Qui va mourir dans l'allégresse du chant.

Il dit tout bas une espèce de prière,
Les yeux au ciel où le feu monte en léchant…

Quand retentit un affreux coup de tonnerre,
Et c'est la fin de l'allégresse et du chant.

On n'avait pas agréé le sacrifice :
Quelqu'un de fort et de juste assurément
Sans peine avait su démêler la malice
Et l'artifice en un orgueil qui se ment.

Et du palais aux cents tours aucun vestige,
Rien ne resta dans ce désastre inouï,
Afin que par le plus effrayant prodige
Ceci ne fût qu'un vain rêve évanoui...

Et c'est la nuit, la nuit bleue aux mille étoiles ;
Une campagne évangélique s'étend,
Sévère et douce, et, vagues comme des voiles,
Les branches d'arbre ont l'air d'ailes s'agitant.

De froids ruisseaux courent sur un lit de pierre ;
Les doux hiboux nagent vaguement dans l'air
Tout embaumé de mystère et de prière ;
Parfois un flot qui saute lance un éclair.

La forme molle au loin monte des collines
Comme un amour encore mal défini,
Et le brouillard qui s'essore des ravines
Semble un effort vers quelque but réuni.

Et tout cela comme un cœur et comme une âme,
Et comme un verbe, et d'un amour virginal,
Adore, s'ouvre en une extase et réclame
Le Dieu clément qui nous gardera du mal.

Jadis et naguère

À VILLIERS DE L'ISLE-ADAM

Tu nous fuis, comme fuit le soleil sous la mer,
Derrière un rideau lourd de pourpres léthargiques,
Las d'avoir splendi seul sur les ombres tragiques
De la terre sans verbe et de l'aveugle éther.

Tu pars, âme chrétienne, on m'a dit résignée,
Parce que tu savais que ton Dieu préparait
Une fête enfin claire à ton cœur sans secret,
Une amour toute flamme à ton amour ignée.

Nous restons pour encore un peu de temps ici,
Conservant ta mémoire en notre espoir transi,
Tels des mourants savourent l'huile du Saint-Chrême.

Villiers, sois envié comme il aurait fallu
Par tes frères impatients du jour suprême
Où saluer en toi la gloire d'un élu.

(*Le Chat Noir*, 7 septembre 1889)

À RAOUL PONCHON

Vous aviez des cheveux terriblement;
Moi je ramenais désespérément;
Quinze ans se sont passés, nous sommes chauves
Avec, à tous crins, des barbes de fauves.

La Barbe est une erreur de ces temps-ci
Que nous voulons bien partager aussi ;
Mais l'idéal serait des coups de sabres
Ou même de rasoirs nous faisant glabres.

Voyez de Banville, et voyez Lecon-
Te de Lisle, et tôt pratiquons leur con-
Duite et soyons, tels ces deux preux, nature.

Et quand dans Paris, tels que ces deux preux,
Nous irons, fleurant de littérature,
Le peuple, ébloui, nous prendra pour eux.

(*Le Chat Noir*, 14 septembre 1889)

À STÉPHANE MALLARMÉ

Des jeunes — c'est imprudent —
Ont, dit-on, fait une liste
Où vous passez symboliste.
Symboliste ? Ce pendant

Que d'autres, dans leur ardent
Dégoût naïf ou fumiste
Pour cette pauvre rime iste,
M'ont bombardé décadent.

Soit ! Chacun de nous en somme
Se voit-il si bien nommé ?
Point ne suis tant enflammé

Que ça vers les n...ymphes, comme
Vous n'êtes pas mal armé
Plus que Sully n'est Prud'homme.

(*Le Chat Noir*, 14 décembre 1889)

CHANSONS POUR ELLE

I

Tu n'es pas du tout vertueuse,
Je ne suis pas du tout jaloux :
C'est de se la couler heureuse
Encor le moyen le plus doux.

Vive l'amour et vivent nous !

Tu possèdes et tu pratiques
Les tours les plus intelligents
Et les trucs les plus authentiques
À l'usage des braves gens

Et tu m'as quels soins indulgents !

D'aucuns clabaudent sur ton âge
Qui n'est plus seize ans ni vingt ans,
Mais ô ton opulent corsage,
Tes yeux riants, comme chantants,

Et ô tes baisers épatants !

Sois-moi fidèle si possible
Et surtout si cela te plaît,

Mais reste souvent accessible
À mon désir, humble valet

Content d'un «viens!» ou d'un soufflet.

«Hein? passé le temps des prouesses!»
Me disent les sots d'alentour.
Ça, non, car grâce à tes caresses
C'est encor, c'est toujours mon tour.

Vivent nous et vive l'amour!

II

Compagne savoureuse et bonne
À qui j'ai confié le soin
Définitif de ma personne,
Toi mon dernier, mon seul témoin,
Viens çà, chère, que je te baise,
Que je t'embrasse long et fort,
Mon cœur près de ton cœur bat d'aise
Et d'amour pour jusqu'à la mort :
                Aime-moi,
                Car, sans toi,
                Rien ne puis,
                Rien ne suis.

Je vais gueux comme un rat d'église
Et toi tu n'as que tes dix doigts;
La table n'est pas souvent mise
Dans nos sous-sols et sous nos toits;
Mais jamais notre lit ne chôme,
Toujours joyeux, toujours fêté
Et j'y suis le roi du royaume
De ta gaîté, de ta santé!

> Aime-moi,
> Car, sans toi,
> Rien ne puis,
> Rien ne suis.

Après nos nuits d'amour robuste
Je sors de tes bras mieux trempé,
Ta riche caresse est la juste,
Sans rien de ma chair de trompé,
Ton amour répand la vaillance
Dans tout mon être, comme un vin,
Et, seule, tu sais la science
De me gonfler un cœur divin.

> Aime-moi,
> Car, sans toi,
> Rien ne puis,
> Rien ne suis.

Qu'importe ton passé, ma belle,
Et qu'importe, parbleu! le mien :
Je t'aime d'un amour fidèle
Et tu ne m'as fait que du bien.
Unissons dans nos deux misères
Le pardon qu'on nous refusait
Et je t'étreins et tu me serres
Et zut au monde qui jasait!

> Aime-moi,
> Car, sans toi,
> Rien ne puis,
> Rien ne suis.

III

Voulant te fuir (fuir ses amours!
Mais un poète est bête)

J'ai pris, l'un de ces derniers jours,
  La poudre d'escampette.
Qui fut penaud, qui fut nigaud
  Dès après un quart d'heure ?
Et je revins en mendigot
  Qui supplie et qui pleure.

Tu pardonnas : mais pas longtemps
  Depuis la fois première
Je filais, pareil aux autans,
  Comme la fois dernière.
Tu me cherchas, me dénichas ;
  Courte et bonne, l'enquête !
Qui fut content du doux pourchas ?
  Moi donc, ta grosse bête !

Puisque nous voici réunis,
  Dis, sans ruse et sans feinte,
Ne nous cherchons plus d'autres nids
  Que ma, que ton étreinte.
Malgré mon caractère affreux,
  Malgré ton caractère
Affreux, restons toujours heureux :
  Sois première et dernière.

(*Le Chat Noir*, 14 et 28 mars, et 11 avril 1891)

Jean Richepin

BALLADE DU ROI DES GUEUX

Venez à moi, claquepatins,
Loqueteux, joueurs de musettes,
Clampins, loupeurs, voyous, catins,
Et marmousets, et marmousettes,
Tas de traîne-cul-les-housettes,
Race d'indépendants fougueux !
Je suis du pays dont vous êtes :
Le poète est le Roi des Gueux.

Vous que la bise des matins,
Que la pluie aux âpres sagettes,
Que les gendarmes, les mâtins,
Les coups, les fièvres, les disettes
Prennent toujours pour amusettes,
Vous dont l'habit mince et fongueux
Paraît fait de vieilles gazettes,
Le poète est le Roi des Gueux.

Vous que le chaud soleil a teints,
Hurlubiers dont les peaux bisettes
Ressemblent à l'or des gratins,
Gouges au front plein de frisettes,

Momignards nus sans chemisettes,
Vieux à l'œil cave, au nez rugueux,
Au menton en casse-noisettes,
Le poète est le Roi des Gueux.

ENVOI

Ô Gueux, mes sujets, mes sujettes,
Je serai votre maître queux.
Tu vivras, monde qui végètes !
Le poète est le Roi des Gueux.

SONNET BIGORNE

Argot classique

Luysard estampillait six plombes.
Mezigo roulait le trimard,
Et jusqu'au fond du coquemart
Le dardant riffaudait ses lombes.

Lubre, il bonissait aux palombes :
« Vous grublez comme un guichemard. »
Puis au sabri : « Birbe camard,
« Comme un ord champignon tu plombes. »

Alors aboula du sabri,
Moure au brisant comme un cabri,
Une fignole gosseline,

Et mezig parmi le grenu
Ayant rivanché la frâline,
Dit : « Volants, vous goualez chenu. »

BLANC OU ROUGE

Si j'ai pas l' rond, mon surin bouge.
Or, quand la pouffiace a truqué,
Chez moi son beurre est pomaqué.
Mieux vaut bouffer du blanc qu' du rouge.

Si j'ai pas l' rond, mon surin bouge.
Moi, c'est dans le sang qu' j'aurais truqué.
Mais quand on fait suer, pomaqué !
Mieux vaut bouffer du blanc qu' du rouge.

Si j'ai pas l' rond, mon surin bouge.
C'est pourquoi qu' la gouine a truqué,
Pour qu' Bibi soit pas pomaqué.
Mieux vaut bouffer du blanc qu' du rouge.

Si j'ai pas le rond, mon surin bouge.
Un jour qu'elle aurait pas truqué,
Faudrait buter. J' s'rais pomaqué !
Mieux vaut bouffer du blanc qu' du rouge.

SONNET MORNE

Il pleut, et le vent vient du nord.
Tout coule. Le firmament crève.
Un bon temps pour noyer son rêve
Dans l'Océan noir de la mort !

Noyons-le. C'est un chien qui mord.
Houp! lourde pierre et corde brève!
Et nous aurons enfin la trêve,
Le sommeil sans vœu ni remords.

Mais on est lâche; on se décide
À retarder le suicide;
On lit; on bâille; on fait des vers;

On écoute, en buvant des litres,
La pluie avec ses ongles verts
Battre la charge sur les vitres.

SONNET CONSOLANT

Malheur aux pauvres! C'est l'argent qui rend heureux.
Les riches ont la force, et la gloire et la joie.
Sur leur nez orgueilleux c'est leur or qui rougeoie.
L'or mettrait du soleil même au front d'un lépreux.

Ils ont tout : les bons plats, les vieux vins généreux,
Les bijoux, les chevaux, le luxe qui flamboie,
Et les belles putains aux cuirasses de soie
Dont les seins provocants ne sont nus que pour eux.

Bah! Les pauvres, malgré la misère sans trêves,
Ont aussi leurs trésors : les chansons et les rêves.
Ce peu-là leur suffit pour rire quelquefois.

J'en sais qui sont heureux, et qui n'ont pour fortune
Que ces louis d'un jour nommés les fleurs des bois
Et cet écu rogné qu'on appelle la lune.

CHANSON DES CLOCHES
DE BAPTÊME

Orléans, Beaugency,
Notre-Dame de Cléry.
Vendôme,
Vendôme!
Quel souci, quel ennui,
De compter toute la nuit
Les heures,
Les heures!

Philistins, épiciers,
Alors que vous caressiez
    Vos femmes,
    Vos femmes,

En songeant aux petits
Que vos grossiers appétits
    Engendrent,
    Engendrent,

Vous disiez : ils seront,
Menton rasé, ventre rond,
    Notaires,
    Notaires.

Mais pour bien vous punir,
Un jour vous voyez venir
    Au monde,
    Au monde,

Des enfants non voulus
Qui deviennent chevelus
    Poètes,
    Poètes.

Car toujours ils naîtront
Comme naissent d'un étron
    Des roses,
    Des roses.

La Chanson des gueux

Condor

À JEAN RICHEPIN

Poète et Cabotin
Sonnets amers

REVANCHE DU FŒTUS

Cré nom ! Je veux jurer et ne puis pas crier !
Es-tu blonde, ma mère, es-tu brune, es-tu rousse ?
Je suis comme un vieux dogme enfoui sous la mousse,
Je fais vomir… J'exhale un fort parfum d'évier…

Et je ne me sens pas !!… Pourrai-je me plier
Plus tard au Pape ? Ah ! zut ! Le Pape est une housse
Qui couvre le néant, dont creuse est la frimousse.
Papa, je te maudis… tu dois être épicier.

Où suis-je ? Où puis-je aller ? Hem ! Je me le demande.
Quel noyau je vais faire au sortir de l'amande !
Bah ! quand je serai né, l'Amour me croquera.

— Va comme je te pousse ! — a dit un jour mon père :
C'est à moi qu'il parlait en tutoyant ma mère...
Ce soufflet au fœtus, le fils te le rendra !

(*Le Chat noir*, 14 juin 1884)

Léon Riotor

SMARRA

À Jean Blaize.

J'ai rêvé cette nuit de chacals et de hyènes,
Mêlés de chiens hurlants aux féroces museaux,
Qui s'arrachaient des chairs et qui rongeaient des os...,
Ces os étaient mes os, ces chairs étaient les miennes.

Éperdu, je râlais, et tandis que mon sang
S'échappait en bouillons à travers mes blessures,
La meute refrénait l'ardeur de ses morsures
Pour reprendre soudain quand j'étais renaissant!...

Ainsi, les chagrins noirs et les soucis nous rongent
Et, lentement, des sens et de l'esprit vainqueurs,
Ils mangent notre chair et dessèchent nos cœurs,
Dans des tourments affreux que toujours ils prolongent.

S'ils font grâce un instant de leur joug détesté,
Loups, fauves et grondeurs dont on ferme la cage,
C'est pour hurler alors avec bien plus de rage
Et pour reprendre encor plus de férocité...

(*Le Chat Noir*, 15 septembre 1883)

Albert Samain

TSILLA

C'était aux temps premiers où les brûlants archanges,
Qui volent d'astre en astre, un glaive d'or en main,
S'arrêtaient quelquefois pour s'unir en chemin
Aux filles de la terre en des noces étranges.

En ce temps-là vivait, puissant en sa fortune,
Sem-Nacor, et sa fille avait pour nom Tsilla ;
Et jamais nulle femme au monde n'égala
Ses cheveux ténébreux comme une nuit sans lune.

Or, un soir que Tsilla venait à la fontaine,
Sa cruche sur l'épaule, en un pas bien rythmé,
Elle vit, seul au bord d'un sentier parfumé,
Un étranger vêtu d'une grâce hautaine.

Sa bouche avait l'éclat de la grenade vive,
Et ses yeux regardaient avec tant de douceur
Que, ce soir-là, Tsilla, dont Naïm fut la sœur,
Revint de la fontaine à pas très lents, pensive.

Le lendemain, au jour tombant, comme la veille,
Un grand lis à la main, l'étranger était là ;

Quand la vierge apparut, il sourit et Tsilla,
Rose, s'épanouit comme une fleur vermeille.

Ils causèrent; leurs voix chantaient, mélancoliques;
La lune découpait leurs ombres à leurs pieds;
Et vers eux les chameaux tournaient, agenouillés,
La limpide douceur de leurs grands yeux obliques.

Et puis, un soir, à l'heure où le croissant émerge,
Dans l'ombre, au bruit lointain des chariots rentrant,
Tsilla, sous le frisson d'un palmier odorant,
Fit devant l'inconnu tomber sa robe vierge.

Ainsi devant le ciel Tsilla, fille d'un homme,
Connut, ayant quinze ans, Phaëlim, fils de Dieu;
Et ceci se passait près d'Hesbon, au milieu
Du pays qui s'étend de Galad à Sodome.

Ils s'aimaient; à travers leurs candides prunelles
Passait la grande extase où toute l'âme fond;
L'infini se mirait dans leur amour profond,
Et leurs baisers chantaient par les nuits solennelles!

Dans le cœur de Tsilla brûlaient d'ardentes fièvres;
Étreignant Phaëlim en ses bras langoureux,
Elle versait sur lui la nuit de ses cheveux
Et, des heures, buvait, immobile, à ses lèvres.

Parfois l'ange tendait l'aile comme une voile,
Et, fixant un point d'or dans l'azur enfoui,
Les amants y jetaient leur amour ébloui,
Et montaient, frissonnants, s'aimer dans une étoile.

Or, un soir, Tsilla dit d'une voix de prière
À Phaëlim: «Montons jusqu'au Soleil, veux-tu?»

Et l'ange poursuivit son essor éperdu
Dans un ruissellement splendide de lumière.

Vol sublime ! À leurs yeux le feu bouillonnait, ivre ;
L'or s'écroulait sur l'or à flots précipités
Dans une cataracte énorme de clartés.
Et Tsilla regardait, pâle, le Soleil vivre...

Quand elle regagna la terre obscure encore,
Son passage à travers le sombre firmament
Derrière elle allumait tant d'éblouissement
Qu'au fond des bois courut le frisson de l'aurore

Car le soleil avait, au baiser de ses flammes,
Changé ses noirs cheveux en un grand fleuve d'or ;
Et c'est pourquoi Tsilla, fille de Sem-Nacor,
Fut blonde, la première, entre toutes les femmes.

Décembre 1887.

UNE

Sphinx aux yeux d'émeraude, angélique vampire,
Elle rêve sous l'or cruel de ses frisons ;
La rougeur de sa bouche est pareille aux tisons.
Ses yeux sont faux, son cœur est faux, son amour pire.

Sous son front dur médite un songe obscur d'empire.
Elle est la fleur superbe et froide des poisons,
Et le péché mortel aux âcres floraisons
De sa chair vénéneuse en parfums noirs transpire.

Sur son trône, qu'un art sombre sut tourmenter,
Immobile, elle écoute au loin se lamenter
La mer des pauvres cœurs qui saignent ses blessures;

Et, bercée aux sanglots, elle songe, et parfois
Brûle d'un regard lourd, où couvent des luxures,
L'âme vierge du lis qui se meurt dans ses doigts.

Au jardin de l'infante[1]

1. Ces poèmes ont été publiés dans *Le Chat Noir* avant de paraître
en volume.

Louis Denise

LA LUNE

Dans la nuit qu'elle argente avec son regard blanc,
Faisant hurler les chiens et chanter les poètes,
La Lune pend, légère, ainsi qu'un cerf-volant.

Au milieu des tuyaux longs et des girouettes
Qui dentellent les toits blancs de leur profil noir,
Chagrine, elle poursuit les chattes inquiètes,

Et guettant les matous lascifs qui vont s'asseoir
Au bord de la gouttière, elle monte la garde
Devant ces diamants, les étoiles du soir.

Voici l'astre aux blancheurs métalliques qui farde
De craie, au fond du ciel, son masque glacial,
La Lune pâle et ronde, attirante et blafarde,

Comme un suave écu de cent sous idéal.

(*Le Chat Noir*, 18 octobre 1884)

COIN D'ÉTANG

Il est un petit lac caché parmi les herbes,
Couvert de nénuphars et tapissé d'iris,
Qui dort et rêve, aux pieds des peupliers superbes,
Sous les glauques rameaux des vieux saules pourris.

Moi, je l'aime surtout lorsque le jour est sombre :
Il pleut ; tout est silence et repos. L'on n'entend
Que la chanson de l'eau qui tombe en crépitant
Sur le feuillage lisse et sur l'étang plein d'ombre.

Seule, sur une patte, immobile, écoutant,
Une cigogne boude au bord, triste et pensive.
La sceptique, on dirait qu'elle met en rondeaux
Quelque philosophie étrange et subversive
Pour punir le bon Dieu de pleuvoir sur son dos.

(*Le Chat Noir*, 15 novembre 1884)

Germain Nouveau

L'AMOUR DE L'AMOUR

I

Aimez bien vos amours; aimez l'amour qui rêve
Une rose à la lèvre et des fleurs dans les yeux;
C'est lui que vous cherchez quand votre avril se lève,
Lui dont reste un parfum quand vos ans se font vieux.

Aimez l'amour qui joue au soleil des peintures,
Sous l'azur de la Grèce, autour de ses autels,
Et qui déroule au ciel la tresse et les ceintures,
Ou qui vide un carquois sur des cœurs immortels.

Aimez l'amour qui parle avec la lenteur basse
Des *Ave Maria* chuchotés sous l'arceau;
C'est lui que vous priez quand votre tête est lasse,
Lui dont la voix vous rend le rythme du berceau.

Aimez l'amour que Dieu souffla sur notre fange,
Aimez l'amour aveugle, allumant son flambeau,
Aimez l'amour rêvé qui ressemble à notre ange,
Aimez l'amour promis aux cendres du tombeau!

Aimez l'antique amour du règne de Saturne,
Aimez le dieu charmant, aimez le dieu caché,
Qui suspendait, ainsi qu'un papillon nocturne,
Un baiser invisible aux lèvres de Psyché !

Car c'est lui dont la terre appelle encore la flamme,
Lui dont la caravane humaine allait rêvant,
Et qui, triste d'errer, cherchant toujours une âme,
Gémissait dans la lyre et pleurait dans le vent.

Il revient ; le voici : son aurore éternelle
A frémi comme un monde au ventre de la nuit,
C'est le commencement des rumeurs de son aile ;
Il veille sur le sage, et la vierge le suit.

Le songe que le jour dissipe au cœur des femmes,
C'est ce Dieu. Le soupir qui traverse les bois,
C'est ce Dieu. C'est ce Dieu qui tord les oriflammes
Sur les mâts des vaisseaux et des faîtes des toits.

Il palpite toujours sous les tentes de toile,
Au fond de tous les cris et de tous les secrets ;
C'est lui que les lions contemplent dans l'étoile ;
L'oiseau le chante au loup qui le hurle aux forêts.

La source le pleurait, car il sera la mousse,
Et l'arbre le nommait, car il sera le fruit,
Et l'aube l'attendait, lui, l'épouvante douce
Qui fera reculer toute ombre et toute nuit.

Le voici qui retourne à nous, son règne est proche,
Aimez l'amour, riez ! Aimez l'amour, chantez !
Et que l'écho des bois s'éveille dans la roche,
Amour dans les déserts, amour dans les cités !

Amour sur l'Océan, amour sur les collines !
Amour dans les grands lys qui montent des vallons !
Amour dans la parole et les brises câlines !
Amour dans la prière et sur les violons !

Amour dans tous les cœurs et sur toutes les lèvres !
Amour dans tous les bras, amour dans tous les doigts !
Amour dans tous les seins et dans toutes les fièvres !
Amour dans tous les yeux et dans toutes les voix !

Amour dans chaque ville : ouvrez-vous, citadelles !
Amour dans les chantiers : travailleurs, à genoux !
Amour dans les couvents : anges, battez des ailes !
Amour dans les prisons : murs noirs, écroulez-vous !

II

Mais adorez l'Amour terrible qui demeure
Dans l'éblouissement des futures Sions,
Et dont la plaie, ouverte encor, saigne à toute heure
Sur la croix, dont les bras s'ouvrent aux nations.

La Doctrine de l'amour

LE VERRE

Madame, on m'a dit l'autre jour
Que j'imitais… qui donc ? devine ;
Que j'imitais Musset : le tour
N'en est pas nouveau, j'imagine.

Musset a répondu pour nous :
« C'est imiter quelqu'un, que diantre !
Écrit-il, que planter des choux
En terre… ou des enfants… en ventre. »

Et craquez, corsets de satin !
Quant à moi, s'il me faut tout dire,
J'imite quelqu'un, c'est certain,
Quelqu'un du poétique empire.

Je m'élance sur son chemin
Avec la foi bénédictine ;
Cherchez dans tout le genre humain.
Eh ! bien… c'est elle, Valentine.

On ne peut copier son air,
Ses propos et son moindre geste,
Mais son cœur ! mais son esprit fier !
Je peux attendre pour le reste.

Ça me conduira qui sait où ?
Je crois être elle, ma parole !
Au lieu de dire : je suis fou,
L'autre jour j'ai dit : je suis folle !

Ma personnalité, ma foi !
S'est envolée ; et ceci même,
Mes vers sont d'elle et non de moi,
Si toutefois elle les aime ;

Ce serait par trop hasardeux
Que de mettre tout un volume
Sur son dos ; si nous sommes deux,
Je suis seul à tenir la plume !

Oh! bien seul! ne confondons pas,
Je suis parfaitement le maître;
Car des fautes ou de faux pas
Elle ne saurait en commettre.

Vous voyez, c'est bien différent
De ce que racontait l'histoire.
Ah! Si son verre était moins grand,
J'aurais voulu peut-être y boire...

Il est bien grand, en vérité!
Ne croyez pas que je badine;
Je boirai donc à sa santé,
Dans le Verre de Valentine.

Valentines

SET OHAËDAT

Je vous fus présenté Madame, dans la salle
De marbre frais et sombre où vous passiez les jours
Au bruit de ces jets d'eau monotones des cours
Damasquines; l'or blanc cerclait votre bras pâle.

Assise à terre, à la manière orientale,
Vous écoutiez ceux qui distillent les discours,
Devant les narghilés d'argent aux tons d'opale
Que la Paresse fume à coups distraits et courts.

Des fleurs couraient parmi vos étoffes de soie;
Vos yeux éclairaient l'ombre où votre front se noie;
Votre pied nu brillait; votre accent étranger

Éclatait dans ma tête en notes délicates ;
Je vois toujours vos dents blanches, fines et plates
Quand votre lèvre, mouche en rumeur, fit : « Franger* ? »

KATHOUM

Oh ! peindre tes cheveux du bleu de la fumée,
Ta peau dorée et d'un ton tel qu'on croit voir presque
Une rose brûlée ! et ta chair embaumée,
Dans des grands linges d'ange, ainsi qu'en une fresque,

Qui font plus brun ton corps gras et fin de mauresque,
Qui fait plus blanc ton linge et ses neiges d'almée,
Ton front, tes yeux, ton nez et ta lèvre pâmée
Toute rouge, et tes cils de femme barbaresque !

Te peindre en ton divan et tenant ton chibouk,
Parmi tes tapis turcs, près du profil de bouc
De ton esclave aux yeux voluptueux, et qui,

Chargé de t'acheter le musc et le santal,
Met sur un meuble bas ta carafe en cristal
Où se trouble le flot brumeux de l'araki.

* Franger : Européen.

MUSULMANES

À Camille de Sainte-Croix.

Vous cachez vos cheveux, la toison impudique,
Vous cachez vos sourcils, ces moustaches des yeux,
Et vous cachez vos yeux, ces globes soucieux,
Miroirs pleins d'ombre où reste une image sadique ;

L'oreille ourlée ainsi qu'un gouffre, la mimique
Des lèvres, leur blessure écarlate, les creux
De la joue, et la langue au bout rose et joyeux,
Vous les cachez, et vous cachez le nez unique !

Votre voile vous garde ainsi qu'une maison
Et la maison vous garde ainsi qu'une prison ;
Je vous comprends : l'Amour aime une immense scène.

Frère, n'est-ce pas là la femme que tu veux :
Complètement pudique, absolument obscène,
Des racines des pieds aux pointes des cheveux ?

SMALA

Le soleil verse aux toits des chambres mal fermées
        Ses urnes enflammées ;
En attendant le kief, toutes sont là, pâmées,
Sur les divans brodés de chimères armées ;

Annès, Nazlès, Assims, Bourbaras, Zalimées,
En lin blanc, la prunelle et la joue allumées
       Par le fard, parfumées,
Tirant des narghilés de légères fumées,

       Ou buvant, ranimées,
Les ongles teints, les doigts illustrés de camées,
Dans des dés d'argent fin des liqueurs renommées.

Sur les coussins vêtus d'étoffes imprimées,
       Dans des poses d'almées,
Voluptueusement fument les bien-aimées.

Sonnets du Liban[1]

1. Les deux premiers *Sonnets du Liban* ont été publiés dans *Le Chat Noir* le 31 janvier 1885.

Maurice Mac-Nab

LES POÊLES MOBILES

À Coquelin cadet.

Le poêle, c'est l'ami qui, dans la froide chambre,
Triomphant des frimas nous fait croire aux beaux jours.
Son ardente chaleur nous ranime en décembre
Et sous le ciel glacé réchauffe nos amours !

*Le poêle mobile se distingue de tous les autres en ce que,
muni de roues, il peut se déplacer comme un meuble.*

*On le roule successivement au salon, à la salle à manger,
dans la chambre à coucher.*

*La prudence exigeant que l'on ne conserve pas de feu dans
la chambre où l'on couche, on le ramène au salon pour la
nuit.*

Le prix du modèle unique est de 100 francs.

Au printemps, lorsque la pervenche
Fleurit bleu, sous les arbres verts,
Et que la jeune rose penche
Ses boutons à peine entr'ouverts,

Ô poêle, tu n'es plus le charme de nos veilles :
Il te chasse bien loin, le souffle printanier,

Et la morte saison te relègue au grenier,
Où seul, et triste, tu sommeilles!...

*Le poêle mobile se distingue de tous les autres en ce que,
muni de roues, on peut le déplacer comme un meuble.*

*On le roule successivement au salon, à la salle à manger,
dans la chambre à coucher.*

*La prudence exigeant que l'on ne conserve pas de feu dans
la chambre où l'on se couche, on le ramène au salon pour la
nuit.*

Le prix du modèle unique est de 100 francs.

Mais, maintenant, plus de verdure,
Plus de soleil, et plus de fleurs!
Voici que revient la froidure,
La froidure aux pâles couleurs.

Chauffez-vous, frêles Parisiennes,
Puisque le gazon n'est plus vert,
Tandis qu'à travers vos persiennes
Siffle le triste vent d'hiver!

Du feu, pour que vos lèvres roses
Trouvent des baisers plus ardents!
Du feu, pour qu'en vos chambres closes
L'amour demeure plus longtemps.

*Le poêle mobile se distingue de tous les autres en ce que,
muni de roues, on peut le déplacer comme un meuble.*

*On le roule successivement au salon, à la salle à manger,
dans la chambre à coucher.*

*La prudence exigeant que l'on ne conserve pas de feu dans
la chambre où l'on se couche, on le ramène au salon pour la
nuit.*

Le prix du modèle unique est de 100 francs.

PLUS DE CORS!

À Charles de Sivry.

Ô désespoir, ô désespoir!
Zoé (c'est ma femme), étendue
Sur un sofa, jambe tendue,
Tristement gémissait un soir!

N'était-ce pas une migraine
Ou quelque névrose inhumaine?
Hélas! c'était bien pis encor,
Pis que la mort, je vous assure:

La pauvre enfant souffrait d'un cor,
Ayant mis étroite chaussure.

Ce n'était pas un cor banal,
De ces cors qui ne font la guerre
Qu'aux extrémités du vulgaire:
C'était un cor phé-no-mé-nal!

Or, chacun sait où les victimes
D'un cor intempestif et dur
Trouvent un remède très sûr
Pour quatre-vingt-quinze centimes.

Comme un fou, je prends mon chapeau,
Mon lorgnon, ma canne et ma bourse,
Et je m'en vais, au pas de course,
Chez le célèbre Galopeau.

Maurice Mac-Nab

«Monsieur, me dit ce pédicure
(Lequel habite un entresol
Au boulevard Sébastopol),
Avant de tenter cette cure,

Je crois qu'il est superflu d'ex-
(La formule est dans le Codex)
Pliquer avec quoi je compose
Mon onguent odorant et rose.

Grâce à son efficacité,
Il est dans l'univers cité!»

Après avoir dit cette phrase,
Très simplement et sans emphase,
Il me remit un petit pot
Plein de pommade Galopeau.

Or, la malade avec adresse
Oignit de l'onguent sans pareil
L'extrémité de son orteil.

Voilà soudain qu'elle se dresse,
Elle marche, court, galope... oh!...
Cette pommade Galopeau!...

. . . .

Voilà bientôt une semaine
(Ô merveilleuse guérison!)
Que mon épouse se promène
Sans revenir à la maison.

Moi qui sais que la terre est ronde,
J'attends en paix la vagabonde,
En contemplant le petit pot
Plein de pommade Galopeau!

LES FŒTUS

On en voit de petits, de grands,
De semblables, de différents,
Au fond des bocaux transparents.

Les uns ont des figures douces;
Venus au monde sans secousses,
Sur leur ventre ils joignent les pouces.

D'autres lèvent les yeux en l'air
Avec un regard assez fier
Pour des gens qui n'y voient pas clair!

D'autres enfin, fendus en tierce,
Semblent craindre qu'on ne renverse
L'océan d'alcool qui les berce.

Mais, que leur bouche ait un rictus,
Que leurs bras soient droits ou tordus,
Comme ils sont mignons, ces fœtus,

Quand leur frêle corps se balance
Dans une douce somnolence,
Avec un petit air régence!

On remarque aussi que leurs nez,
À l'intempérance adonnés,
Sont quelquefois enluminés :

Privés d'amour, privés de gloire,
Les fœtus sont comme Grégoire,
Et passent tout leur temps à boire.

Quand on porte un toast amical,
Chacun frappe sur son bocal,
Et ça fait un bruit musical!

En contemplant leur face inerte,
Un jour j'ai fait la découverte
Qu'ils avaient la bouche entrouverte :

Fœtus de gueux, fœtus de roi,
Tous sont soumis à cette loi
Et bâillent sans savoir pourquoi!...

Gentils fœtus, ah! que vous êtes
Heureux d'avoir rangé vos têtes
Loin de nos humaines tempêtes!

Heureux, sans vice ni vertu;
D'indifférence revêtu,
Votre cœur n'a jamais battu.

Et vous seuls, vous savez, peut-être,
Si c'est le suprême bien-être
Que d'être mort avant de naître!

Fœtus, au fond de vos bocaux,
Dans les cabinets médicaux,
Nagez toujours entre deux eaux,

Démontrant que tout corps solide
Plongé dans l'élément humide
Déplace son poids de liquide.

C'est ainsi que, tranquillement,
Sans changer de gouvernement,
Vous attendez le jugement!...

Et s'il faut, comme je suppose,
Une morale à cette glose,
Je vais ajouter une chose :

C'est qu'en dépit des prospectus
De tous nos savants, les fœtus
Ne sont pas des gens mal f...

BALLADE DES ACCENTS
CIRCONFLEXES

Lorsque je voyais sur un mot
Planer la forme biconvexe
D'un vulgaire accent circonflexe,
Cela me rendait très perplexe,
Étant alors jeune marmot.

Comme en de sombres paysages,
La chauve-souris des sabbats
Vole en rasant le sol très bas,
Ces accents prennent leurs ébats,
Porteurs de funestes présages !

Tantôt ils semblent occupés
À d'incroyables gymnastiques :
Prenant des poses fantastiques,
Ce sont alors de longs moustiques
Dont bras et pattes sont coupés !

Tantôt les ailes étendues,
Ainsi que l'aigle, roi des airs,
Qui s'en va semer les éclairs

Dans l'immensité des déserts,
Ils semblent planer dans les nues!

Leur forme change à tout moment;
C'est un chapeau de commissaire,
Puis un capuchon débonnaire,
Une bosse de dromadaire,
Ou le fronton d'un monument!

Dans les vieux manuscrits gothiques,
Ils coiffent comme un abat-jour
Les cinq voyelles tour à tour
Qui, sous leurs griffes de vautour,
Font des rondes épileptiques.

Ces accents-là font mon malheur,
Et j'ai tenté mainte escarmouche
Contre leur bataillon farouche
Qui vous force d'ouvrir la bouche
Pour dire âne, hôte ou contrôleur!

Vains efforts! L'accent circonflexe
Étendra toujours sur les mots
Ses bras étrangement jumeaux,
Au grand désespoir des marmots.
. . . .
Et je suis toujours très perplexe!...

Poèmes mobiles

AUTOUR D'UN FIACRE

Un fiacre passait sur la place du Carrousel.

Une bonne vieille y passait aussi. C'était son droit! Personne ne contestera ce droit!

Le fiacre était noir et jaune; il y avait écrit dessus: *Camille.*

Il peut arriver à tout le monde de s'appeler Camille!

Le cocher avait un ruban jaune à son chapeau, des passepoils jaunes, un gilet jaune, des cheveux jaunes!

On a un uniforme ou on n'en a pas!

Le cheval aussi était jaune, de sa couleur naturelle. On ne lui en fera pas un crime. Et puis, vous savez, des goûts et des couleurs...

La bonne vieille avait le teint jaune; mais *le teint ne fait rien à l'affaire!*

Elle était sourde, c'est vrai; mais un bon cœur fait pardonner bien des défauts!...

Bref, les choses en étaient là quand le cheval se mit à trotter. (Tout arrive ici-bas!)

Sur la place, il n'y avait que le fiacre et la bonne vieille. Or, cette place a cent trente-trois mètres en long et quatre-vingt-douze en large. Ce n'était pas l'espace qui manquait: on ne dira pas le contraire. (Je voudrais bien voir qu'on dise le contraire!)

Et, pourtant, le fiacre a écrasé la bonne vieille.

Après tout, me direz-vous, une femme de plus ou de moins!... Je ne dis pas, mais cela n'en était pas moins fort désagréable pour le cocher!

Ça pouvait lui faire du tort!

Enfin, on lui a pardonné pour cette fois.

Du reste, à quoi bon le punir?

S'il a écrasé une femme, est-ce une raison pour lui
enlever son gagne-pain?

Il faut bien que tout le monde vive!...

Monologues en prose

LE CLYSOPOMPE

N'auriez-vous pu, madame, à mes regards cacher
L'objet dont vous ornez votre chambre à coucher.
Je suis observateur, et, si je ne me trompe,
Le bijou dont je parle était un clysopompe!

Jamais on n'avait vu pareil irrigateur!
Orné d'un élégant tuyau jaculatoire,
Vers le ciel il tendait sa canule d'ivoire.
Spectacle sans égal pour l'œil d'un amateur!

Sur la table de nuit dans l'ombre et le mystère,
Sans doute il attendait votre prochain clystère...
Mais qu'importe si j'ai d'un regard indiscret
De vos ablutions pénétré le secret!

Ce qu'il faut vous conter, c'est que la nuit suivante
Un cauchemar affreux me remplit d'épouvante:
J'ai rêvé... que j'étais clysopompe à mon tour,
De vos soins assidus entouré nuit et jour.

Vous me plongiez soudain au fond d'une cuvette.
Vous pressiez mon ressort d'une main inquiète,
Sans vous douter, hélas! que votre individu
Contre mes yeux n'était nullement défendu.

Et moi je savourais l'horizon grandiose
Que je devais, madame, à ma métamorphose.
Si bien qu'en m'éveillant je m'étais convaincu
D'avoir toute la nuit contemplé votre...

L'EXPULSION

On n'en finira donc jamais
Avec tous ces n. d. D. de princes?
Faudrait qu'on les expulserait,
Et l' sang du peup' il crie vingince!
Pourquoi qu'ils ont des trains royaux?
Qu'ils éclabouss' avec leur lusque
Les conseillers municipaux
Qui peut pas s' payer des bell' frusques?

D'abord les d'Orléans pourquoi
Qu'ils marient pas ses filles en France
Avec un bon vieux zig' comme moi,
Au lieu du citoyen Bragance?
Ousqu'elle est leur fraternité?
C'est des mufl' sans délicatesse.
On leur donn' l'hospitalité,
Qu'ils nous f... au moins leurs gonzesses!

Bragance on l' connaît c't oiseau-là,
Faut-il qu' son orgueil soye profonde!
Pour s'êtr' f... un nom comm' ça.
Peut-donc pas s'app'ler comm' tout l' monde?
Pourquoi qu'il nag' dans les millions,
Quand nous aut' nous sont dans la dèche?
Faut qu'on l'expulse aussi... mais non,
Il est en Espagne, y a pas mèche!

Ensuite, y a les Napoléons
Qui fait des rêves despotiques.
Il coll' des affich' aux maisons
Pour embêter la République.
Plomplon, si tu réclam' encor,
On va t' faire passer la frontière,
Faut pas rater non plus Victor,
Il est plus canaill' que son père !

Moi, j' vas vous dire la vérité :
Les princ' il est capitalisse,
Et l' travailleur est exploité,
C'est ça la mort du socialisse !
Ah ! si on écoutait Basly,
On confisquerait leur galette,
Avec quoi qu' l'anarchisse aussi
Il pourrait s' flanquer des noc' chouettes !

Les princ', c'est pas tout : plus d' curés,
Plus de gendarmes ni d' mélétaires !
Plus d' richards à lambris dorés,
Qui boit la sueur des prolétaires !
Qu'on expulse aussi Léon Say
Pour que l' mineur il s'affranchisse,
Enfin que tout l' monde soye expulsé,
Il rest'ra plus qu' les anarchisses !

SUICIDE EN PARTIE DOUBLE

Dans un cabaret de Grenelle,
En cabinet particulier,
Une jeune fille très belle

Soupait avec un clerc d'huissier.
Après avoir mangé les huîtres,
En buvant le coup du milieu,
Ils rédigèrent deux épîtres,
Un dernier et touchant adieu :

(*Largo.*)

Mourons ensemble
Pour être heureux ;
La mort rassemble
Les amoureux !

Pendant qu'à ce couple si tendre,
Un garçon monte le café,
Deux coups de feu se font entendre
Et puis un soupir étouffé.
On accourt, on ouvre la porte...
Triste scène, horrible décor !
La jeune fille qu'on emporte.
En expirant murmure encor :

(*Decrescendo.*)

Mourons ensemble, etc.

On porte secours au jeune homme.
Immobile comme un paquet,
Il n'est pas mort, mais c'est tout comme ;
Son sang inonde le parquet.
— Vraiment, dit le patron, c'est drôle
Comme on se tue en ce moment ;
En voilà quinze à tour de rôle
Qui font le même testament !

(*Andantino.*)

Mourons ensemble, etc.

— Maladroit ! s'écrie en colère
Le docteur qu'on a dépêché :
Pourquoi faire le veau par terre
Quand on s'est à peine touché ?

— C'est Hortense qu'elle s'appelle,
Dit en pleurant le clerc d'huissier :
Je voulais mourir avec elle,
La preuve en est sur le papier.

(*Languido.*)

Mourons ensemble, etc.

Après une longue querelle
Je lisais ce drame à Stella :
« Ô mon chéri, s'écria-t-elle,
Faisons comme ces amants-là ! »
C'est demain matin qu'on se noie
(Faut-il qu'un amour soit profond !) :
Je ferai la planche avec joie
Pendant qu'elle ira boire au fond !...

(*Allegretto.*)

Mourons ensemble
Pour être heureux ;
La mort rassemble
Les amoureux !

Poèmes incongrus

Gabriel Vicaire et Henri Beauclair

AVANT D'ENTRER

Je sens un goût de sirop
Au Paradis de ta bouche,
La tête branle et l'œil louche,
Huit et cinq, total zéro.

Qu'elle est moite en son fourreau
L'âme tendre qui se couche,
Libellule qu'effarouche
La grosseur du numéro !

Et nous allons sans rien faire,
Après tout la grande affaire,
Sirius te la dira,

Et ma chanson rose et grise,
De ton petit Opéra
Frise et défrise la frise.

SUAVITAS

L'Adorable espoir de la Renoncule
A nimbé mon cœur d'une Hermine d'or.
Pour le Rossignol qui sommeille encor,
La candeur du Lys est un crépuscule.

Feuilles d'ambre gris et jaune ! chemins
Qu'enlace une valse à peine entendue,
Horizons teintés de cire fondue,
N'odorez-vous pas la tiédeur des mains ?

Ô Pleurs de la Nuit ! Étoiles moroses !
Votre aile mystique effleure nos fronts,
La vie agonise et nous expirons,
Dans la mort suave et pâle des Roses !

IDYLLE SYMBOLIQUE

L'enfant abdique son extase.
Et, docte déjà par chemins,
Elle dit le mot : Anastase !
Né pour d'Éternels parchemins.

Avant qu'un Sépulcre ne rie
Sous aucun climat, son aïeul,
De porter ce nom : Pulchérie
Caché par le trop grand Glaïeul.

STÉPHANE MALLARMÉ.

Amoureuses Hypnotisées
Par l'Indolence des Espoirs,

Éphèbes doux, aux reflets noirs,
Avec des impudeurs rosées,

Par le murmure d'un Ave,
Disparus ! Ô miracle Étrange !
Le démon suppléé par l'Ange,
Le vil Hyperbole sauvé !

Ils parlent, avec des nuances,
Comme, au cœur vert des boulingrins,
Les Bengalis et les serins,
Et ceux qui portent des créances.

Mais ils disent le mot : Chouchou,
— Né pour du papier de Hollande, —
Et les voilà seuls, dans la lande,
Sous le trop petit caoutchouc !

SYMPHONIE EN VERT MINEUR

Variations sur un thème vert pomme

Scherzo

Si l'âcre désir s'en alla,
C'est que la porte était ouverte.
Ah ! verte, verte, combien verte,
Était mon âme, ce jour-là !

C'était — on eût dit, — une absinthe,
Prise, — il semblait, — en un café,
Par un Mage très échauffé,
En l'Honneur de la Vierge sainte.

C'était un vert glougloutement
Dans un fossé de Normandie,
C'était les yeux verts d'Abadie
Qu'on a traité si durement.

C'était la voix verte d'un orgue,
Agonisant sur le pavé ;
Un petit enfant conservé
Dans de l'eau très verte, à la Morgue.

Ah ! comme vite s'en alla,
Par la porte, à peine entr'ouverte,
Mon âme effroyablement verte,
Dans l'azur vert de ce jour-là !

Pizzicati

Les Tænias,
Que tu nias,
Traîtreusement s'en sont allés.

Dans la pénombre,
Ma clameur sombre
A fait fleurir des azalées.

Pendant les nuits,
Mes longs ennuis
Brillent ainsi qu'un flambeau clair.

De cette perte
Mon âme est verte ;
C'est moi qui suis le solitaire !

POUR AVOIR PÉCHÉ

Mon cœur est un Corylopsis du Japon, rose
Et pailleté d'or fauve, — à l'instar des serpents.
Sa rancœur détergeant un relent de Chlorose,
Fait, dans l'Éther baveux, bramer les Œgypans.

Mon âme Vespérale erre et tintinnabule,
Par delà le cuivré des grands envoûtements ;
Comme un crotale, pris aux lacs du Vestibule,
Ses ululements fous poignent des Nécromans.

Les Encres, les Carmins, flèches, vrillent la cible,
Qu'importe si je suis le Damné qui jouit ?
Car un Pétunia me fait immarcescible.
Lys ! Digitale ! Orchis ! Moutarde de Louit !

SONNET LIBERTIN

Avec l'assentiment des grands héliotropes.
ARTHUR RIMBAUD.

Quand nous aurons, avec de bleus recueillements,
Pleuré de ce qui chante et ri de ce qui souffre,
Quand, du pied repoussés, rouleront dans le Gouffre,
Irrités et pervers, les Troubles incléments ;

Que faire ? On doit laisser aux stupides amants
Les Balancements clairs et les Effervescences ;

Nous languirons emmi les idoines essences,
Évoquant la Roseur des futurs errements.

Je mettrai dans l'or de tes prunelles blémies
L'Inassouvissement des philtres de Cypris.
— Les roses de ton sein, qu'elles vont m'être amies !

Et comme au temps où triomphait le grand Vestris,
Très dolents, nous ferons d'exquises infamies,
— Avec l'assentiment de ton Callybistris. —

DÉCADENTS

Nos pères étaient forts, et leurs rêves ardents
S'envolaient d'un coup d'aile au pays de Lumière.
Nous dont la fleur dolente est la Rose Trémière,
Nous n'avons plus de cœur, nous n'avons plus de dents !

Pauvres pantins avec un peu de son dedans,
Nous regardons, sans voir, la ferme et la fermière.
Nous renâclons devant la tâche coutumière,
Charlots trop amusés, ultimes Décadents.

Mais, ô Mort du Désir ! Inappétence exquise !
Nous gardons le fumet d'une antique Marquise
Dont un Vase de Nuit parfume les Dessous !

Être Gâteux, c'est toute une philosophie,
Nos nerfs et notre sang ne valent pas deux sous,
Notre cervelle, au vent d'Été, se liquéfie !

Les Déliquescences d'Adoré Floupette

Édouard Dubus

BÉATITUDE

Hirsute, enluminé, les yeux rouges, sans col,
Dépoitraillé, les bras ballants, et la culotte
Laissant passer un bout de chemise qui flotte,
Il titube puant la pipe et l'alcool.

Il grogne entre ses dents quelque couplet obscène,
S'arrête aux becs de gaz flambant le long des quais,
Afin de leur conter, avec force hoquets,
Des douceurs, et s'amuse à cracher dans la Seine,

En regardant, dans l'eau miroitante, un ballet
D'étoiles réglé sur le clapotis des vagues.
La lune, au beau milieu, clignote ses yeux vagues,
Lui sourit, et sautille ainsi qu'un feu follet.

Les constellations se trémoussent ; à l'une
Il envoie un baiser, à l'autre, il tend les bras
Et s'affaisse ivre-mort sur le bitume gras,
Persuadé qu'il fait vis-à-vis à la lune.

(*Le Chat Noir*, 16 janvier 1886)

Sutter Laumann

APPAREILLAGE

Vire à pic et dérape ! hoé ! pare l'écoute !...
    — Il vente frais nord-quart-nord-est —
Hisse et borde les focs ! Brasse !... Barre au vent... toute !
    La bonne humeur est notre lest.

    Adieu, jeunes filles... pas vierges !
    Nous n'avons plus de bel argent !
    Faut partir... brûlez-nous des cierges,
    Vous savez, le ciel est changeant !

    Bonne brise et la route est belle !
    Au retour, au lieu d'un bouquet,
    T'auras, Margot, quoique infidèle,
    Un singe ou bien un perroquet.

Pleine mer !
    La falaise est au loin, grise et vague,
    Et notre bateau sous le vent,
Vers le Couchant pourpré, chevauche sur la vague.
    Hardi, gars ! saille de l'avant !

(*Le Chat Noir*, 23 janvier 1886)

Camille de Sainte-Croix

DIX-NEUVIÈMESIÈCLIANA

I.

À Rodolphe Salis.

Au feu
Tout Dieu
Qui cite
Tacite !

Qui lit
Au lit
Shak'speare ?
Deuil pire !

Qui sait
Musset ?
Personne…

Et l'on ne
Connaît
Qu'Ohnet.

II. LES JAPONAIS

À Henry Somm.

Travailleurs rudes,
Les Japonais
Que je connais
Font leurs études.

Froids avocats,
Médecins graves,
Peintres suaves
Et délicats,

Fument tabacs,
Taillent des bacs
Font pâmer d'aise

Sur son divan
La Japonaise
Ma-Da-Ma-Dam.

III. POSITIVISMES

À Germain Nouveau.

Sur la scène?
— C'est Patti.
Gloire saine,
Cœur rôti! —

Dans le Monde?
— Les Sagans.

Chic, faconde
D'arrogants! —

Dans la Mort?
— Ça, plus fort
Mais moins drôle,

C'est? C'est? C'est?
C'est Musset
Sous son saule!

IV. NIHILISMES

À Charles Cros.

Prendre
Cendre
Pour
Jour.

Faire
Guerre
Et
Pet.

Ivre
D'eau,
Oh!

Vivre
Sans
Sens!

V. SOPHISMES

À Raoul Ponchon.

Cœur puissant
Dépensant
Tout mon sang...
— Cœur d'ivrogne ! —

Tendres mains
Et beaux seins
Féminins...
— Oui, charogne ! —

Jeune, ardent
Aux sciences...
— Doux Pédant ! —

Mes croyances,
Ma natu...
— R'lututu ! —

(*Le Chat Noir*, 30 janvier 1886 et numéros suivants)

Maurice Donnay

DEMI-TEINTES

Vous avez des yeux gris-bleu-verts,
Vous avez des lèvres vieux rose,
Les aubes pâles des hivers
Ont donné leur blondeur morose

À vos cheveux fins et soyeux ;
Vos longs cheveux dont l'onde lisse
Baigne votre col gracieux
Et sur sa blancheur de lis glisse.

Dans votre chambre où le soleil
Tamisé par les vitraux mauve,
Fait pour votre demi-sommeil
Comme une demi-nuit d'alcôve,

S'évaporent des résédas,
Des anémones, des fleurs douces,
Et qui semblent sentir tout bas
Pour vous éviter des secousses.

Tandis que vos musiciens
Sur leurs violons de faïence

Improvisent des airs anciens
Et guettent une défaillance,

En une robe couleur du
Temps jadis où la reine Berthe
Filait, vous, le regard perdu,
Languide, la bouche entr'ouverte,

Bercée à ce rythme berceur,
Vous passez, ni lentes ni brèves,
Des heures pleines de douceur
À rêver des rêves de rêves.

Et, parmi les bruits assoupis
Et les demi-teintes mystiques,
Autour de vous, sur les tapis,
En des postures hiératiques,

Couchés comme des lévriers
Aux pieds blancs des princesses mortes,
Attendant que vous ouvriez
Votre jeunesse à grandes portes,

Pour chanter vos yeux gris-bleu-verts,
Pour chanter vos lèvres vieux rose,
Vos poètes vous font des vers
Qui ressemblent à de la prose.

SONNET

J'ai refait le sonnet d'Arvers
À l'envers.

Mon âme est sans secret, ma vie est sans mystère,
Un déplorable amour en un moment conçu;
Mon malheur est public, je n'ai pas pu le taire :
Quand elle m'a trompé, tout le monde l'a su.

Aucun homme à ses yeux ne passe inaperçu;
Son cœur par-dessus tout craint d'être solitaire;
Puisqu'il faut être deux pour le bonheur sur terre,
Le troisième par elle est toujours bien reçu.

Seigneur, vous l'avez faite altruiste et si tendre
Que, sans se donner toute, elle ne peut entendre
Le plus discret désir murmuré sous ses pas.

Et, fidèle miroir d'une chère infidèle,
Elle dira, lisant ces vers tout remplis d'elle :
«Je connais cette femme»... et n'insistera pas.

SUR UN ÉVENTAIL
DE GEORGE AURIOL

Or Leïla, selon les rites,
Interroge les marguerites.

Comment donc t'aime-t-il ? — Un peu ;
Hé ! ma chère, on fait ce qu'on peut.

L'amant, cependant, vers l'orée
Du bois, entraînait l'adorée.

Maintenant il t'aime beaucoup
Mais ne te monte pas le coup,

Et ne prends pas pour paraboles
D'Évangile ses fariboles.

Il t'aime passionnément,
Vraiment, c'est un amant charmant.

Aimez-vous et prenez bien garde
Que le garde ne vous regarde.

Las ! il ne t'aime plus du tout.
Ah ! pauvre Leïla-i-tou !

— « All' n'a ben que ce qu'all' mérite » —
A dit la vieille Marguerite.

LES VIEUX MESSIEURS

Plus laids que des prêtres bouddhistes,
Ils s'en vont, suivant les modistes,
  Avec des airs astucieux,
   Les vieux Messieurs.

Sur le galbe exquis de leurs jambes,
Ils leur chantent des dithyrambes

Superlificoquentieux,
  Les vieux Messieurs.

Et les petites, dans ces rôles
D'amoureux, les trouvent «rien drôles»
  Et pas du tout délicieux,
    Les vieux Messieurs.

Mais comme ils offrent des toilettes
Claires, des soupers, des galettes
Folles, des bijoux précieux
    Les vieux Messieurs,

Elles prêtent, d'un air modeste,
L'oreille et même tout le reste
  De leur petit corps gracieux
    Aux vieux Messieurs.

Et les Nanas et les Titines
Vont partager sous les courtines
  Les mille jeux facétieux
    Des vieux Messieurs.

Il faut beaucoup d'intelligence :
Ils sont d'une grande exigence
  Et surtout très minutieux.
    Les vieux Messieurs.

Ces bons vieillards aux faces blêmes
Veulent être aimés pour eux-mêmes :
  Ils sont vraiment ambitieux
    Les vieux Messieurs.

D'autant que leur force amoindrie
Ne leur permet plus la série :
  Les excès sont pernicieux
    Aux vieux Messieurs.

Au bois de lit cueillant la fraise,
Une fois, oui, mais jamais treize ;
    Car ils sont superstitieux
        Les vieux Messieurs.

Et si, dans les bras d'Eudoxie,
Ils meurent d'une apoplexie
Dieu, vieux Monsieur, reçoit aux cieux
        Les vieux Messieurs.

Roy des Églises cathédrales,
En somme elles sont très morales
Ces flèches que nous décochons
        Aux vieux Messieurs.

MONTE-CARLO

À Monte-Carlo, ce soir-là,
Ayant vu fondre ma fortune,
Sur la terrasse, au clair de la
Toujours rafraîchissante lune,
Je me promenais ; et voilà
Qu'un vieil homme horriblement pâle,
Dont les yeux clairs semblaient d'opale,
Dont la voix grave était un râle,
Et tel le spectre de Banco,
Me dit dans la nuit violette :
« C'est le prince de Monaco
Le seul qui gagne à la roulette.

« Un jour, j'étais alors croupier,
Une que l'on nommait Thérèse

Sous la table me fit du pied;
J'ai sept fois amené le treize
Pour elle, et l'on m'a mis à pied.
Or, depuis, au joueur qui rôde
Autour des tapis d'émeraude
Du Prince ennemi de la fraude,
Je dis : Tu paieras ton écot,
Tu perdras toute ta galette :
C'est le prince de Monaco
Le seul qui gagne à la roulette.

« Car naïfs sont les plus malins,
Dès qu'ils sont entrés dans les salles;
Arrose les numéros pleins,
Les douzaines, les transversales,
Ou, combien alors je te plains!
Les infaillibles martingales
Sur les chances dites égales,
La banque, hélas! en ses fringales,
Ressemble à la brune Marco,
L'insatiable gigolette :
C'est le prince de Monaco
Le seul qui gagne à la roulette.

« Les fétiches préconisés,
Tels que trèfle à quadruple feuille,
Griffes de tigre, sous percés,
Ou la mandragore qu'on cueille
Sur la tombe des trépassés,
Ou le béryl ou la verveine
Ne conjureront la déveine;
Toute précaution est vaine;
Aurais-tu même un vrai chicot
De Schwedenborg comme amulette;
C'est le prince de Monaco
Le seul qui gagne à la roulette.

«Ah ! j'en ai vu des plus calés
Venus avec la forte somme,
Gagner d'abord ; puis emballés
Perdre, reperdre, Dieu sait comme !
Bien nettoyés s'en sont allés ;
Toutes ces fortunes faillies,
Ont fait des cervelles jaillies :
Ce sont là légères saillies
Qu'on ne lit jamais dans "l'Écho
Du Littoral", feuille incomplète.
C'est le prince de Monaco
Le seul qui gagne à la roulette. »

Autour du Chat Noir
© Grasset

LE SERPENT
ET LE COR DE CHASSE

Un jour un grand serpent, trouvant un cor de chasse,
    Pénétra dans le pavillon ;
  Et comme il n'avait pas beaucoup de place,
  Dans l'instrument le reptile se tasse.
    Mais, terrible punition !
Quand il voulut revoir le grand air et l'espace,
Et la vierge forêt au magique décor,
      Il eut beau tenter maint effort,
      Il ne pouvait sortir du cor,
      Le pauvre boa constrictor ;
      Et pâle, il attendit la mort.

Moralité

Dieu, comme le boa est triste au fond du cor !

(*Le Chat Noir*, 11 juillet 1891)

Eugène Godin

ANATOMIE

L'œil. — Je louche.
La bouche. — Je mens.
Une dent. — Je mords.
Le cerveau. — Je me vide.
Le ventre. — Je m'emplis.
L'échine. — Je plie.
Le sein. — Je m'offre.
Les jambes. — Idem.
Le cœur. — Je ne bats plus.
Le poing. — Je bats encore.
Le front. — Je m'abaisse.
L'intestin. — Je m'élève.
La chevelure. — Je pars.
Le squelette. — Je reste.

(*Le Chat Noir,* 23 avril 1887)

ILLE, ILLA, ILLUD

Ille, c'est Lui : *Lui.* Vous savez bien, *Lui !*
L'amant de Colette ou de Phidilé :
L'amant d'autrefois, l'amant d'aujourd'hui,
       Lui !...
       Ille.

Illa, c'est Elle : *Elle, Elle,* toujours *Elle !*
L'amante d'Oscar comme de Sylla.
La Blonde ! L'Amour ! La Brune ! La Belle !
       Elle !
       Illa.

Illud, c'est Cela, *Ça* : c'est ce qu'ils font,
De l'Est à l'Ouest et du Nord au Sud !
Mystère joyeux, pas neutre, profond...
       Illud !
       Ça.

(*Le Chat Noir*, 20 mars 1886)

Villiers de l'Isle-Adam

POÈMES POUR ASSASSINER
LE TEMPS

Premier dizain

I. GÉMISSEMENT

À Puvis de Chavannes.

Quoi! dans ce bois où vola Puck,
On entendrait le Volapuk?

II. RÉSUMÉ MYSTIQUE

À Leconte de Lisle.

L'infinité de Dieu... l'individualise.

III. EXTASE

À Joris Karl Huysmans.

Moins on parle français,
Plus on a du succès.

IV. HORRIBLE DÉCOUVERTE

À Théodore de Banville.

Tout homme a, dans le cœur, un Ohnet qui sommeille.

V. LA FRANCE DÉBARQUANT À MADAGASCAR

À Coquelin cadet.

Enfin !... J'arrive
À Tananarive !!

VI. DERNIÈRES PAROLES DE CLÉOPÂTRE

À Mlle Rousseil.

Ô César ! tes lauriers cachaient ta calvitie.

VII. RÉCLAME

À M. l'ingénieur Choubersky.

— Ton poêle ravive — et dans le monde entier
L'on dira *Choubersky,* comme on dit *Parmentier.*

VIII. FORMULE POUR POÉSIE
BOURGEOISE IRRÉSISTIBLE

À M. Jules Simon.

Donnez-moi de l'argent puisque j'aime ma mère.
             Variante : le Peuple !
                    la France ! !
                    une femme
                    le Progrès
                    les immortels principes
                    etc., etc.

IX. MODESTIE D'UN JEUNE
SOUS-OFF.

À M. Salis.

Mon verre n'est pas grand, mais je bois dans celui
Du Maréchal Regnault de Saint-Jean d'Angély.

X. CONSEIL DE BONHOMET
À ROMÉO MOURANT

À M. Sully Prudhomme.

Ne songe plus à ton amante !
— Mais, plutôt, songe à Rhadamante.

(*Les six premiers poèmes sont parus dans Le Chat Noir*, 15 mai 1888)

Stéphane Mallarmé

LE PHÉNOMÈNE FUTUR

Un ciel pâle, sur le monde qui finit de décrépitude, va peut-être partir avec les nuages : les lambeaux de la pourpre usée des couchants déteignent dans une rivière dormant à l'horizon submergé de rayons et d'eau. Les arbres s'ennuient et, sous leur feuillage blanchi (de la poussière du temps plutôt que celle des chemins), monte la maison en toile du Montreur de choses Passées : maint réverbère attend le crépuscule et ravive les visages d'une malheureuse foule, vaincue par la maladie immortelle et le péché des siècles, d'hommes près de leurs chétives complices enceintes des fruits misérables avec lesquels périra la terre. Dans le silence inquiet de tous les yeux suppliant là-bas le soleil qui, sous l'eau, s'enfonce avec le désespoir d'un cri, voici le simple boniment : « Nulle enseigne ne vous régale du spectacle intérieur, car il n'est pas maintenant un peintre capable d'en donner une ombre triste. J'apporte, vivante (et préservée à travers les ans par la science souveraine) une Femme d'autrefois. Quelque folie, originelle et naïve, une extase d'or, je ne sais quoi ! par elle nommé sa chevelure, se ploie avec la grâce des étoffes autour d'un visage qu'éclaire la nudité sanglante de ses lèvres. À la place du vêtement vain, elle a un corps ; et les yeux, semblables aux pierres rares, ne valent pas ce regard qui sort de sa chair heureuse : des seins levés comme s'ils étaient pleins d'un lait éternel, la pointe vers le ciel, aux jambes lisses qui gardent le sel de la mer première. » Se rappelant leurs pauvres épouses, chauves, morbides et pleines d'horreur, les maris se pressent : elles aussi par curiosité, mélancoliques, veulent voir.

Quand tous auront contemplé la noble créature, vestige de quelque époque déjà maudite, les uns indifférents, car ils n'auront pas eu la force de comprendre, mais d'autres navrés et la paupière humide de larmes résignées se regarderont ; tandis que les poëtes de ces temps, sentant se rallumer leurs yeux éteints, s'achemineront vers leur lampe, le cerveau ivre un instant d'une gloire confuse, hantés du Rythme et dans l'oubli d'exister à une époque qui survit à la beauté.

PLAINTE D'AUTOMNE

Depuis que Maria m'a quitté pour aller dans une autre étoile — laquelle, Orion, Altaïr, et toi, verte Vénus ? — j'ai toujours chéri la solitude. Que de longues journées j'ai passées seul avec mon chat. Par *seul*, j'entends sans un être matériel et mon chat est un compagnon mystique, un esprit. Je puis donc dire que j'ai passé de longues journées seul avec mon chat, et seul, avec un des derniers auteurs de la décadence latine ; car depuis que la blanche créature n'est plus, étrangement et singulièrement j'ai aimé tout ce qui se résumait en ce mot : chute. Ainsi, dans l'année, ma saison favorite, ce sont les derniers jours alanguis de l'été, qui précèdent immédiatement l'automne et, dans la journée, l'heure où je me promène est quand le soleil se repose avant de s'évanouir, avec des rayons de cuivre jaune sur les murs gris et de cuivre rouge sur les carreaux. De même la littérature à laquelle mon esprit demande une volupté sera la poésie agonisante des derniers moments de Rome, tant, cependant, qu'elle ne respire aucunement l'approche rajeunissante des Barbares et ne bégaie point le latin enfantin des premières proses chrétiennes.

Je lisais donc un de ces chers poëmes (dont les plaques de fard ont plus de charme sur moi que l'incarnat de la jeunesse) et plongeais une main dans la fourrure du pur animal, quand un orgue de Barbarie chanta languissamment et mélancoliquement sous ma fenêtre. Il jouait dans la grande allée des peupliers dont les feuilles me paraissent mornes même au printemps, depuis que Maria a passé là avec des cierges, une dernière fois. L'instrument des tristes, oui, vraiment : le piano scintille, le violon donne aux fibres déchirées la lumière, mais l'orgue de Barbarie, dans le crépuscule du souvenir, m'a fait désespérément rêver. Maintenant qu'il murmurait un air joyeusement vulgaire et qui mit la gaieté au cœur des faubourgs, un air suranné, banal : d'où vient que sa ritournelle m'allait à l'âme et me faisait pleurer comme une ballade romantique ? Je la savourai lentement et je ne lançai pas un sou par la fenêtre de peur de me déranger et de m'apercevoir que l'instrument ne chantait pas seul.

FRISSON D'HIVER

Cette pendule de Saxe, qui retarde et sonne treize heures parmi ses fleurs et ses dieux, à qui a-t-elle été ?

Pense qu'elle est venue de Saxe par les longues dili-
gences d'autrefois.

(De singulières ombres pendent aux vitres usées.)

Et ta glace de Venise, profonde comme une froide
fontaine en un rivage de guivres dédorées, qui s'y est
miré? Ah! je suis sûr que plus d'une femme a baigné
dans cette eau le péché de sa beauté; et peut-être ver-
rais-je un fantôme nu si je regardais longtemps.

— Vilain, tu dis souvent de méchantes choses.

(Je vois des toiles d'araignées au haut des grandes
croisées.)

Notre bahut encore est très vieux : contemple
comme ce feu rougit son triste bois; les rideaux amor-
tis ont son âge, et la tapisserie des fauteuils dénués de
fard, et les anciennes gravures des murs, et toutes nos
vieilleries? Est-ce qu'il ne te semble pas, même, que les
bengalis et l'oiseau bleu ont déteint avec le temps?

(Ne songe pas aux toiles d'araignées qui tremblent
au haut des grandes croisées.)

Tu aimes tout cela et voilà pourquoi je puis vivre
auprès de toi. N'as-tu pas désiré, ma sœur au regard de
jadis, qu'en un de mes poëmes apparussent ces mots «la
grâce des choses fanées»? Les objets neufs te déplaisent;
à toi aussi, ils font peur avec leur hardiesse criarde, et tu
te sentirais le besoin de les user, ce qui est bien difficile
à faire pour ceux qui ne goûtent pas l'action.

Viens, ferme ton vieil almanach allemand, que tu lis
avec attention, bien qu'il ait paru il y a plus de cent ans

et que les rois qu'il annonce soient tous morts, et, sur l'antique tapis couché, la tête appuyée parmi tes genoux charitables dans ta robe pâlie, ô calme enfant, je te parlerai pendant des heures; il n'y a plus de champs et les rues sont vides, je te parlerai de nos meubles… Tu es distraite?

(Ces toiles d'araignées grelottent au haut des grandes croisées.)

LE DÉMON DE L'ANALOGIE

Des paroles inconnues chantèrent-elles sur vos lèvres, lambeaux maudits d'une phrase absurde?

Je sortis de mon appartement avec la sensation propre d'une aile glissant sur les cordes d'un instrument, traînante et légère, que remplaça une voix prononçant les mots sur un ton descendant: «La Pénultième est morte», de façon que

La Pénultième

Finit le vers et

Est morte

se détacha de la suspension fatidique plus inutilement en le vide de signification. Je fis des pas dans la rue et reconnus en le son *nul* la corde tendue de l'instrument de musique, qui était oublié et que le glorieux Souvenir certainement venait de visiter de son aile ou d'une palme et, le doigt sur l'artifice du mystère, je souris et implorai de vœux intellectuels une spéculation différente. La phrase revint, virtuelle, dégagée d'une chute antérieure de plume ou de rameau, dorénavant à travers la voix entendue, jusqu'à ce qu'enfin elle s'articula seule, vivant de sa personnalité. J'allais (ne me contentant plus d'une perception) la lisant en fin de vers, et, une fois, comme un essai, l'adaptant à mon parler ; bientôt la prononçant avec un silence après «Pénultième» dans lequel je trouvais une pénible jouissance : «La Pénultième» puis la corde de l'instrument, si tendue en l'oubli sur le son *nul*, cassait sans doute et j'ajoutai en manière d'oraison : «Est morte.» Je ne discontinuai pas de tenter un retour à des pensées de prédilection, alléguant, pour me calmer, que, certes, pénultième est le terme du lexique qui signifie l'avant-dernière syllabe des vocables, et son apparition, le reste mal abjuré d'un labeur de linguistique par lequel quotidiennement sanglote de s'interrompre ma noble faculté poétique : la sonorité même et l'air de mensonge assumé par la hâte de la facile affirmation étaient une cause de tourment. Harcelé, je résolus de laisser les mots de triste nature errer eux-mêmes sur ma bouche, et j'allai murmurant avec l'intonation susceptible de condoléance : «La Pénultième est morte, elle est morte, bien morte, la désespérée Pénultième», croyant par là satisfaire l'inquiétude, et non sans le secret espoir de l'ensevelir en l'amplification de la psalmodie quand, effroi ! — d'une magie aisément déductible et nerveuse — je sentis que j'avais, ma main réfléchie par un vitrage de boutique y faisant le geste d'une caresse qui descend sur quelque chose, la voix même (la première, qui indubitablement avait été l'unique).

Mais où s'installe l'irrécusable intervention du surnaturel, et le commencement de l'angoisse sous laquelle agonise mon esprit naguère seigneur c'est quand je vis, levant les yeux, dans la rue des antiquaires instinctivement suivie, que j'étais devant la boutique d'un luthier vendeur de vieux instruments pendus au mur, et, à terre, des palmes jaunes et les ailes enfouies en l'ombre, d'oiseaux anciens. Je m'enfuis, bizarre, personne condamnée à porter probablement le deuil de l'inexplicable Pénultième.

RÉMINISCENCE

Orphelin, j'errais en noir et l'œil vacant de famille : au quinconce se déplièrent des tentes de fête, éprouvai-je le futur et que je serais ainsi, j'aimais le parfum des vagabonds, vers eux à oublier mes camarades. Aucun cri de chœurs par la déchirure, ni tirade loin, le drame requérant l'heure sainte des quinquets, je souhaitais de parler avec un môme trop vacillant pour figurer parmi sa race, au bonnet de nuit taillé comme le chaperon de Dante ; qui rentrait en soi, sous l'aspect d'une tartine de fromage mou, déjà la neige des cimes, le lys ou autre blancheur constitutive d'ailes au-dedans : je l'eusse prié de m'admettre à son repas supérieur, partagé vite avec quelque aîné fameux jailli contre une proche toile en train des tours de force et banalités alliables au jour. Nu, de pirouetter dans sa prestesse de maillot à mon avis surprenante, lui, qui d'ailleurs commença : «Tes parents? — Je n'en ai pas. — Allons, si tu savais comme c'est farce, un père... même l'autre semaine que bouda la soupe, il faisait des grimaces aussi belles, quand le maître lançait les claques et les coups de pied. Mon cher!» et de triompher en élevant à moi la jambe avec aisance glorieuse, «il nous épate, papa», puis de mordre au régal chaste du très jeune : «Ta maman, tu n'en as pas, peut-être, que tu es seul? la mienne mange de la filasse et le monde bat des mains. Tu ne sais rien, des parents sont des gens drôles, qui font rire.» La parade s'exaltait, il partit : moi, je soupirai, déçu tout à coup de n'avoir pas de parents.

Pages [1]

1. Ces cinq poèmes en prose de Mallarmé ont été, après bien d'autres publications, publiés dans les numéros du *Chat Noir* des 28 mars 1885, 26 juin 1886 et 22 décembre 1889. Après avoir été recueillis dans *Pages*, ils furent repris dans *Vers et prose* puis dans *Divagations*.

Léopold Dauphin

LA TOUR EIFFEL VUE DE HAUT

À Alphonse Allais.

— «Depuis que les Titans, punis de leur outrage,
Se tordent aux Enfers, l'homme, quoique malin,
S'élève vainement : il reste à son déclin,
Vaincu par l'anémie et veuf du fier courage.

Or, moi, Monsieur Homais, je crie : au gaspillage !
Et blâme hautement notre impuissant Vulcain
D'avoir — pour nous forger ce chef-d'œuvre mesquin —
Mis le fer stimulant et tonique au pillage !»

Puis, cet avis donné, sagement, sans détour,
Le grand pharmacien, les lèvres dédaigneuses,
Triture au mortier ses drogues ferrugineuses

Et, sous le lourd pilon croyant revoir la Tour,
Suppute, l'œil rêveur, les bienfaisants pécules
Qu'on aurait à rouler tout ce fer en pilules.

(Sous le pseudonyme de PIMPINELLI)

(*Le Chat Noir*, 24 août 1889)

RÉVÉLATIONS DU GRAND TURC

ou

L'ART POÉTIQUE MIS À LA PORTÉE DE TOUS QUELCONQUES

Pour répondre à un sot aussi curieux
qu'indiscrètement ridicule.

Vous me demandez : « *Comment*
L'on fait des vers ? » C'est bien simple :
Vous prenez simple une simple
Du plus pur style roman ;

(Cueillie en un autre style,
La simple indiquée ici
Serait inféconde aussi
Que nettement inutile.)

Vous la cuisez doucement
Dans un très vieux four à plâtre,
Puis l'appliquez en emplâtre
Tout chaud sur votre ossement.

Si rien ne vient, lors il urge
Qu'indécemment l'on vous purge.

(Sous le pseudonyme de PIMPINELLI)

(*Le Chat Noir*, 20 juillet 1895)

HUITAIN

À M...

Tes yeux sont deux grands lacs pleins d'ombre
Étoilés d'ors capricieux.

J'aime noyer en ces beaux yeux
Tous mes soucis ; ma fièvre y sombre
Calmant, aux flots silencieux
De leur nuit scintillante et sombre,
Son désir infini des cieux.

Tes yeux sont deux grands lacs pleins d'ombre.

(Sous le pseudonyme de PIMPINELLI)

(*Le Chat Noir*, 7 juillet 1888)

TON CŒUR

Ton cœur est un jardin tout rose
Qu'arrose le sang de mon cœur.

Les roses y chantent un chœur
De divins parfums où se pose,
Tel le blanc papillon vainqueur

Sur le miel de la rose éclose,
Le rêve amoureux de mon cœur.

Ton cœur est un jardin tout rose.

Raisins bleus et gris

RONDELS LAMALOUSIENS

LES GORGES D'HÉRIC

À l'ami E. Satie

Ces gorges sont belles, Éric ;
D'aucuns du moins les disent telles
Avec leurs rocs par Kyrielles
Se surplombant bien ric à ric.

De Lamalou tout baigneur chic
Veut excursionner vers elles ;
Ces gorges sont belles, Éric,
D'aucuns du moins les disent telles.

Nous, damars, aux gorges d'Héric
Combien plus nous préférons celles
Des rondelettes demoiselles
Qui fréquentent chez Lenthéric ;
Ces gorges sont belles, Éric !...

(Sous le pseudonyme de PIMPINELLI)

(*Le Chat Noir*, 23 septembre 1893*)*

À PAUL VERLAINE

8 janvier 1896

L'innocence était, de ton âme,
Et la mystérieuse voix
Si vierge et perverse à la fois,
Et l'amer parfumé dictame !

Nos espoirs pleurent superflus ;
Cette voix tant câline et tendre,
Qu'au ciel aimé tu viens de rendre,
Nous ne l'entendrons jamais plus !

Ni le jet d'eau, ni la fontaine,
Ni fluides les clairs ruisseaux,
Ni la brise dans les roseaux
Ne la donneront si lointaine.

Et nous restons inconsolés,
Nous, de ses musiques ailées.

AUTRE MUSIQUE
DE CHAMBRE

Isochrome et lent, le pendule,
Sous les laques du vieux cartel,
D'un sec tic tac hache et module
Le silence et mon spleen mortel ;

Et ma pensée aussi oscille
En un va-et-vient continu
Captive du rythme et docile
À l'hypnotique son ténu

Qui très cruellement balance
Les souvenirs des anciens jours
Et, railleur, dans le noir silence
Sans cesse dit : « Toujours, toujours. »

L'heure qu'il mesure est chimère
Éternellement éphémère.

Raisins bleus et gris

PRÉFACE DE MALLARMÉ À
RAISINS BLEUS ET GRIS

Ses poëmes lus et comme on connaît son accoin-
tance avec un art, la Musique même, qui tient le vers
pour moindre — pas d'hommage, aussi marqué, à la
Poésie simple ou éternelle, qu'un, ici, de Léopold Dau-
phin. Cet ami ne traite la versification en tant que com-
plément à son spécial don mélodique, ainsi que doit
l'essayer tout compositeur aujourd'hui et produire une
écriture spacieuse, discrète de livret : non, il ferme sur
le vol des inspirations frémissantes, d'abord son piano,
ou reploie le trop d'aile ; et, usant de droits, avec plus
de caresse dans le rythme qu'un autre ou la diaprure
assortie mieux des timbres, victoire, innée, que nous
obtenons après étude, vise directement au chant parlé,

tel qu'une intégrité résulte ou poëme pur : il dispose, souriant, des accords d'image très exacts et relatifs à l'émotion. Cela, mise à l'écart par goût et momentanée des instruments en faveur du vieux, sommaire et verbal, en atteste la gloire native, brièvement la minute que revivent les états précis et légers de la vie, qui ont besoin, tout bas, d'être compris et, par suite, se soumettent à l'ordinaire parole durable. Notre confrère, seul parmi les joueurs de musique proprement dite, ce ne serait rien — mais, peut-être, apparu au moment que le poëte de tradition interrompt le mode, réglé sur l'âme et devine dès les siècles, pour écouter l'inquiétant éclat des grandes sonorités et songerait d'y conformer le discours — lui, réconforte et charme, je le lui contais récemment, par quelque belle candeur à tendre vers la Muse nue et mère, sa grappe, pleine ou dénouée en tant de jeux : l'intitulant ainsi qu'un autochtone du franc terroir humain rustiquement *Raisins bleus* couleur d'illusion, du temps et de l'azur, *ou gris*, ceux-ci je ne les discerne pas.

Raisins bleus et gris

Pierre Mille

POÈMES MODERNES

À monsieur René Ghil.

Notre grand poète Hayma Beyzar, chef de l'École électro-suggestive, est sur le point de livrer à la publicité une série de poèmes destinés à un géraudélesque retentissement : le *Chat Noir,* au prix des plus grands sacrifices, a obtenu communication des bonnes feuilles de cette œuvre unique en son genre.

C'est, en la poétique et géniale instrumentation, la réalisation stupéfiante du rêve poursuivi jusqu'ici par la jeune École : l'immensité de l'idée, en l'indéfinie concentration de la forme.

Conspuant la vieillotte conception des antiques gâcheurs de rimes, amplification affadie d'un thème en outrées et déclamatoires redondances indigent, le génie himalayesque du jeune Maître ne demande qu'au choc d'un mot — un seul — d'une syllabe même, la fulgurante étincelle qui éveillera chez le lecteur le courant sympathique et isotherme à celui du poète, et l'entraînera à sa suite dans l'infini insondable des vides hypersidéraux.

Voici le joyau, en sa gigantesque simplicité :

LES EXTASES
Poème monosyllabe
par
HAYMA BEYZAR
OH!!
Fin

Nous ne ferons pas à nos lecteurs l'injure de para-
phraser la pensée de l'auteur, limpide pour les initiés
suffisamment.

Cependant, pour les quelques aveugles de l'autre
côté du pont des Arts qui achèteraient ce numéro
comme premier fascicule des Œuvres complètes de
M. Ohnet (le plus grand succès du siècle), nous nous
faisons un devoir de souligner l'idée d'une glose timide
et sommaire.

Dans le vocable générateur, ou mieux communica-
teur «oh!», on remarque qu'il convient de distinguer :

1º La *sonorité*, ainsi que le grave bruissement des
eaux des lacs, ou la mystérieuse harmonie des mondes,
vague et voilée.

2º La *couleur*, violâtre et effacée, faisant songer aux
horizons crépusculaires d'une mélancolique fin d'au-
tomne, ou, sous les primes attiédies d'avril, les parfums
des grands bois.

3º L'*odeur*, affinée et délicate, comme de vanille sub-
tilisée, — suaves senteurs de la vierge aux commen-
çantes palpitations de son intimité charnelle émue.

4º L'*articulation*, douce, tendre, terminée par une
quasi-muette expiration, signifiant palpitation, ou
presque ressaisi aveu, ravie adoration : — ou forte, rude,
avec finale râlante, exprimant la souffrance et réveillant
la perturbation anhélante du pneumo-gastrique.

5º Les *acceptions immédiates* : Prière, — Admiration,
— Rêve, — Ivresse, — Élan, — Indifférence, — Doute,

— Horripilation, — Souffrance, — Mépris, — Colère, — Reproche, — Horreur, — avec toutes leurs nuances.

6º Les *acceptions homonymiques* : Eaux, — Haut, — Os ; — d'où envolement vers les cimes, les mers, les fortunes, — retour à l'origine squelettique des organismes.

7º Le *sens hermétique* ou symbolique ancien : « Ho ∴ », cryptogramme de l'homuncule ou microcosme — aperçu des mystères alchimiques et biologiques.

8º Le *sens symbolique actuel* : « O », Ligne de Batignolles-Clichy-Odéon, lanternes rouges, idée apocalyptique de l'œil monstrueux des civilisations.

9º La *notation chimique* correspondante : « O », Oxygène, principe inéluctable de la vie organisée.

10º La *notation algébrique* : « 0 », zéro, symbole du néant, simple neutralisation de l'Universel, qui y subsiste à l'état d'impérissable germe.

11º *Toutes les notions inverses et anti-typiques* qui se dégagent, par voie de contraste, des précédentes.

Si l'on analyse, disons-nous, l'ensemble des impressions virtuellement contenues dans le monosyllabe communicateur ; — si l'on songe que de cette articulation naissent invinciblement, par un merveilleux procédé, par un mécanisme d'une admirable simplicité, des images, des sensations, des conceptions infiniment variées, d'une poésie tour à tour hiératique, macabre, tendre, voluptueuse, gourmande, hilare ou philosophique, d'une réalité d'autant plus intense que le sujet les a lui-même créées, sous l'effort d'assimilation que comportait le système brutal de l'affabulation terminologique ; — si l'on se rend compte qu'un mot suffit pour vous faire errer à travers les splendeurs d'un visible univers, rêver aux chaudes blancheurs des ventres spasmodiques des adorées entrevues, aux matités des ors serpentants des chevelures, nous plonger dans l'extase des vins précieux, nous transporter au seuil des impénétrés arcanes de la nature, on est contraint de proclamer qu'on se trouve ici en présence de la plus haute expression de la Poésie; que l'œuvre d'Hayma Beyzar est l'hyperesthésie du possible, et l'éperdue intuition de l'impossible, qu'elle réalise enfin la condensation géniale et radieuse de l'UNIVERSEL.

Pour paraître prochainement, — Léon Vanier, éditeur :

Ah! (*Les Ravissements*), un vol. in-32 avec planches.
Eh! (*Les Indignations*), d° d°
Hi! (*Les Gaités*), d° d°
Hue! (*Les Chevauchées*) d° d°

(*Le Chat Noir*, 10 mars 1887)

Vincent Hyspa

SONNET BLEUR-OR

Pour C. Brun, amie.

J'avais rêvé pour vous, oh! — le songe des fous! —
D'un jardin bleu semé d'étoiles toutes blanches,
Avec des diamants qui seraient des pervenches,
Dans les gazons or vert, au pied d'arbres or roux.

Puis, pour vous reposer, afin qu'il fût plus doux,
J'avais, sous le vieil or d'étincelantes branches,
Fait un tapis avec des coins roses de hanches —
Rêve irréalisable, à jamais, et par nous.

Enfouis les ors purs tout au fond des carrières;
Dorment les diamants vieillis dans les poussières;
Ces étoiles, un Dieu les pétrit de nos yeux.

Ainsi que la turquoise, alanguie, éphémère,
Vos doux yeux se mourront, un jour — de leur lumière,
Une étoile nouvelle inondera les cieux...

(*Le Chat Noir*, 21 avril 1888)

LES FLEURS

Moi, sous-chef des odeurs suaves,
Et qui marche toujours à côté du bonheur,
   Je professe à l'égard des fleurs,
Qu'elles prennent des airs penchés ou des airs graves,

   Une horreur profonde qu'accroît
Ce servage par qui — sans être humiliées, —
   Elles sont en gerbes liées
Ou serves de la terre en quelque vase étroit.

   Du trottoir au sixième étage,
Elles sévissent, elles entrent sans douleur
   Chez nous et jusques dans nos mœurs...
Toujours des fleurs! partout des fleurs! même en voyage

   Elles sont trop! — Et c'est tout bas
Que je le dis : il en est encor d'inconnues,
   Dans des serres entretenues;
Pourvu, mon Dieu! pourvu qu'elles n'en sortent pas!

   Celles-là sont bien moins coupables
Qu'on ne voit pas. Mais on en voit! Mais il y a
   Cet implacable dahlia,
Toujours poussant et repoussant, inéluctable!

   Mais il y a la rose : amour;
La violette : qui se fait toute petite;
   Enfin la grande marguerite :
Du désespoir et puis de l'espoir tour à tour.

On peut pardonner à la rose,
À la rose qui vit l'espace d'un matin;
   Dont on sait le nom en latin
Et qui, malgré ce nom, n'est presque jamais rose.

La marguerite, passe encor!
Ah! l'anémique marguerite au cœur jonquille,
   Qu'interroge la jeune fille
Et qui fleurit dans les cheveux d'ébène et d'or.

Mais il y a la violette
Qu'on dit simple et timide et qui va se doublant,
   Avec, après elle un relent
De parfumeur ou de cabinet de toilette!

Mais il y a, mais il y a
Le dahlia, plus régulier qu'une caserne,
   Qu'un hôtel vide et sans lanterne,
Le dahlia, ce grand cochon de dahlia!

Bien que je sois un peu poète,
Je suis bon et ne peux faire aucun mal aux fleurs,
   Je suis de l'avis de l'auteur
Qui dit dans un langage étranger, mais honnête :

Qu'il ne faut point battre — ô douceur! —
Une femme avec une fleur : — c'est très logique —
   Et je prends une bonne trique,
Pourtant, je vous l'ai dit, je n'aime pas les fleurs.

SOLILOQUE DU CHAUVE

Ils s'en sont allés loin — bien loin! —
Les fauves arbres capillaires,

Où les doigts fleurtaient, sans témoin,
Des maîtresses aux mains légères.

Pour chausser d'autres crânes nus,
Appartenant à de gros maîtres,
Peut-être sont-ils devenus
Perruques... peut-être hygromètres...

Il est quatre heures du matin
Sur le boulevard de mon crâne,
Le Temps, balayeur à tous crins,
En a fait la surface plane

Et blanche que vous la prendriez
Pour du marbre très véritable
Et que, Madame, vous voudriez
Y faire dresser votre table.

S'il s'y trouvait quelque élément
Issu d'une capillature,
Ah! n'en cherchez pas vainement
Près de moi la manufacture...

Il est quatre heures du matin
Sur le boulevard de mon crâne,
Le Temps, balayeur à tous crins,
En a fait la surface plane

Et polie ainsi qu'un miroir
À ce point que l'on peut, ma chère,
En se penchant dessus, y voir,
Qu'on se ressemble comme un frère.

Et quand je vais de par la nuit,
La tête nue, il s'y reflète
Tant d'étoiles que l'on me suit
Et me prend pour une comète.

Il est quatre heures du matin
Sur le boulevard de mon crâne,
Le Temps, balayeur à tous crins,
En a fait la surface plane

Et nue autant qu'un Sahara
Sans oasis ni caravane,
Où jamais rien ne poudroiera
Que le soleil, ô ma sœur Anne !

Déserte comme l'Odéon...
On y peut glisser sur la glace,
On y dort pas sur le gazon,
Il en reste à peine la place...

Il est quatre heures du matin
Sur le boulevard de mon crâne,
Le Temps, balayeur à tous crins,
En a fait la surface plane.

Il y vient errer quelquefois
L'âme des mains de mes amantes
Effeuillant jadis sous leurs doigts
Le pavot des caresses lentes...

Allez, courez vers d'autres bois,
Mains anciennes, mains de rêve,
Le joli Mai, le joli mois,
Sur ma tête s'est mis en grève.

Chansons d'humour

Victor Meusy

LE FROMAGE

Comme ils sont ingrats les hommes,
Les uns chantent le picton,
D'autres le jus de leurs pommes,
D'autres enfin le houblon.
Mais aucun ne rend hommage
À cet enchanteur divin ;
Qui donc pourrait, sans fromage,
Goûter bière, cidre ou vin ?

Refrain :

Fromage ! Poésie !
Bouquet de nos repas.
Que sentirait la vie *(bis)*
Si l'on ne t'avait pas ?

Quand la gentille ouvrière
Prend son repas à midi,
C'est un morceau de Gruyère
Qui lui tient lieu de rôti.
Au printemps, bonheur suprême !
Avec les fruits du fraisier,

C'est le fromage à la crème
Qu'on savoure à l'atelier.

Dans le Chester sec et rose
À longues dents l'Anglais mord.
Les gens à l'humeur morose
Prennent la Tête de mort.
Celui que l'enfance adore
C'est le fromage fouetté.
Le gras et jaune Mont-Dore
Des financiers est goûté.

Au temps de la canicule,
Dans son assiette étouffant,
Le Livarot gesticule
Ou pleure comme un enfant.
Le doux et tendre Marole
Vous suit dans l'appartement ;
Il lui manque la parole,
Mais il a le sentiment.

Hélas ! jamais je n'oublie
Le temps où je déjeunais
Avec un morceau de Brie,
De l'amour et du pain frais.
Rose me dit à l'oreille :
« Dans ce temps-là vous étiez
« Plein d'une ardeur sans pareille,
« Monsieur… si vous y goûtiez. »

Que de pays tirent gloire
D'un fromage renommé.
L'Olivet vient de la Loire,
Des Vosges le Géromé ;
À l'air vif de Normandie
Le Camembert devient fort ;

Au sud le nord te mendie
Délectable Roquefort !

Au banquet diplomatique
Il faut choisir son morceau ;
Tout est de la politique,
Un fromage est un drapeau.
Vous mécontentez le Russe
Si vous prenez du Chester
Et vous irritez la Prusse
En repoussant le Munster.

   Fromage ! Poésie !
   Bouquet de nos repas !
   Que sentirait la vie *(bis)*
   Si l'on ne t'avait pas ?

Chansons d'hier et d'aujourd'hui

Léon Xanrof

L'ASSOCIÉ

Quand les bourgeois sont endormis,
Monsieur ronfle avec le bras mis
Au cou de Madame, un peu grasse ;
Dans la chambrette d'à côté,
Soufflant avec difficulté,
Leur associé fait la basse !

Quand les bourgeois sont éveillés,
Habillés et débarbouillés,
À la boutique ils vont, sans trouble.
Madame, qui fait le caissier,
Tient les livres ; — l'associé,
Près d'elle tient la parti' double.

Quand les bourgeois ont bien vendu,
Ils s'offrent un poulet dodu.
Madame, qui fait le service,
Donne à son mari, — le gourmand ! —
Le croupion avec du blanc ;
Mais l'associé prend la cuisse.

Quand les bourgeois restent chez eux,
Le soir, ils jouent aux petits jeux :
Au trente-et-un — c'est respectable ; —
L'associé, d'un air malin,
Dit parfois : «Je passe la main !»
Mais ne la met pas sur la table.

Et quand les bourgeois sont couchés,
Ils fredonnent, casque-à-méchés,
À leur Leda le chant du Cygne,
Et, dans de pudiques émois,
Tirent des effets à neuf mois, —
Que l'associé contre-signe.

Chansons à rire

LES JARRETIÈRES

I

Le rouge va bien sur le noir. — Quand je m'en irai à Séville — et que j'aurai quatre douros, — j'achèterai des jarretières pour ma belle.

I I

J'achèterai des jarretières rouges, — avec une devise brodée, — et je les attacherai moi-même — sur la cuisse ronde, au-dessus du genou.

III

La fille que j'aime a de la nuit dans les cheveux, — et du soleil sur la peau dorée ; — Ses seins droits ont la pointe sanglante : — Ils ont blessé tant de cœurs...

IV

Ses yeux sont des étoiles noires ; — sa bouche, une grenade mûre et parfumée ; — ses dents, des perles sans tache... — Ce n'est pourtant rien de cela que j'aime.

V

Ce qui me rend fou d'amour, — c'est la courbe gracieuse de sa jambe, — qu'emprisonne la soie noire, — à travers laquelle transparaît la chair rose.

VI

Lorsqu'elle danse le fandango, — et que je l'accompagne sur ma guitare, — toutes les filles sont jalouses d'elle, — et tous les garçons de moi.

VII

Par le Christ ! Lorsque sa jambe nerveuse, — plie et bondit avec des tournoiements, — noire dans l'envolement blanc des jupes, — je deviens fou et ne sais plus ce que je joue.

VIII

En mon cœur s'allume le désir, — et je voudrais enlever ma belle et l'emporter, — la couvrir de caresses folles et troublantes, — et me griser de ses baisers embaumés.

IX

Car ce que j'aime en ma brune, — ce n'est pas le flot noir et plein de reflets de sa chevelure, — ni son œil caché sous la paupière comme une guêpe dans une rose : — C'est la rondeur de sa jambe et la petitesse de son pied.

X

Lorsque j'aurai quatre douros, j'irai à Séville, — et j'achèterai pour ma maîtresse des jarretières, — que je veux attacher moi-même au-dessus du genou. — Le rouge va si bien sur le noir. !

Chansons sans gêne

Gabriel Montoya

NOCTAMBULISME

(Fantaisie en mode mineur)

À mon ami J. Crouzat,
homme rangé.

Je ne sais quelle tarentule
Vient chaque soir me tourmenter !
Vainement je veux m'arrêter,
En me disant : C'est ridicule !
Au démon qui vient te hanter,
Résiste : Je suis Noctambule !

Dans la rue où je déambule
Les bras ballants, les yeux éteints,
On n'aperçoit plus de catins
À la lueur du gaz qui brûle.
Pour moi, frôlant les murs déteints,
Je vais seul : Je suis Noctambule !

Est-ce l'ennui qui m'inocule
Ce besoin fou d'errer le soir
Et de vaguer sur le trottoir,
Dès que paraît le crépuscule,

En redingote, en chapeau noir?
Je ne sais : Je suis Noctambule!

D'où vient que mon esprit ulule
Sinistrement quand vient la nuit,
Au moment d'entrer au réduit
Veuf de meubles et minuscule
Où par ton sein je fus séduit,
Mignonne : Je suis Noctambule!

Et je ressens la tentacule
De l'insomnie où je me tords,
Se raidir contre mes efforts
Et s'avancer quand je recule,
En me criant : Ronge ton mors;
Tu seras toujours Noctambule!

Sur le Boul' Mich'

CONSEILS À UNE FOUGUEUSE

Ainsi tu ne comprends l'amour que volcanique,
Avec des grincements, des éclairs, des fracas
Et tous les tremblements et toute la panique;
Pour le reste, il n'importe et tu n'en fais nul cas.

Tu professes l'horreur des idylles bourgeoises,
Où deux têtes, s'aimant sous un même bonnet,
Pimentent leur bonheur d'allusions grivoises
Et semblent des héros très purs de George Ohnet.

Bien cela. Mais vouloir que, sans raison ni rime,
Ton amant s'exaspère et te prenne aux cheveux,

Et que, les yeux hagards, il te reproche un crime
Inventé, mais dont il exige les aveux ;

Éveiller en son cœur l'horrible jalousie
Et la faire siffler comme un nœud de serpents,
Pour lui verser ensuite, à pleins bords, l'ambroisie
Des renouveaux d'amour et des baisers fervents ;

Tout cela, vois-tu bien, sont des jeux où l'on use
Le soufre incandescent que Dieu nous mit au cœur :
Dès qu'il est consumé, le calcul ni la ruse
N'y peuvent rien, l'amour bat de l'aile et se meurt...

Enfant, de ton coursier calme la frénésie,
Crains les ascensions d'où l'on retombe à plat,
De ton amant suis pas à pas la fantaisie,
Aime-le doucement, comme il t'aime. Et voilà.

Anthologie des poètes de Montmartre

LE VIEUX MODÈLE

(musique de Marie Krysinska)

*À Clovis Hugues,
bon poète d'amour et de miséricorde.*

I

À six mois je posais déjà
Chez un artiste, un vieux goujat

Spécialiste en têtes d'anges,
Pendant qu'il broyait ses couleurs,
Pour me venger, souffre-douleurs,
Je faisais pipi dans mes langes.

II

À trois ans je posais encor
Et je servis même au décor
De plus d'une Sainte-Famille,
À dix ans je posais toujours
Prêtant ma tête à des amours,
Ma tête, mais pas ma guenille.

III

Je posais encore à quinze ans
Lorsqu'un jour mes nichons naissants
Au vieux rapin firent envie.
Il quitta vite ses pinceaux
Bleus, verts, blancs et rouge ponceau,
Et d'un seul coup m'apprit la vie.

IV

Tant que j'eus de la fermeté
Je posai l'hiver et l'été
Des madones parmi des cierges,
Puis je vieillis subitement
Car ça fatigue énormément
De poser pour les Saintes-Vierges.

V

Je fus enceinte, un petit blond,
Mon amant, fit pour le Salon
Un tableau, la *Femme hydropique*,
Mais, décoré du gros crachat,
Le lendemain il me lâcha
En m'appelant : Vieille bourrique.

VI

Depuis ça je bats le trottoir
Et j'appelle, quand vient le soir,
Les messieurs à l'œil plein de morgue ;
Oh ! qui viendra me proposer,
Dans mon ennui, d'aller poser
Un dernier tableau pour la Morgue ?

J'SUIS ROSSE

Pour Yvette Guilbert.

De tout temps l' travail m'a déplu,
C' que j'aim' surtout c'est l' superflu,
J'étais né' pour rouler carrosse,
　　　J'suis rosse !

Vers les dix ans j'ai débuté
Vendant des fleurs les soirs d'été ;

On m' les ach'tait pour mon air gosse
    Et rosse !

J'ai toujours trouvé fatiguant
L'amour et quand un gars fringant
Avec moi veut fair' du négoce,
    J'suis rosse.

Moi j' me laiss' faire et je n'fais rien.
Tant pis pour ceux qui l' trouv' pas bien,
J' leur dis : Me v'là, paie-t'en un' bosse,
    J'suis rosse.

Un garçon coiffeur, ru' d' Poissy
M'offrait son soutien, j'y ai dit : Si
T'attends pour viv' le fruit d' ma noce
    J'suis rosse.

Quand j'aurai soixante printemps,
Après m'êt' payé du bon temps,
J' dirai avec un' moue atroce :
    J'fus rosse.

. . . .

Parfois, j' pense à mes derniers jours ;
Oh ! quand ell' vous d'mand'ra secours,
Dieu, soyez pas pour la pauv' gosse,
    Trop rosse !

LE PROFESSEUR DE MUSIQUE

(musique de Jules Rotys)

À Mme Jeanne Granier.

Écoutez, et sachez comment,
L'an passé, j'appris la musique ;
C'est aussi drôle qu'un roman,
Plus simple qu'un tour de physique.
Notez bien que mon professeur
Était d'abord un tout jeune homme
À la voix pleine de douceur...
Peut-être même un prix de Rome.

Dès le premier jour il me dit :
« Savez-vous bien votre solfège ? »
— « Pas trop. » Alors il répondit :
« Nous l'apprendrons, prenez un siège. »
Et m'asseyant sur ses genoux
Sans que j'y fisse résistance :
« La musique doit entre nous,
Dit-il, supprimer la distance ! »

J'obéis, n'y comprenant rien,
Songeant : « C'est peut-être la mode. »
Lui me dit : « C'est pour votre bien
Que j'adopte cette méthode.
Prenons d'abord la clé de *sol*
Puisque vous n'êtes pas très forte,
Et sans dièze, ni bémol,
Nous ouvrirons la bonne porte ! »

« Comment, fis-je, et la clé de *fa*
L'apprendrons-nous bientôt ? » — « Gourmande.
Un peu plus tard sur le sopha,
Répondit-il à ma demande.
Pourquoi vouloir sauter d'un coup
Par-dessus les préliminaires ?
Cette ardeur nous promet beaucoup
De choses extraordinaires ! »

Et sur la clé de *sol* d'abord
Quelques instants nous appuyâmes,
Exécutant avec transports
Une multitude de gammes ;
Tous les tons et les demi-tons,
Même les gammes chromatiques,
Dans le fourmillement des sons,
Dansaient des rondes fantastiques.

Bref, j'appris, et comme en rêvant,
Grâce à la nouvelle méthode,
Des morceaux longs et d'un savant...
Croyez-moi, l'autre est moins commode,
Car dans une heure j'avais fait,
C'est très fort, mais c'est véridique,
Plus de six fois l'accord parfait...
Depuis, j'adore la musique !

Chansons naïves et perverses

Francis Jammes

SABBAT

Âme curieuse qui souffres
Et vas cherchant ton paradis,
Plains-moi... Sinon, je te maudis!

CHARLES BAUDELAIRE

Le succube verdâtre et le rose lutin
T'ont-ils versé la peur et l'amour de leurs
[urnes?

CHARLES BAUDELAIRE

Le long des longs chemins emplis de scrofulaires,
Près du noir carrefour mordu par les ajoncs,
Goules, gnomes, caracolant sur des cochons,
Viennent dans la terreur des cieux crépusculaires.

Ils vont très lentement, sans rimes ni chansons,
Fouettant les houx sanglants de leurs mamelles flasques.
Ils vont très lentement, ces fils verts des bourrasques,
Et parfois, sous leurs pieds, filent des hérissons.

Ainsi qu'un chevreau mord la vigne aigre, âpre, amère,
Le Succube excevant aux bras d'ambre et de lait,

Étirant son échine et crispant son mollet,
Broute le chèvrefeuille à l'odeur éphémère.

Et la Reine a huit ans qui sur la mousse dort,
Ayant entre ses seins de pâles lucioles,
Tandis que, traversant les lianes des saules,
Un doux rayon de lune erre à son ventre d'or!

(*Le Chat Noir*, 10 décembre 1887)

Raoul Ponchon

L'ABSINTHE

Absinthe, je t'adore, certes !
Il me semble, quand je te bois,
Humer l'âme des jeunes bois,
Pendant la belle saison verte !

Ton frais parfum me déconcerte.
Et dans ton opale je vois
Des cieux habités autrefois,
Comme par une porte ouverte.

Qu'importe, ô recours des maudits !
Que tu sois un vain paradis,
Si tu contentes mon envie ;

Et si, devant que j'entre au port,
Tu me fais supporter la Vie,
En m'habituant à la Mort.

LA SOUPE À L'OIGNON

À Jean-Pierre Richepin.

Quel est ce bruit appétissant
Qui va sans cesse bruissant?
On dirait le gazouillis grêle
D'une source dans les roseaux,
Ou l'interminable querelle
D'un congrès de petits oiseaux.
Mais cela n'est pas. Que je meure
Sous des gnons et sous des trognons,
Si ce ne sont pas des oignons
Qui se trémoussent dans du beurre!

Hein! qu'est-ce que Bibi disait?
Et ce bruit sent bon — qui plus est.
C'est à vous donner la fringale.
Traitez-moi de syndic des fous,
Je n'en connais pas qui l'égale.
«Et pourquoi faire — direz-vous —
Met-on ces oignons dans le beurre?»
Pourquoi faire?... triples couyons,
J'espère... une soupe à l'oignon.
Vous allez voir ça tout à l'heure!

Je m'invite, n'en doutez pas.
Et j'en veux manger, de ce pas,
À pleine louche, à pleine écuelle...
Ne me regardez pas ainsi,
C'est ma façon habituelle.

La soupe à l'oignon, Dieu merci !
Ne m'a jamais porté dommage.
Ainsi, la mère, encore un coup,
Insistez, faites-en beaucoup,
Et n'épargnez pas le fromage.

Elle est prête ?... Alors, on s'y met.
Ô simple et délicat fumet !
Tous les parfums de l'Arabie
Et que l'Orient distilla,
Ne valent pas une roupie
De singe, auprès de celui-là.
Et puis !... quel fromage énergique !
File-t-il, cré nom ! file-t-il !
Si l'on ne lui coupe le fil,
Il va filer jusqu'en Belgique !

On me dirait dans cet instant :
« La Fortune est là qui t'attend.
Laisse-là ta soupe et sois riche. »
Que d'un cran je ne bougerais.
Qu'elle m'attende, je m'en fiche !
En vérité, je ne saurais,
Quand elle passerait ma porte,
Manger deux soupes à la fois,
Comme celle-ci. Non, ma foi.
Alors, que le diable l'emporte !

Assez causé. Goûtons un peu
Cette soupe, s'il plaît à Dieu !
Cristi ! Qu'elle est chaude, la garce !
Autant pour moi ! Où donc aussi,
Avais-je la cervelle éparse ?
Sans doute entre Auteuil et Bercy...
Elle ne m'a pas pris en traître
Sais-je pas sur le bout du doigt,

Que toute honnête soupe doit
Être brûlante ou ne pas être?

Qu'est-ce à dire? Je m'aperçois
Que j'en ai repris quatre fois.
Parbleu! je n'en fais point mystère.
Mais j'en veux manger tout mon soûl.
Quatre fois! peuh! la belle affaire!
J'en reprendrais bien pour un sou.
Dussé-je crever à la peine,
Je n'aurai garde d'en laisser.
Et ne croyez pas me blesser,
En m'appelant «vieux phénomène»...

Allons, bon!... Il n'en reste plus!
Et bien, alors, il n'en faut plus.
Ayons quelque philosophie.
Une soupe se trouvait là...
Elle n'est plus là... C'est la Vie!
Que voulez-vous faire à cela?
La soupe la plus innombrable
Finit tôt par nous dire adieu.
Et je ne vois guère que Dieu,
Finalement, de perdurable.

La Muse au cabaret
© Grasset

POUR CAUSE D'ÉDILITÉ
PUBLIQUE

Marchez toujours, braves édiles,
Et ne vous attendrissez pas

À ces larmes de crocodiles,
Sortez vos mètres et compas.

Allez-vous perdre vos séances
Si fructueuses pour Paris
À écouter les doléances
Des Baucharts et des Champoudrys ?

Que vous importent les idées
De tel minable gazetier ?
Les vaches seraient mieux gardées
Si chacun faisait son métier.

Vous êtes en terre conquise ;
Paris est vôtre. Vous pouvez
Le sabouler à votre guise
Et le sillonner de tramways.

Des tramways aux Champs-Élysées,
Ô conseillers municipaux !
Des omnibus sur nos croisées
Et des gares dans nos chapeaux !

De l'utile, quoi ! le plastique
N'intéresse plus que Mirbeau.
Est-ce que notre République
Se soucia jamais du beau ?

Dans Paris tel que je le rêve
Il n'est un pouce de terrain
Où quelque immeuble ne s'élève,
Où ne passe un tram ou un train.

Ah ! sous ce rapport-là, Lutèce
Est en retard sur Chicago ;

Consultez plutôt la princesse,
Voyez ce qu'en pense Rigo.

Hé! que tardez-vous davantage
À remplacer nos monuments
Par des maisons à vingt étages!
À quoi bon les vains ornements?

Vous n'avez pas de temps à perdre,
Si vous voulez qu'en dix-neuf cent
Paris soit à la hauteur… Merdre!
Il ne vous reste que trois ans.

Vite, mettez les maçons doubles,
Comme les charpentiers aussi :
Croyez que ça n'est pas les roubles
Qui vous manqueront, Dieu merci!

Plus de jardins, d'arbres, de squares!
Ça tient trop de place, vraiment,
Et qu'y voit-on? sinon des poires
Taper sur le gouvernement!

Que si le vert désir nous gagne
De voir des arbres, du ciel bleu,
Foutons le camp à la campagne :
Il n'en manque pas, nom de Dieu!

Rasez ce préjugé gothique,
Notre-Dame, et flanquez-y moi
Une bonne école laïque,
C'est d'un bien plus moderne emploi.

Rasez-moi ce Louvre en ribote
Qui tient la place d'un faubourg :

Nous avons le legs Caillebotte
Qui nous suffit, au Luxembourg.

Des casernes et des mairies
Vlà les monuments qu'il nous faut,
Avec, pour les charcuteries,
L'horrible et rougeâtre échafaud.

Et, comme du bonheur la source,
— Si pour les Grecs vous palpitez —
Gardez ces temples grecs, la Bourse
Et la Chambre des Députés.

Maintenant, vous feriez la joie
À coup sûr de vos électeurs
Si vous faisiez, à claire-voie,
Passer les égouts collecteurs.

Recommandations dernières :
— On gueulera mais on paiera —
N'oubliez pas les pissotières
Sur les marches de l'Opéra.

Mais surtout des trams électriques,
Hein ? des tubes, des rails, des fils
Télégraphiques et phoniques,
Sans vous attarder aux périls.

C'est alors qu'on vous dira : flûte !
Allons-nous-en. Tandis que vous,
Dans cette chevelure hirsute,
Régnerez en paix, vilains poux !

(*Le Journal,* 22 mars 1897)

Fred.

LE GOSSE FRISÉ

À Sully Prudhomme.

Délicat comme une verveine,
Frais et charmant comme un amour,
Le petit enfant se promène
Dans les jardins du Luxembourg.

Une merveilleuse frisure
Orne son front superbe et pur,
Et, rayonnant en sa figure,
Ses yeux sont clairs comme l'azur.

Il marche, nature chétive,
Sous la surveillance attentive
De celle qui guide ses pas ;

Il ne peut souffrir qu'on l'effleure,
Et quand on le caresse, il pleure...
Il est frisé : n'y touchez pas !

(*Le Chat Noir*, 15 septembre 1894)

Léon Durocher

CERCLE LITTÉRAIRE

(Impressions de province)

Avant dîner : «Garçon! quinze absinthes!... pour moi :
C'est ma tournée. — Allons! faut pas que ça s'évente :
Videz!... C'est à mon tour. Quinze vermouths! — Il
[vente!
Faut du lest. Quinze *idem!*...» On trinque avec émoi...

«Bon! quinze bocks, tirés d'une façon savante...
On a dîné. — Garçon! quinze fines. — Ma foi!
Quinze chartreuses. — Hop! quinze rhums : c'est la
[loi!
— Quinze kirschs! — Quinze grogs!... Hein? ça vous
[épouvante?...

— Quinze! Quinze!...» Et lorsque à cinq heures du
[matin
On est rentré d'un pas sinueux, serpentin,
En traitant le poteau qu'on heurte de : «Vieux frère!...»

Et lorsque après avoir embrassé l'escalier,
On rote sur sa femme en train de sommeiller :

« D'où viens-tu ? — Bé ! je viens... du... *cercle*...
[*littéraire.* »

(*Le Chat Noir*, 15 février 1890)

VIVENT LES LOUPS !

À Léon Cladel.

I

Les loups ont d'étranges idées :
Dans leurs prunelles décidées
Ça se lit, ils comprennent mal
Que l'on doive, souple machine,
Devant le fouet courber l'échine,
Dès qu'on vous traite d'animal,
Aux chiens ils laissent le servage ;
Nuls colliers ne pèlent leurs cous.
Ils ont au ventre un cœur sauvage...
        Vivent les loups !

II

Ils ne savent lécher personne :
Ils ont peur qu'on ne les soupçonne
De sortir de la basse-cour.
Ils vont le front haut sous les chênes ;
Et lorsqu'ils acceptent des chaînes,

C'est qu'en leurs flancs rugit l'amour.
Or le feu qui brûle leurs fibres
Ne rend jamais leurs muscles mous.
Ils sont humains, mais restent libres...
    Vivent les loups!

III

Les loups sont d'âpres réfractaires :
Et quand ces rêveurs solitaires,
Que le vent grise de chansons,
Tombent sur l'herbe, par le crime
Du chasseur qui pour une prime
Fait feu derrière les buissons,
Prêts à dormir leur dernier somme,
Sans fureur, sans regrets jaloux,
Ils meurent en méprisant l'homme...
    Vivent les loups!

(*Le Chat Noir*, 29 mars 1890)

George Auriol

POÈME FUGACE

J'ai mis le Surplus de mon Trop
Dans le Néanmoins de ton Pire;
Avec des airs de maëstro,
J'ai mis le Surplus de mon Trop.
Un cheval passait au grand trot,
Nous étions encor sous l'Empire...
J'ai mis le Surplus de mon Trop
Dans le Néanmoins de ton Pire.

(*Le Chat Noir*, 17 août 1889)

BERCEUSE

Le soleil viendra demain — Faire fleurir les jasmins;
— Moi, je chante une chanson — Pour bercer mes
nourrissons : — Tourne, tourne mon moulin, — Et
tourne jusqu'à demain !

Mon père était un marin — Et moi je file le lin ; —
Pour endormir les enfants, — Je chante tout en filant : —
Tourne, tourne mon moulin, — Et tourne jusqu'à
demain !

Un autre est marin aussi — Que je voudrais voir ici ;
— Je pense à lui bien souvent — Quand j'entends souf-
fler le vent... — Tourne, tourne mon moulin, — Et
tourne jusqu'à demain !

J'ai de jolis bonnets blancs, — Des croix d'or à l'ave-
nant ; — Mais mon cœur vogue sur l'eau — À la suite
du bateau... — Tourne, tourne mon moulin, — Et
tourne jusqu'à demain !

Je chante cette chanson — Pour bercer mes nourris-
sons ; — Quand mon ami reviendra. — Le curé nous
mariera ! — Tourne, tourne mon moulin, — Et tourne
jusqu'à demain !

(*Le Chat Noir*, 2 mars 1889)

MANUFACTURE DE SONNETS

À Alphonse Allais.

Grâce à l'extrême obligeance de M. Charles Chin-
cholle qui a bien voulu nous servir de pilote, nous
avons pu, mon secrétaire H. Jouard et moi, visiter,
samedi dernier, la *Manufacture Nationale de Sonnets de
l'avenue Trudaine*.

S'il est peu de personnes qui connaissent M. Ch. Chincholle comme je le connais, il en est bien peu aussi, à mon humble avis et à celui de M. H. Jouard, qui puissent se vanter de connaître la *Manufacture Nationale de Sonnets.*

J'avoue que pour ma part je ne la connaissais nullement avant d'y être allé, et je suis persuadé que M. H. Jouard serait prêt à lancer la même affirmation s'il y était invité par n'importe qui — MM. Gustave Kahn et Georges Vanor exceptés.

Actuellement la *Manufacture Nationale de Sonnets* n'occupe pas moins de 1 200 personnes — hommes et femmes — répandus dans cent ateliers, à la tête de chacun desquels se trouve un contremaître.

L'atelier des *Rimes,* qui est le plus considérable de tous, est composé d'employés subalternes dont l'unique occupation consiste à trier des rimes et à les distribuer dans des casiers assez semblables aux casses des typographes. M. Ch. Chincholle ayant manifesté le désir de posséder quelques rimes en *cholle*, le jeune sous-directeur lui fait remettre la collection complète le plus gracieusement du monde.

Après avoir minutieusement inspecté l'atelier des *Rimes*, nous pénétrons dans une salle basse où quelques individus assez sordides jouent aux cartes en fumant leur pipe et en absorbant des boissons variées.

— Ce sont les poètes à la *Lune*, nous dit complaisamment M. Chincholle. Ceux-ci ne travaillent que le soir ; ils opèrent au 1er étage, dans un local à claire-voie qui leur permet de contempler le ciel à leur aise. Ces ouvriers, paraît-il, se font parfois jusqu'à 18 et 20 francs par jour, le *sonnet à la lune* étant très demandé actuellement dans l'Amérique du Sud, où il avait été totalement ignoré jusqu'à ce jour. Le Guatemala, à lui seul, en consomme plus de 10 000 par mois.

Les *sonnets printaniers*, qui font fureur en Russie, se composent dans une serre ; chaque ouvrier est étendu sur un banc de mousse et des jeunes filles inspiratrices, en toilettes tendres, leur servent de modèles. Le sonnet printanier est habituellement confié aux débutants ; il s'appelle *sonnet gnan-gnan*, dans l'argot du métier.

Nous pénétrons ensuite dans un grand atelier absolument nu. Ici, chaque ouvrier est isolé par un paravent. C'est la salle des *sonnets du cœur*, lesquels sont très recherchés, nous assure-t-on, de certains collectionneurs. — Chacun de ces sonnets doit commencer par «*mon cœur*». Exemple :

— *Mon cœur est un cerceau crevé par les clownesses.* — *Mon cœur est le valet de cœur de ton désir.* — *Mon cœur est l'hôpital de mes rêves fanés.* — *Mon cœur est le trottoir de vos petits pieds blancs.* — Etc.

La plupart des ouvriers de cet atelier sont myopes. Ils portent les cheveux très longs ; quelques-uns même ont des cravates de dentelle.

Nous passons aussitôt dans le *Hall des sonnets sur commande*. Il est occupé par des ouvriers extrêmement habiles qui confectionnent en moins de cinq minutes des sonnets sur n'importe quel sujet :

Sonnets pour toasts, sonnets pour fêtes, pour anniversaires ou mariages ; sonnets pour dîners d'anciens élèves, pour repas de corps, noces d'argent, fêtes nationales, etc. ; quelques virtuoses arrivent même à composer deux et trois sonnets à la fois. C'est le comble de l'art. Le contremaître nous montre un sonnet destiné à un riche industriel. Il commence ainsi :

Salut à vous, ô vétéran de la bretelle !

Il doit être livré à sept heures précises et remis clandestinement au petit pâtissier qui apportera le vol-au-vent.

D'autres seront expédiés directement à dix heures, dix heures et demie et onze heures. On ne livre plus passé minuit.

Plus loin, s'aperçoit l'équipe des *sonnets impromptus* pour bals, soirées, cabinets particuliers, champs de courses, squares et promenades en voiture...

Ces sonnets sont vendus depuis 5 francs jusqu'à deux louis pièce, avec la manière de les apprendre par cœur, et les variantes pour les différentes couleurs de chevaux.

L'atelier des *sonnets de passion* et des *sonnets orientaux* est plein de femmes ornées ou légèrement voilées, dans des poses absolument lascives. Ces dames sont séparées des ouvriers par un grand mur de cristal, sans lequel la morale ne saurait être sauvegardée.

Il serait trop long de décrire ici la salle des *sonnets décadents*, des *sonnets rustiques*, des *sonnets de famille*, des *sonnets romantiques*, des *sonnets de Lesbos*, et autres.

Les employés attachés à ces différentes spécialités sont soumis à l'amende de 5 francs par hiatus, comme les autres. Ils ont leur dimanche, plus vingt-quatre heures tous les mois, et un congé de huit jours, tous les ans, à l'occasion de la *Fête d'Arvers*.

Nous traversons très rapidement l'*École des Pupilles d'Apollon*, qui sont, en quelque sorte, les enfants de troupe de la Poésie, et nous sortons émerveillés.

Je crois que mes lectrices me sauront gré de leur offrir ici même quelques échantillons des produits de cette étonnante manufacture. Le premier appartient à la série des *sonnets rustiques*, le second fait partie des *sonnets d'absinthe*.

VESPRÉE D'AOÛT

Quand la tomate, au soir, lasse d'avoir rougi,
Fuit le ruisseau jaseur que fréquente l'ablette,
J'aime inscrire des mots commençant par des j
Sur l'ivoire bénin de mes humbles tablettes.

Parfois, je vais errer sur le vieux tertre où gît
Le souvenir dolent des pauvres poires blettes,
Et puis je m'en reviens, tranquille, en mon logis
Où mon petit-neveu tardivement goblette.

Alors, si le dîner n'est pas encore cuit,
Je décroche un fusil et je mange un biscuit
Avec mon perroquet sur le pas de ma porte ;

Je laisse au lendemain son air mystérieux,
Et mon esprit flâneur suit à travers les cieux
Le rêve qui troubla l'âme du vieux cloporte.

SIX HEURES ET DEMIE

Quand le luxe hautain des carafes frappées
Constelle le faubourg et les grands boulevards,
Oubliant les Ohnets et les François Coppées,
Je vais m'asseoir parmi les estomacs buvards

Qui ruminent de Scholl les grandes épopées.
— Mon Troisfrançois emmi les nobles bolivars
S'aperçoit, au travers des voitures stoppées
Sous le regard éteint des collignons bavards...

Je compte sur mes doigts les trésors de ma bourse,
Tandis qu'au ciel déjà s'apprête la Grande Ourse
Et que, très lentement, mon cigare s'éteint...

Mon cœur se rafraîchit d'un souffle d'azalées,
Et je crois voir passer dans le Quartier Latin
Le lapis-lazuli des sources en allées.

Ces deux pièces sont absolument parfaites. Je crois du reste pouvoir, grâce à l'aimable intervention de M. Chincholle, publier dans ce journal quelques autres sonnets du même cru. Les amateurs m'en diront des nouvelles.

(*Le Chat Noir*, 8 mars 1889)

Ponvoisin

REPAS D'AMOUR

Je mange
Ton sein
Très saint,
Bel ange.

— Étrange
Dessein ! —
C'est sain,
Ça change.

Enfin
Ma faim
S'est tue ;

Oui, mais
Ce mets
Me tue.

(*Le Chat Noir*, 19 avril 1890)

Jean Pic

NOIR ANIMAL

Tandis que, sous un parapluie, en un fauteuil dont quatre verres étayaient les pieds, — verre et soie isolent, — la douairière écoutait l'orage,

le vicomte, son gendre, lisait.

Navré de la bévue d'un sommelier qui, se trompant de fût, avait décanté dans un baril à vin rouge le blanc 1860, orgueil de la cave, il demandait à la chimie un décolorant.

Et ses yeux s'étaient arrêtés à cette phrase :

« *Le meilleur agent de décoloration est le noir animal, charbon produit par la calcination des matières organiques.* »

Le vicomte lut, relut, regarda sa belle-mère avec intérêt, alla quérir un fil de fer, adapta l'un des bouts à la tige du parapluie, l'autre au paratonnerre du château, et attendit les événements.

Attente brève.

Le tonnerre grondait sans interruption. Un coup retentit, plus crépitant, qui ébranla les murs. Le vicomte accourut. Ça y était : intacte, mais carbonisée.

Il l'étendit sur une nappe. Comme le corps s'effritait,

ce fut un jeu de casser les parties dures, écraser les molles, piler l'ensemble et glisser dans le baril la poudre ainsi obtenue.

Quand, après une heure d'incubation, le vicomte approcha du robinet l'un des verres, — verre et soie avaient été préservés, — une angoisse l'étreignit :

— Le vin coulerait-il blanc ?

Il coula blanc.

— Sans altération de goût ?

Sans altération.

Alors, au souvenir de celle à qui le résultat était dû :

— «*Elle avait du bon*, dit-il, attendri, *il fallait seule-ment connaître la manière de s'en servir.*»

(*Le Chat Noir*, 13 septembre 1890)

Gabriel de Lautrec

CLAIR DE LUNE TRISTE

Sur la terrasse pavée de jade, comme un rêve plus diaphane que les ailes grises et soyeuses des chauves-souris, s'avance la petite princesse, peureuse, aux rayons blancs de la lune.

La lune marche, attristée, à travers les nuages rapides, illuminant le toit des pagodes pensives, et rendant plus nette l'ombre des bosquets.

Sur la terrasse de jade, au pied de laquelle dorment les dragons aux formes chimériques, la petite princesse s'avance, aux froissements furtifs de sa robe de soie.

Oh! dans quel sentier de rêve songe-t-elle à poser ses pieds délicats? Ses yeux noirs, si étrangement agrandis et épeurés par le khol, que regardent-ils dans l'obscurité?

A-t-elle des rêves exotiques et d'une incohérence maladive — de ceux qui nous viennent lorsque au fond de l'âme nous sentons dans toute son intensité le mal de vivre? Le charme musical de ses regards vient-il de la tristesse bizarre de ses pensées?

Songe-t-elle aux pays du soleil? à l'Inde radieuse et brûlante, où la torpeur des longues heures endort les souvenirs anciens, où l'odeur d'ambre des crocodiles monte sous les ombres épaisses des rivages?

Évoque-t-elle, nostalgiquement, les paysages lointains de la vieille Europe, où des scènes d'amour inconnues s'ébauchent sous le feuillage des platanes odorants, et sur le bord des grands lacs?

Les plaines vastes et les steppes désolés de la Sibérie lui sont-ils apparus, et les sapins éternellement frissonnants, et les solitudes immenses où la neige tombe sans fin?

Au-dessus des massifs pleins d'ombre, parmi les grêles et fines découpures des branchages noirs aux fleurs blanches, luisent les toits des pagodes.

C'est une nuit d'été, calme et scintillante; sur les murs éclairés de lune, la silhouette de la princesse se profile, délicate. — Un papillon d'or, immortalité, monte svelte de ses cheveux; et sous ses paupières pleines d'un indécis veloutement, ses prunelles ont le charme de la nuit.

L'eau des bassins, où tombent les feuilles noires, miroite et s'enfonce à l'infini, et sur le calice des fleurs entr'ouvertes pour respirer l'ombre, le souvenir des choses anciennes se pose comme un parfum.

Et l'âme pleine de la nuit et de la vision de l'impossible, aux froissements soyeux de sa robe peinte, sur les degrés de jade s'assied la princesse, et, sans savoir pourquoi, se met à pleurer.

Attristée, à travers les nuages rapides, marche la lune.

(*Le Chat Noir*, 26 avril 1890)   (Signé : G. de Toulouse-Lautrec)

L'ÉLÉPHANT

> L'éléphant est un animal qui mange avec
> sa queue.
>
> MARC TWAIN.

Il n'est pas douteux que l'éléphant ne soit le plus volumineux de tous les animaux domestiques; — et c'est de là que lui est venu son nom.

On sait en effet que cet animal se développe sur les bords des fleuves chauds, et que des nègres dégénérés lui rendent les honneurs divins. — L'éléphant a une vive sympathie pour les soldats, les bonnes d'enfants et autres objets comestibles.

C'est pour cela que l'on place auprès de son habitation quelques palmiers ou autres arbres qui lui rappellent son pays natal.

On a vu plusieurs d'entre eux, transportés au loin, mourir subitement d'une paralysie des cheveux amenée par la nostalgie. Le meilleur traitement, dans ce cas, consiste à prendre la peau de l'animal pour en faire de menus objets, porte-monnaie, porte-carte en peau de crocodile.

On rencontre peu d'éléphants dans les rues de Paris. Également en voit-on très peu, à la suite d'un violent désespoir, se précipiter dans la Seine, du haut du pont des Arts, par une brumeuse nuit de novembre, pour fournir un fait divers aux journaux d'information.

Il est en outre fort rare de voir un de ces respectables animaux, au moment de mourir, recommander à son meilleur ami de répondre aux quelques tailleurs porteurs de notes posthumes, — qu'il est mort depuis onze jours, sans laisser de parents responsables.

L'éléphant est un animal capable de grands dévouements. Personne n'a oublié la tentative, infructueuse du reste, qui fut faite, pendant le siège de Paris, de l'emploi des éléphants du jardin d'Acclimatation pour la direction des ballons.

L'éléphant ne se reproduit pas en captivité. On a vu de ces animaux observer le célibat le plus rigoureux pendant plusieurs générations.

L'éléphant est un animal de mœurs paisibles et douces. — La preuve, c'est qu'on dit toujours «paisible et doux comme un éléphant» — Or, «l'éléphant» est précisément un animal de mœurs paisibles et douces.

(*Le Chat Noir*, 7 janvier 1893)

TOURNOI

Tous les chevaliers connus
Pour ma dame sont venus.

Sous son casque d'or à trèfle
Voici le valet de trèfle.

Ma tristesse, oiseau moqueur,
C'est le chevalier de cœur.

Au balcon de l'ironique
Chante l'écuyer de pique ;

Mais le valet de carreau
Est resté sur le carreau.

Bonnes gens, ces gens sont fous ;
Au couvre-feu couchez-vous.

Tout à l'heure, adieu flamberge,
Ils iront boire à l'auberge ;

Et chacun sera nargué
Par le chevalier du guet.

(*Le Chat Noir*, 29 juillet 1893)

POUR L'ÉTONNÉE

Quand de tes yeux grands et tristes — Tu voulus me
regarder, — Tu me dis : Cher pessimiste, — Songez-
vous à vous garder ?
Je souriais pris au charme — De cet avril mensonger ;
— Un rire est le cri d'alarme — Qui m'avertit du danger.
Un aveu, celui dont l'âme — Est une aile à manier.
— S'envolait ; — oh quelle gamme — Montera du
pigeonnier !
Toutes lèvres vers tes lèvres — Peu veut bien se
déranger... — Des porcelaines de Sèvres — Décoraient
le mur léger.
Erre en mes campagnes folles — Un fou, très triste et
très beau... — Tes regards sont des symboles, — Et ton
sourire, un flambeau !
Il demande qu'on l'assiste ; — L'abriteras-tu demain
— Dans l'abri profond et triste, — La nuit rose de ta
main ?
Ce fou, sans reine ni maître, — Quand il eut, hier

moqueur, — Trop chanté pour ta fenêtre, — Chante aujourd'hui pour ton cœur.

MAINS ROYALES

Un roi pencha vers le berceau sa barbe majestueuse et ses yeux très doux. — Maintenant, il s'éloigne, insoucieux, sous son beau manteau de cour. Mais, ô le vase d'or plein de pierres luisantes, oublié devant la couche en vieux bois poli par le temps! — L'enfant ne pourrat-il pas payer un royaume d'Inde fabuleuse avec cet or?

L'autre vieillard avait le visage lamentable de ceux qui ont jadis pleuré. — Des cassolettes, à son entrée, répandirent leurs nuages vers les poutres et les araignées frileuses. C'était l'encens. Des hommes suivaient, qui portaient, dans des coffrets de santal, d'autre encens, en poussière grise à gros grains. — Ce fut le temple après le palais. — Sur la paille on déposa les coffrets rares, revêtus de vieux velours terne. — On eût pu, de cet encens, parfumer comme une corolle toutes les heures futures du nouveau-né.

Et la myrrhe, c'est le tombeau. — Les mains lasses du dernier roi tremblaient de son long voyage au crépuscule, les étoiles auraient jalousé la beauté triste de son présent. Un cri nocturne l'avait salué au départ, du haut des villes natales. Ce fut le roi qui portait la myrrhe dont on embaume les morts; ce fut l'enfant qui devait ouvrir, aux morts embaumés de myrrhe, la porte du fond du tombeau.

PRIÈRE

Tu te tiens sur le seuil du temple et nul ne peut t'approcher ; c'est toi qui rassembles les nuages et qui crées le magique horizon toujours nouveau.

Ô chimère, le premier des dieux !

Pour te rendre bonne souverainement, en l'offrande éternelle et vaine, voici que nous refusons l'encens et les urnes à d'autres autels.

Nous te sacrifierons volontiers, ô chimère, les choses qui sont la vie. — Nous te donnerons notre jeunesse et tout ce qui souffre d'aimer.

Puis l'enfant amour lui-même, avec sa légère bouche d'ombre et ses membres suppliants.

Ô chimère, le premier des dieux !

CHANSON OPPORTUNE

Ce furent d'abord, Madame, vos yeux ; fermons la fenêtre, voulez-vous, nous serons bien mieux pour causer. Je ne sais pas pourquoi nous avons un hiver si triste. Ce furent d'abord, Madame, vos yeux. — Mais, si peu, vos yeux. — Des lanternes rouges d'omnibus passent sur le boulevard.

Puis ce fut ta chair, mais toute ta chair. Et quand mes caresses te touchèrent, il me sembla sculpter dans l'or malléable de tes formes, une statue de joie. — Puis, ce fut ta chair, mais si véritablement ta chair, — que tous les vieillards les yeux s'en bouchèrent.

Puis ce fut ton cœur, mais si peu, ton cœur! Ton cœur est comme un grand théâtre, avec des musiques, du rouge et des flambeaux. — Et des femmes disent avec de beaux gestes de beaux vers sans âme, et des amoureux sont au balcon, ainsi que d'autres dames, toutes ces dames au balcon! Ma mélancolie a noué son masque, et des violons chantent l'air moqueur : puis, ce fut ton cœur, mais, si peu, ton cœur.

L'URNE

Du temps que je n'étais qu'une argile informe, dans la colline, sous les ruisseaux, la main du potier me tira de ma nuit d'érèbe pour me faire contempler la lumière dorée du soleil — maintenant, je suis une urne aux flancs bruns et luisants, et l'on peut me confier les olives, l'huile, la pourpre, les parfums, et la cendre divine des morts.

Poèmes en prose

Jean Goudezki

L'AVERSE

Sous les saules de l'abreuvoir
Vont les vaches noires et blanches ;
Le vent courbe les hautes branches ;
Le ciel est sombre ; il va pleuvoir.

Quand l'averse vient, elles tendent
Leurs mufles poilus, et les yeux
Tout grands ouverts, insoucieux,
En ruminant, elles attendent.

Heureux de vivre entre deux eaux,
Devant les mammifères calmes
S'en viennent, à grands coups de palmes,
Des canards parmi les roseaux.

Elles, de leur regard stupide,
Suivent gravement leurs efforts
Et semblent les trouver très forts
Lorsque d'un mouvement rapide

Leurs têtes aux reflets d'argent
Plongent, des minutes entières,

Et les bonnes vaches laitières,
Très curieuses, allongeant

Le cou par-dessus la barrière,
Se demandent comment ils font
Pour se tenir, la tête au fond,
Avec — tout en haut —, leur derrière.

(*Le Chat Noir*, 2 mars 1889)

SONNET OLORIME

À Alphonse Allais.

(Invitation à venir à la campagne prendre
Le frais, une nourriture saine et abondante,
Des sujets de chroniques et des *bitures*.)

Je t'attends samedi, car, Alphonse Allais, car
À l'ombre, à Vaux, l'on gèle. Arrive. Oh! la campagne!
Allons — bravo! — longer la rive au lac, en pagne;
Jette à temps, ça me dit, carafons à l'écart.

Laisse aussi sombrer tes déboires, et dépêche!
L'attrait : (puis, sens!) une omelette au lard nous rit,
Lait, saucisse, ombres, thé, des poires et des pêches,
Là, très puissant, un homme l'est tôt. L'art nourrit.

Et, le verre à la main, — t'es-tu décidé? Roule —
Elle verra, là mainte étude s'y déroule,
Ta muse étudiera les bêtes et les gens!

Comme aux Dieux devisant, Hébé (c'est ma
[compagne)…
Commode, yeux de vice hantés, baissés,
[m'accompagne…
Amusé, tu diras : «L'Hébé te soule, hé ! Jean !»

À LA CAMPAGNE

Un poète est à la campagne. Il va enfin respirer loin des tracas de la vie parisienne. Il se trouve au bord de la mer, au bord d'une grève merveilleuse, et son étonnement s'exprime par des points d'exclamation. Et, plus loin, les champs de blé, qui sont l'espoir de richesses, s'endorment au souffle berceur de la brise du soir.

Ô
Trève
Brève
Au

Haut
Rêve !…
Eau !
Grève !…

Là !
La
Plaine

Dort,
Pleine
D'or.

AUTOMNE

Qui qui rime souvent avec : vingt ans ?
    C'est le Printemps ;
Qui qui rime parfois avec : Beauté ?
    C'est l'Été ;
Qui qui n'inspire pas beaucoup de vers ?
    C'est l'Hiver ;
Mais qui qui rime toujours, et toujours, avec : monotone ?
    C'est fichtre bien l'Automne !

Hercule ou la vertu récompensée

CHOSES D'AFRIQUE

(extrait)

On m'a vanté l'Algérie et la Tunisie.
Or, n'étant pas de ceux qui prennent l'Helvétie
Pour des lanternes, sur la foi des Baedekers,
J'ai voulu voir, j'ai vu le pays des moukers.

J'en aurais pu tirer des récits pittoresques…
À quoi bon ? les récits passent — et les mauresques —
Aussi, tout simplement, j'ai noté, sans souci
Des arrières neveux de mon oncle, ceci :

Il était une fois une terre splendide…

Septembre 1894.

LA SOUMISSION DE BÉHANZIN

(extrait)

Lorsqu'avec ses enfants vêtus de peaux de balle,
Béhanzin fut parti, sans tambour ni cymbale,
Du côté du désert où sont les éléphants,
Voyant son front chargé de pensers, ses enfants
Lui dirent : «Ô seigneur, quel chagrin te dévore?
Parle-nous.» Béhanzin répondit : «Pas encore :
Car le moment n'est pas venu d'être disert,
Et je vous pousserai ma romance au désert.»
. . . .

IMPRESSIONS DE DIMANCHE

Le dimanche, je rencontre sur mon chemin
Des couples de bourgeois qui traînent par la main
Ou poussent devant eux de petites victimes,
Produit de leurs amours graves et légitimes,
Et qui vont prendre l'air, lentement, quelque part.

Mais j'en rencontre aussi qui n'ont point de poupard,
Soit que leur prévoyance ou l'ingrate nature
Leur aura refusé toute progéniture,
Ou que Dieu n'aura pas béni leur union.
— Je crois que c'est plutôt là leur opinion. —

Le bourgeois, a-t-on dit souvent, à la légère,
Est solennel et gras et bête. On exagère.

Ces gens sont tantôt gras, tantôt maigres, tantôt
Bons enfants comme des petits rois d'Yvetot —
Ou graves, tels des présidents de République —;
On en trouve d'intelligents, quand on s'applique,
Comme il est vrai, d'ailleurs, que l'on m'en a cité
De remarquables pour leur imbécillité.

Or, parfois rafraîchis d'un peu de limonade,
Ils feront des kilomètres de promenade,
Les femmes s'épongeant le front, et les maris
Détaillant savamment les quartiers de Paris,
Jugeant les monuments, leurs moellons et leurs briques,
Récitant à propos quelques mots historiques,
Tout en recommandant aux petits derniers nés
De ne pas se fourrer tant les doigts dans le nez.

Leur conversation, comme on pourrait le croire,
N'est pas du tout méprisable ni dérisoire,
Car on apprend, à les ouïr discrètement,
Ce qu'on ferait si l'on était gouvernement;
Ça vous repose un peu des grands mots, des grands
                                        [gestes,
D'entendre ces petits bourgeois, doux et modestes,
Aussi tranquillement qu'on découpe un rôti,
Guillotiner ceux qui ne sont pas du Parti,
Et, sans vous enfermer dans un tas de dilemmes,
Trancher du premier coup les plus graves problèmes.

Et cela peut instruire un peu les auditeurs
Car, en somme, tous ces gens-là sont électeurs.

Quand ils ont bien marché, longtemps — ça fortifie —
Ils font un demi-tour, avec philosophie.
Piétons lassés, parmi le train des huit-ressorts,
Alors fatalement ils comparent leurs sorts

À celui de ces gros bonnets pleins de galettes,
Et des créatures qui se paient des toilettes
On sait comment, un tas d'inutiles vauriens
Qu'on salue à deux mains et qui ne fichent rien,
Tandis qu'eux passent leurs existences chagrines
À vendre honnêtement de fausses margarines.

Puis, ils rentrent chez eux «pas fâchés de s'asseoir»,
En pensant que leurs fidèles moitiés, ce soir,
Vont mettre, avec amour, dans le nid de l'alcôve,
Des baisers édentés sur leur front moite et chauve.

Chansons de lisières   Octobre 1894.

SONNET DE REVERS

ou l'angoisse d'un ministre déchu

Ma vie à fonds secrets pleure le Ministère,
Le pouvoir éternel en un moment conçu;
Le mal n'est pas mortel et je saurai le taire,
Car, si je fus ministre, on n'en avait rien su.

Ainsi j'aurai passé, ministre inaperçu,
Aussi rampant qu'un ver et non moins solitaire,
Et je vais retourner à mes pommes de terre,
Osant tout demander, mais ayant peu reçu.

L'électeur, quoique Dieu l'ait fait naïf et tendre,
Va peut-être à présent m'oublier sans entendre
Les appels du scrutin placardés sur ses pas.

À l'austère devoir correctement fidèle,
Demain Périer va dire, en lisant la nouvelle :
Quel était ce monsieur ? et ne comprendra pas.

(*Le Chat Noir*, 15 décembre 1894)

LE BAS-BLEU

C'est le Bas-bleu que l'on me nomme,
Bas-bleu qui n'est point femme et n'a
Ni la virilité de l'homme,
Ni la candeur de l'Auvergnat.

Pour moi, l'inconstante compagne,
On a livré plus d'un combat ;
Et pourtant, lorsque mon cœur bat,
C'est la breloque ou la campagne.

Pour dissiper mes longs ennuis,
J'ai, près de moi, toute une garde
De poètes qui, jours et nuits,

De fins madrigaux me bombarde.
Je peux dire : « C'est moi qui suis
La véritable Femme à barde ! »

(*Le Chat Noir*, 5 janvier 1895)

Willy

LA MORSURE

Fable

Un jour un passant débonnaire
Ayant rencontré Georges Ohnet,
Fut mordu, soudain, au poignet,
Par ce romancier sanguinaire;
Il conserva dix mois la trace de ses dents...

Morale

Quand Ohnet mord, c'est pour longtemps.

(*Le Chat Noir*, 29 octobre 1892)

LE MAUVAIS ACCUEIL

Fable

Que nul n'entre chez moi! dit l'auteur du *Trouvère*,
Et, pour faire observer sa consigne sévère,
Il avertit sa bonne, un monstre à traits hideux.

Morale

La bonne à Verdi en vaut deux.

(*Le Chat Noir*, 17 décembre 1892)

AXIOME

pour Georges et Adrien

Sur la terrasse d'un café des boulevards
Un haut tambour-major savourait des absinthes
Et devant lui passaient, enflammant ses regards,
Cocottes ou trottins, toutes plus ou moins peintes.

Lors je lui dis : «Major, dans vos yeux amoureux,
Des vieux Romains je lis le fameux axiome.
— Comprends pas, répond-il. — Eh bien… soyez
[heureux !»

Morale

Si vice passe, hem ! part à bel homme.

(*Le Chat Noir*, 12 octobre 1895)

LA MINE

Fable

Une mine est béante; un champ qui la domine
Glisse et, soudain, s'engouffre avec un long fracas.

Morale

Garde-toi tant que tu vivras
De jucher les champs sur la mine.

Karl Boès

LEIT MOTIVE

À Jacques Le Lorrain.

Ignorant qui je suis, d'où je viens, où je vais,
Même ayant oublié le peu que j'en savais,
— Bleuis, ô Ciel de Mai! Pâlis, ô Ciel d'Automne! —
Et vivant lâchement ma peine monotone,

Étant l'impersonnel et banal Ennuyé,
Fier de n'avoir mon bras sur nul bras appuyé,
— Rosis, Aube de Mai! Soir d'Automne, rougeoie! —
J'aime au hasard, je bois sans soif, je ris sans joie.

Plus de Foi, plus d'Amour, partant plus de chansons!
— Les Nuits d'Automne ont fait fuir, ô Mai, les
[pinsons! —
Et l'on est une goutte au flot des phénomènes,
Passant vague et quelconque en les foules humaines.

— Sanglote, Vent d'Automne! Adieu, Brises de Mai! —
Dogmes auxquels je crus, prunelles que j'aimai;
Laissez-moi, douloureux Antans! La feuille tombe,
Le ciel est gris, acheminons-nous vers la tombe!...

Ainsi que des Encensoirs sacrés, balançons
Rythmiquement et très dévotement les Sons
Et sachons, mon Ennui, d'un soupir monotone,
Pleurer les Ciels de Mai dans les brumes d'Automne.

(*Le Chat Noir*, 1er juin 1890*)*

Jehan Rictus

LE REVENANT

(extraits)

Si qu'y r'viendrait, si qu'y r'viendrait !
Tout d'un coup... ji... en sans façons,
L'modèl' des méniss's économes,
Lui qui gavait pus d' cinq mille hommes
N'avec trois pains et sept poissons.

Si qu'y r'viendrait juste ed' not' temps
Quoi donc qu'y s' mettrait dans l' battant ?
Ah ! lui, dont à présent on s' fout
(Surtout les ceuss qui dis'nt qu'ils l'aiment).

P'têt' ben qu'y n'aurait qu' du dégoût
Pour c' qu'a produit son sacrifice,
Et qu' cette fois-ci en bonn' justice
L'aurait envie d' nous fout' des coups !

Si qu'y r'viendrait... si qu'y r'viendrait
Quéqu' jour comm' ça sans crier gare,
En douce, en pénars, en mariolle,

De Montsouris à Batignolles,
Nom d'un nom ! Qué coup d' Trafalgar !

Devant cett' figur' d'honnête homme
Quoi y diraient nos négociants ?
(Lui qui bûchait su' les marchands)
Et c'est l' Pap' qui s'rait affolé
Si des fois y pass'rait par Rome
(Le Pap', qu'est pus rich' que Crésus.)
J'en ai l' frisson rien qu' d'y penser.
Si pourtant qu'y r'viendrait Jésus,

Lui, et sa gueul' de Désolé !

Eh ben ! moi... hier, j' l'ai rencontré
Après menuit, au coin d'eune rue,
Incognito comm' les passants,
Des tifs d'argent dans sa perrugue
Et pour un Guieu qui s' paye eun' fugue
Y n'était pas resplendissant !

Y n'est v'nu su' moi et j'y ai dit :
— Bonsoir... te v'là ? Comment, c'est toi ?
Comme on s'rencontr'... n'en v'là d'eun' chance !
Tu m'épat's... t'es sorti d' ta Croix ?
Ça n'a pas dû êt' très facile...
Ben... ça fait rien, va, malgré l' froid,
Malgré que j' soye sans domicile,
J' suis content d' fair' ta connaissance.

— C'est vraiment toi... gn'a pas d'erreur !
Bon sang d'bon sang... n'en v'là d'eun' tuile !
Qué chahut demain dans Paris !
Oh ! là là, qué bouzin d' voleurs :
Les jornaux vont s' vend' par cent mille !

— Eud' mandez : «LE R'TOUR D' JÉSUS-CHRIST!»
— Faut voir : «L'ARRIVÉE DU SAUVEUR!!!»

— Ho! tas d' gouapeurs! Hé pauv's morues,
Sentinell's des miséricordes,
Vous savez pas, vous savez pas?
(Gn'a d' quoi se l'esstraire et s' la morde!)
Rappliquez chaud! Gn'a l' fils de Dieu
Qui vient d' déringoler des cieux
Et qui comme aut'fois est sans pieu,
Su' l' pavé... quoi... sans feu ni lieu
Comm' nous les muff's, comm' vous les grues!!!

— (Chut! fermons ça... v'là les agents!)
T'entends leur pas... intelligent?
Y s' charg'raient d' nous trouver eun' turne.
(Viens par ici... pet! crucifié.)
Tu sais... faudrait pas nous y fier.
Déjà dans l' squar' des Oliviers,
Tu as fait du tapag' nocturne;

— Aujord'hui... ça s'rait l' même tabac,
Autrement dit, la même histoire,
Et je n' te crois pus l'estomac
De r'subir la scèn' du Prétoire!
— Viens! que j' te regarde... ah! comm' t'es blanc.
Ah! comm' t'es pâl'... comm' t'as l'air triste.
(T'as tout à fait l'air d'un artiste!
D'un d' ces poireaux qui font des vers
Malgré les conseils les pus sages,
Et qu' les borgeois guign'nt de travers,
Jusqu'à c' qu'y fass'nt un rich' mariage!)

— Ah! comm' t'es pâle... ah! comm' t'es blanc,
Tu guerlott's, tu dis rien... tu trembles.
(T'as pas bouffé, sûr... ni dormi!)

Pauv' vieux, va... si qu'on s'rait amis !
Veux-tu qu'on s'assoye su' un banc,
Ou veux-tu qu'on balade ensemble ?

— Ah ! comm' t'es pâle... ah ! comm' t'es blanc.
T'as toujours ton coup d' lingue au flanc ?
De quoi... a saign'nt encor tes plaies ?
Et tes mains... tes pauv's mains trouées
Qui c'est qui les a déclouées ?
Et tes pauv's pieds nus su' l' bitume,
Tes pieds à jour... percés au fer,
Tes pieds crevés font courant d'air,
Et tu vas chopper un bon rhume !

— Ah ! comm' t'es pâle... ah ! comm' t'es blanc.
Sais-tu qu' t'as l'air d'un Revenant,
Ou d'un clair de lune en tournée ?
T'es maigre et t'es dégingandé,
Tu d'vais êt' comm' ça en Judée
Au temps où tu t' proclamais Roi !
À présent t'es comm' en farine.
Tu dois t'en aller d' la poitrine
Ou ben... c'est ell' qui s'en va d' toi !

— Quéqu' tu viens fair' ? T'es pas marteau ?
D'où c'est qu' t'es v'nu ? D'en bas, d'en haut ?
Quelle est la rout' que t'as suivie ?
C'est-y qu' tu r'commenc'rais ta Vie ?
Es-tu v'nu sercher du cravail ?
(Ben... t'as pas d' vein', car en c' moment,
Mon vieux, rien n' va dans l' bâtiment) ;
(Pis, tu sauras qu' su' nos chantiers
On veut pus voir les étrangers !)

— Quoi tu pens's de not' Société ?
Des becs de gaz... des électriques.

Ho! N'en v'là des temps héroïques!
Voyons? Cause un peu? Tu dis rien!
T'es là comme un paquet d' rancœurs.
T'es muet? T'es bouché, t'es aveugle?
Yaou!... T'entends pas ce hurlement?
C'est l' cri des chiens d' fer, des r'morqueurs,
C'est l' cri d' l'Usine en mal d'enfant,

C'est l' Désespoir présent qui beugle!

— Et Jésus-Christ s'en est allé
Sans un mot qui pût m' consoler,
Avec eun' gueul' si retournée
Et des mirett's si désolées
Que j' m'en souviendrai tout' ma vie.

Et à c' moment-là, le jour vint
Et j' m'aperçus que l'Homm' Divin...
C'était moi, que j' m'étais collé
D'vant l' miroitant d'un marchand d' vins!
On perd son temps à s'engueuler...

Notre dâb qu'on dit aux cieux,
(C'est y qu'on n' pourrait pas s'entendre!)

Notre daron qui êt's si loin
Si aveug', si sourd et si vieux,
(C'est y qu'on n' pourrait pas s'entendre!)

Que Notre effort soit sanctifié,
Que Notre Règne arrive
À Nous les Pauvr's d'pis si longtemps,
(C'est y qu'on n' pourrait pas s'entendre!)

Su' la Terre où nous souffrons
Où l'on nous a crucifiés
Ben pus longtemps que vot' pauv' fieu
Qu'a d'jà voulu nous dessaler.
(C'est y qu'on n' pourrait pas s'entendre !)

Que Notre volonté soit faite
Car on vourait le Monde en fête,
D' la vraie Justice et d' la Bonté,
(C'est y qu'on n' pourrait pas s'entendre !)

Donnez-nous tous les jours l' brich'ton régulier
(Autrement nous tâch'rons d' le prendre) ;
Fait's qu'un gas qui meurt de misère
Soye pus qu'un cas très singulier.
(C'est y qu'on n' pourrait pas s'entendre !)

Donnez-nous l' poil et la fierté
Et l'estomac de nous défendre.
(Des fois qu'on pourrait pas s'entendre !)

Pardonnez-nous les offenses
Que l'on nous fait et qu'on laiss' faire
Et ne nous laissez pas succomber à la tentation
De nous endormir dans la misère
Et délivrez-nous de la douleur
                    (Ainsi soit-il !)

Les Soliloques du pauvre

Franc-Nohain

CANTILÈNE DES TRAINS
QU'ON MANQUE

Ce sont les gares, les lointaines gares,
Où l'on arrive toujours trop tard.

Belle-maman, embrassez-moi,
Embrassez-moi encore une fois,
Et empilons-nous comme des anchois
Dans le vieil omnibus bourgeois.

Ouf, brouf!
Waterpoofs!
Cannes et parapluies...
Je ne sais plus du tout où j'en suis.

Voici venir les hommes d'équipe
Qui regardent béatement en fumant leurs pipes.

Le train, le train que j'entends!
Nous n'arriverons jamais à temps.
(Certainement.)

— Monsieur, on ne peut plus enregistrer vos bagages :
C'est vraiment dommage.

La cloche du départ, écoutez la cloche :
Le mécanicien et le chauffeur ont un cœur de roche ;
Alors, inutile d'agiter notre mouchoir de poche ?

Ainsi les trains s'en vont rapides et discrets :
Et l'on est très embêté après.

LA COMPLAINTE
DE MONSIEUR BENOÎT

Dans sa coquette maison de campagne de Saint-Mandé,
Monsieur Benoît, hier matin, s'est suicidé.

On peut dire que c'est joliment désagréable pour sa
                                                    [famille
Et sans doute aurait-il mieux fait de rester tranquille ;

Avec ça que c'est une fichue existence que je prévois,
Dès lors, pour cette bonne madame Benoît ;

Cette pauvre mademoiselle Benoît est également bien à
                                                    [plaindre,
Elle qui allait épouser un riche industriel de l'Indre ;

Et le fils Benoît, un garçon si rangé et si travailleur...
Faut-il qu'il y ait des gens, tout de même, qui ont du
                                                    [malheur !

Le plus désolant, c'est que c'est encore une histoire de
[femmes :
Monsieur Benoît était d'un naturel léger, Mesdames...

N'empêche que toute la famille est allée à l'enterrement :
Et il faut avouer qu'il leur était bien difficile de faire
[autrement.

LES CURE-DENTS SE
SOUVIENNENT ET CHANTENT

Sur les tables des restaurants à prix modiques,
Nous sommes les pauvres cure-dents mélancoliques.

Oh, le voisinage écœurant, banal,
De la carafe, peut-être bien pas en cristal,
Et du pot, du petit pot disgracieux, où s'attarde,
Bornibus (sa moutarde ?)

Rêves enchanteurs
De destins meilleurs :
Ah ! devenir comme nos sœurs,
Les plumes fécondes d'un grand auteur !

Mais ce songe n'est que mensonge :
Le dîneur affamé nous ronge,
Éternellement taillés et retaillés — comme des ongles.

Puis parfois le bourgeois en joie
S'offre le régal royal d'une oie ;
Et nous retrouvons, dans le repaire de ses molaires,
La chair, dont il fit sa chère, qui nous est chère.

Alors il nous souvient
Des jours anciens
Et du soir d'automne où quelque servante accorte
Pluma notre pauvre mère, devant une porte :

« En fermant les yeux je revois
« L'enclos plein de lumière,
« La haie en fleurs, le petit bois,
« La ferme et la fermière. »

Comme l'a dit si ingénieusement Hégésippe Moreau.

Sur les tables des restaurants à prix modiques,
Nous sommes les pauvres cure-dents mélancoliques.

SOLLICITUDES

Appétit vigoureux, tempérament de fer,
Membert languit, Membert se meurt — ami si cher...
        Qu'a Membert ?
Hé, Momille, bonjour ! Comment va la famille,
Le papa, la maman ?... Tu pleures, jeune fille ?...
        Qu'a Momille ?
Je viens de rencontrer, allant je ne sais où,
Outchou, le professeur qui courait comme un fou.
        Qu'à Outchou ?

LA ROMANCE DES ROMANCES

À Marie Krysinska.

C'est l'inévitable thème
Des amours troublants, troublants ;
Répéter cent fois : je t'aime !
Les yeux au ciel, blancs, tout blancs.

Ne plus manger, ne plus boire,
Quoique l'on ait soif et faim,
Dire : oh ! ma vie, — un ciboire... —
Y pleurer sans fin, sans fin.

Copier du Sully-Prudhomme
Sur des albums verts, tout verts ;
Et prouver qu'on est un homme
En faisant des vers, des vers.

Avoir des peines, des chaînes,
Et beaucoup de feux, de feux ;
Graver son nom sur les chênes,
Tresser des cheveux, cheveux...

Et puis, comme elle est perfide,
En automne, un soir, un soir,
Se couper la carotide
Avec un rasoir, rasoir.

Inattentions et sollicitudes

> Ah ! comme ça va,
> Comme ça va donc vite,
> Comme ça va donc bien,
> En chemin de fer !...

PRÉLUDE

Nous chanterons le P.-L.-M.
Et, de même,
L'Est,
L'Ouest,
Et le Midi ;
Et nous chanterons aussi,
— Si cela ne vous ennuie,
Honorable compagnie ! —
Nous chanterons encor
Du Nord,
Et de l'État, et d'Orléans, les Compagnies,
(Sans préjudice, bien entendu, de quelques mots
Pour les réseaux
Économiques et départementaux) ;

Car c'est le temps de prendre l'air
En des voyages circulaires :

C'est le temps des chemins de fer.

À la campagne, ou vers des plages, ou vers des thermes,
En d'autres termes

Ailleurs, ailleurs,
Nous allons, pâles voyageurs,
Quérir la santé, la fraîcheur,
Le repos, et le lait des fermes :

Le mouvement est dans les gares,
Car
Le temps est d'aller autre part.
Et nous croyons bon qu'on écrive
Ces chants sur les locomotives
Qui nous mènent à travers champs, —
Nous qui voulons calmer les peines,
En cherchant,
Pour la mettre à portée des gens,
Des pauvres inquiètes gens,
Qui s'agitent, qui se démènent,
Ou se promènent,

La poésie des choses quotidiennes.

SIMPLE LÉGENDE

J'ai rêvé d'une petite gare, dans un pays perdu,
Où personne, jamais personne, ne serait descendu.

Et alors, lorsque le train passe,
Le chef de gare aurait des gestes pleins de grâce,
Et de bons sourires engageants ;
Et tout le personnel serait casquette basse,
Et saluerait même les gens
Qui voyagent en troisième classe...

Mais personne pourtant, jamais,
Personne ne s'arrêterait,

Et l'on verrait aussi paraître
La femme du chef de gare à sa fenêtre,
Blonde, au visage épanoui,
Très accorte
Quoique un peu forte,
Entourée de quatre petits,
Roses et joufflus, pour montrer comme
L'air du pays
Fait aux enfants un bien énorme...

Mais, malgré l'appel accueillant de son visage,
Et l'opulence de son corsage,
On ne s'arrêterait pas davantage.

Puis une fois, une seule fois,
— Ô joie! —
Un gros monsieur aurait ouvert
La portière :
Ce serait une fausse joie.
— Monsieur, soyez le bienvenu!... —
Dirait le chef de gare, étrangement ému.
Mais, en le regardant à peine,
Et sans prononcer un seul mot,
Le gros monsieur repartirait presque aussitôt
Satisfait d'avoir satisfait à l'hygiène...

Personne plus n'est descendu,
Et le chef de gare s'est pendu.

L'ÂNE BLEU

C'est l'histoire d'un âne bleu
Qui était très malheureux :

Il avait mal aux oreilles,
Ça lui bourdonnait dedans,
Avec des douleurs pareilles
À quand on a mal aux dents.

Il s'en fit arracher une,
Il s'en fit arracher des ;
Mais quand il n'en eut plus une,
Comme il était embêté !

Les bourdons qui bourdonnèrent,
C'était les mots aigre-doux,
Les propos que les jaloux
Tiennent de loin, par derrière ;

S'être fait, par infortune,
Arracher toutes les dents ;
Contre ces vilaines gens
N'en pouvoir plus garder une...

Et c'est l'histoire de l'âne bleu,
Qui était si malheureux.

LE SPADASSIN ET L'HORLOGER

Pour un regard, jugé impertinent,
Sur une femme, dont Émile était l'amant,
Ou le parent,
(Peut-être cette femme était-elle une fille,
Une simple fille, cependant ?)
Pour quelques paroles futiles,
Celui que les boudoirs nomment le beau Fernand
A reçu les témoins d'Émile.

Émile est spadassin ; Fernand, pour ses horloges,
                         Bijoutier
                      De son métier,
                  Ne mérite que des éloges ;
C'est lui qui règle les pendules, les répare,
Modère leurs ardeurs, ou prévient leurs retards,
            Les préserve de tout écart ;
            Et prenant sa besogne à cœur,
C'est bien lui qu'on pourrait appeler entre tous :
            — À vous, mon cher Hugues le Roux ! —
            Le véritable Maître de l'Heure...

            Dès les sept heures du matin,
Avec quatre témoins, outre deux médecins,
            L'Horloger et le Spadassin,
            Sur le terrain, l'épée en main,
            Fébriles, en viennent aux mains ;
                      Soudain,
       Froissant l'épée, l'astucieux Émile,
De l'arme de Fernand fait sonner la coquille,
            — Dzinn ! —
       — Comment ! il est déjà le quart !...
       Pense le beau Fernand, à part ;
D'un geste machinal, il a tiré sa montre...
Émile, en profitant, d'une riposte prompte,
       Le transperce, de part en part...

Et c'est ainsi qu'un horloger périt en duel,
Victime de sa ponctualité professionnelle.

LA DERNIÈRE RONDE

Nous n'irons plus aux gares,
Tous les trains sont coupés :
Il s'est bien rattrapé,
Le syndicat Guérard !
Orléans, Saint-Lazare
Et la gare du Nord,
Et Montparnasse encor,
Lyon, l'Est, et Sceaux même, —

Nous n'irons plus aux gares,
Tous les trains sont coupés...

Ah ! que Dieu nous pardonne !
Qu'est-ce que nous ferons :
Rester à la maison, —
(Femme, enfants, et la bonne !... —
Ne plus prendre le train,
Reprendre le train-train,
De la vie monotone...
Comme le temps me dure
De la grande ceinture !
Allons plutôt à pié
Jusques à Saint-Mandé...

Et l'on vendra les rails
À la vieille ferraille,
Et l'on prendra les disques
Pour jouer aux oublies
À un sou la partie :
— Tâche d'en gagner dix !... —

Nous n'irons plus aux gares,
Tous les trains sont coupés :
La belle que voilà
Ira les ramasser. —

La belle qui ramasse
Les trains à bout de bras,
Qui vous épousera
Ne manque pas d'audace !...

Ne manque pas d'audace,
Et même de santé,
(Tu parles !...) ;
Je sais que, pour ma part,
J'aime mieux m'en aller :
Bonsoir, belle ! et bonsoir
Toute la société !...

Nous n'irons plus aux gares...

Chansons des trains et des gares

Georges Fourest

BALLADE EN L'HONNEUR
DE LA FAMILLE TROULOYAUX

pour Laurent Savigny

Posés dans la société,
Ils fréquentent le Tout-Valogne
Et vont à la mer chaque été.
Madame, une grosse Gigogne,
Prononce les Sables-d'Ologne ;
Elle quête à Saint-Balbien :
Elle empeste l'eau de Cologne.
Les Trouloyaux sont des gens bien !

Monsieur cause propriété
(Il a des vignes en Bourgogne).
Une fréquente ébriété
A fait de son nez une trogne :
Aimable comme un chien qui hogne,
Il soigne un mal vénérien
Et flétrit nos mœurs sans vergogne.
Les Trouloyaux sont des gens bien !

ENVOI

Bohème qu'un protêt renfrogne,
Va-nu-pieds, rimeur, propre à rien,
Gueux rongé de poux et de rogne,
Les Trouloyaux sont des gens bien !

(*Le Chat Noir*, 20 mars 1897[1])

REPAS DE FAMILLE

pour Augustin Ruelle

Au bord du Loudjiji qu'embaument les arômes
Des toumbos, le bon roi Kassonngo s'est assis ;
Un m'gannga tatoua de zigzags polychromes
Sa peau d'un noir vineux tirant sur le cassis.

La nuit vient : les m'patous ont des senteurs plus frêles,
Sourd, un matimeba vibre en des tons égaux ;
Des alligators d'or grouillent parmi les prêles,
Un vent léger courbe la tête des sorghos,

Et le mont Koungoua, rond comme une bedaine,
Sous la lune aux reflets pâles de molybdène
Se mire dans le fleuve au bleuâtre circuit :

---

1. Repris avec variantes dans *Le Géranium ovipare*.

Kassonngo reste aveugle à tout ce qui l'entoure,
Avec conviction ce Potentat savoure
Un bras de son grand-père et le juge trop cuit !

(*Le Chat Noir*, 15 mai 1897[1])

---

1. Repris dans *La Négresse blonde*, le poème connaît quelques variantes, notamment, le roi s'appelle Makoko. Il est précédé d'une citation : « Prenez et mangez : ceci est mon corps. » Le titre intégral devient : *Pseudo-sonnet africain et gastronomique ou (plus simplement) repas de famille.*

Erik Satie

CE QUE JE SUIS

Tout le monde vous dira que je ne suis pas un musicien. C'est juste.

Dès le début de ma carrière, je me suis, de suite, classé parmi les phonométrographes. Mes travaux sont de la pure phonométrique. Que l'on prenne le «Fils des Étoiles» ou les «Morceaux en forme de poire», «En habit de Cheval» ou les «Sarabandes», on perçoit qu'aucune idée musicale n'a présidé à la création de ces œuvres. C'est la pensée scientifique qui domine.

Du reste, j'ai plus de plaisir à mesurer un son que je n'en ai à l'entendre. Le phonomètre à la main, je travaille joyeusement & sûrement.

Que n'ai-je pesé ou mesuré? Tout de Beethoven, tout de Verdi, etc. C'est très curieux.

La première fois que je me servis d'un phonoscope, j'examinai un si bémol de moyenne grosseur. Je n'ai, je vous assure, jamais vu chose plus répugnante. J'appelai mon domestique pour le lui faire voir.

Au phono-peseur un fa dièse ordinaire, très commun, atteignit 93 kilogrammes. Il émanait d'un fort gros ténor dont je pris le poids.

Connaissez-vous le nettoyage des sons? C'est assez sale. Le filage est plus propre; savoir les classer est très minutieux et demande une bonne vue. Ici nous sommes dans la phonotechnique.

Quant aux explosions sonores, souvent si désagréables, le coton, fixé dans les oreilles, les atténue, pour soi, convenablement. Ici, nous sommes dans la pyrophonie.

Pour écrire mes «Pièces Froides», je me suis servi d'un caléidophone-enregistreur. Cela prit sept minutes. J'appelai mon domestique pour les lui faire entendre.

Je crois pouvoir dire que la phonologie est supérieure à la musique. C'est plus varié. Le rendement pécuniaire est plus grand. Je lui dois ma fortune.

En tout cas, au motodynamophone, un phonométreur médiocrement exercé peut, facilement, noter plus de sons que ne le fera le plus habile musicien, dans le même temps, avec le même effort. C'est grâce à cela que j'ai tant écrit.

L'avenir est donc à la philophonie.

LA JOURNÉE DU MUSICIEN

L'artiste doit régler sa vie.

Voici l'horaire précis de mes actes journaliers :

Mon lever : à 7 h 18; inspiré : de 10 h 23 à 11 h 47. Je déjeune à 12 h 11 et quitte la table à 12 h 14.

Salutaire promenade à cheval, dans le fond de mon parc : de 13 h 19 à 14 h 53. Autre inspiration : de 15 h 12 à 16 h 07.

Occupations diverses (escrime, réflexions, immobilité, visites, contemplation, dextérité, natation, etc.) : de 16 h 21 à 18 h 47.

Le dîner est servi à 19 h 16 et terminé à 19 h 20. Viennent des lectures symphoniques, à haute voix : de 20 h 09 à 21 h 59.

Mon coucher a lieu régulièrement à 22 h 37. Hebdomadairement, réveil en sursaut à 3 h 19 (le mardi).

Je ne mange que des aliments blancs : des œufs, du

sucre, des os râpés; de la graisse d'animaux morts; du
veau, du sel, des noix de coco, du poulet cuit dans de
l'eau blanche; des moisissures de fruits, du riz, des
navets; du boudin camphré, des pâtes, du fromage
(blanc), de la salade de coton et de certains poissons
(sans la peau).

Je fais bouillir mon vin, que je bois froid avec du jus
de fuchsia. J'ai bon appétit; mais je ne parle jamais en
mangeant, de peur de m'étrangler.

Je respire avec soin (peu à la fois). Je danse très rare-
ment. En marchant, je me tiens par les côtes et regarde
fixement derrière moi.

D'aspect très sérieux, si je ris, c'est sans le faire
exprès. Je m'en excuse toujours et avec affabilité.

Je ne dors que d'un œil; mon sommeil est très dur.
Mon lit est rond, percé d'un trou pour le passage de la
tête. Toutes les heures, un domestique prend ma tem-
pérature et m'en donne une autre.

Depuis longtemps, je suis abonné à un journal de
modes. Je porte un bonnet blanc, des bas blancs et un
gilet blanc.

Mon médecin m'a toujours dit de fumer. Il ajoute à
ses conseils :

— Fumez, mon ami : sans cela, un autre fumera à
votre place.

Mémoires d'un amnésique

LES RAISONNEMENTS
D'UN TÊTU

L'homme est aussi fait pour rêver que Moi pour avoir une jambe de bois.

Je m'appelle Erik Satie comme tout le monde.

J'ai toujours proposé que l'on organisât gratuitement des promenades populaires dans le char de l'État; jusqu'ici, personne n'en a tenu compte.

Ce que Je voudrais, c'est que tous les Français, nés eux-mêmes sur le territoire français, de parents français ou en ayant l'air, eussent droit à une place de facteur des Postes à Paris.

Bien que Je sois catholique, Je n'ai jamais souhaité que le nombre des archevêques de Paris fût porté à 300 environ.

Ah! Mon cher fils, Je suis bien heureux de vivre au milieu des fêtes de l'humanité; fêtes qui reluisent toutes seules et de bon cœur, et qui donnent plus qu'elles n'ont, Me permettant de voir venir ce salaud de Printemps, et de constater que Mon arbre généalogique n'est même pas encore en fleurs.

Voici le printemps, cher Ami, et mon arbre généalogique n'est pas encore en fleurs. Présage qui me représente l'hydre de l'anarchie aux portes de la Civilisation. Ouvrez nos bras tout grand; réfléchissons précisément.

Où s'est mis Gambetta? Sa mort reste toujours comme
un grand pas dans le progrès; c'est un admirable
exemple pour tous les politiciens; et le suc, que nous
puisons à pleines mains dans cette précieuse disparition,
ressemble à un Général de Division, en moins beau.

Il y a des arbres sur lesquels vous ne verrez jamais un
oiseau; les cèdres entre autres : ces arbres sont si
sombres que les oiseaux s'ennuient sur eux et les évi-
tent.
   Les peupliers ne sont pas plus visités, car il est dan-
gereux d'y accéder : ils sont beaucoup trop hauts.

Demandez à n'importe qui. Tout le monde vous le
dira, même les imbéciles.

Ça c'est vrai, comme disait Napoléon Ier lorsqu'il fai-
sait fusiller quelqu'un.

«Jamais vous ne m'ôterez ça de l'idée», comme disait
le roi Louis XI, en arrachant le nez de sa nourrice.

Si tu prends l'habitude de te tenir convenablement,
tu arriveras, peut-être, à être Maréchal.
   Et qui sait si tu n'auras pas la tête empâtée par un
boulet.
   Ce qui est beau pour un garçon!

Plus on est de musiciens, plus on est de fous.

Le musicien est peut-être le plus modeste des ani-
maux, mais il en est le plus fier. C'est lui qui inventa
l'art sublime d'abîmer la poésie.

Donnez-moi un poète, j'en ferai deux musiciens dont
l'un sera chansonnier et l'autre pianiste-accompagna-

teur. Au bout d'un instant, le chansonnier aura monté un cabaret dit montmartrois. Quelques années après, le pianiste-accompagnateur sera mort alcoolique et le chansonnier sera prince, duc ou autre chose de mieux encore.

Je ne vois pas pourquoi l'argent n'aurait pas d'odeur, lui qui peut tout avoir.

Le piano, comme l'argent, n'est agréable qu'à celui qui en touche.

Quelqu'un d'instruit ne se saoulera jamais.

Notre Saint Pontife est à un tournant de l'histoire de sa vie. Lui, qui disait toujours : «Je suis comme les Gaulois mes ancêtres : Je ne crains qu'une chose : c'est que des tuiles ne me tombent sur la tête», est désormais timide devant le mal pour ce qu'il redoute que le Seigneur, dans son affection pour lui, ne soit tenté de l'appeler auprès de sa personne et de celle de ses Saints.

Don au Pape

Ce don se compose d'un splendide béret basque en argent, entièrement doublé en acajou, d'un saladier en alpaga et d'une pipe en écume de cochon.

Le bruit court qu'un cheval vient de faire sa première communion dans une paroisse des environs de Vienne (Autriche). C'est la première fois qu'un pareil phénomène religieux se produit en Europe; car on cite, en Australie, un jaguar qui fait l'office de pasteur protestant et qui s'en acquitte très décemment. Il est vrai qu'il n'y a pas grand-chose à faire.

Saint Golin l'Arctiquéen

Il fit faire à un ours blanc sa première communion.
Comme il n'y avait pas de notaire dans la contrée,
Saint Golin fit viser son testament religieux par un pin-
gouin.

Une main scélérate entra sur la pointe des pieds, les
yeux hors de la tête, et s'empara du trésor.

Il ne peut rien comprendre des choses de la vie; un
rien le rend rêveur.

Je n'ai plus la notion du temps, ni celle de l'espace; et
même, il m'arrive parfois de ne pas savoir ce que je dis.

Je tourne sept fois mon porte-plume dans mes
modestes mains de travailleur.

Et cela continue & continuera toujours, sans la
moindre interruption, sans le plus léger espace, toujours!

S'il me répugne de dire tout haut ce que je pense
tout bas, c'est uniquement parce que je n'ai pas la voix
assez forte.

Il faut éviter qu'une idée de derrière la tête ne vous
descende dans le derrière.

Soyez bon pour moi.
Voici une définition de Littré sur la bienveillance:
Bienveillance, les deux «l» sont mouillées, s.f.? Curieux...
Je ne sais pas ce que cela peut bien vouloir dire.

L'Homme est un ramassis d'os et de chair.
Ce ramassis est mû par un appareil appelé cerveau.

Le cerveau est placé dans une boîte dite crânienne.
Cette boîte est dépourvue d'ouverture apparente.

Là, le cerveau ne voit rien, n'entend rien de ce qui se
passe autour de lui, isolé qu'il est du reste du Monde.

C'est pourquoi l'Homme agit avec cette charmante
inconscience si connue de l'observateur, inconscience
qui le caractérise et le «personnalise», si j'ose dire.

Les Raisonnements d'un têtu

BIBLIOGRAPHIE

Le Chat Noir, organe des intérêts de Montmartre.
— première série au format 30 × 40 : numéros 1 à 688 (14 janvier 1882-30 mars 1895). Rééd. Slatkine, 1971.
— deuxième série au format 24 × 32 : numéros 1 à 122 (6 avril 1895-4 septembre 1897).

Anthologie des poètes français du XIXe siècle, 4 vol., Lemerre, 1888.

Anthologie de la poésie française du XIXe siècle (de Baudelaire à Saint-Pol-Roux), édition de Michel Décaudin, Gallimard, 1992.

Noël Arnaud, *Alfred Jarry, d'*Ubu roi *au* Docteur Faustroll, La Table Ronde, 1974.

Jean-Émile Bayard, *Montmartre, hier et aujourd'hui,* 1925.

Léon de Bercy, *Montmartre et ses chansons, poètes, chansonniers,* 1902.

André Breton, *Anthologie de l'humour noir* (1940), J.-J. Pauvert, 1966.

Les Cabarets de Montmartre, catalogue d'exposition du Musée de Montmartre, 1993.

François Caradec, *Alphonse Allais,* Belfond, 1994.

Michel Cazenave, *Anthologie de la poésie de langue française du XIIe au XXe siècle,* Hachette, 1994.

Louis Chevalier, *Montmartre du plaisir et du crime* (1980), Payot, 1995.

Maurice Curnonsky, *Souvenirs littéraires et gastronomiques*, 1958.

Paul Delmet, *Chansons de Montmartre*, 1898.

Bernard Delvaille, *Mille et cent ans de poésie française*, Bouquins, Laffont, 1991.

Maurice Donnay, *Autour du Chat Noir*, Grasset, 1926.

Émile Goudeau, *Dix ans de bohème*, 1888.

Daniel Grojnowski et Bernard Sarrazin, *L'Esprit fumiste et les rires fin de siècle*, Corti, 1990.

Michel Herbert, *La Chanson à Montmartre*, La Table Ronde, 1967 (préface de François Caradec).

Jean-Claude Izzo, *Clovis Hugues, un Rouge du Midi*, Jeanne Laffitte, 1978.

Gustave Kahn, *Symbolistes et décadents*, 1902. Rééd. Slatkine, 1977.

Gustave Kahn, *Les Origines du symbolisme*, Messein, 1936.

Jules Laforgue, *Œuvres complètes*, 2 vol. L'âge d'homme, 1986, 1995.

Henri Lefebvre, *La Proclamation de la Commune*, Gallimard, 1965.

Gustave Le Rouge, *Verlainiens et décadents*, 1928. Rééd. Julliard, 1993 (préface de Francis Lacassin).

Jules Lévy, *Les Hydropathes*, Delpeuch, 1928.

Bertrand Millanvoye, *Anthologie des poètes de Montmartre*, 1909.

Bernard Noël, *Dictionnaire de la Commune*, 2 vol., Flammarion, 1978.

Mariel Oberthür, *Le Chat Noir (1881-1897)*, exposition au Musée d'Orsay, Musées nationaux, 1992.

Mariel Oberthür, *Montmartre en liesse (1880-1900)*, exposition au Musée Carnavalet, Paris-Musées, 1994.

Camille Pagé, *Salis et le Chat Noir*, 1912.

Jean Pascal, *Les Chansons et poésies du Chat Noir*, 1907.

Petit Bottin des Lettres & des Arts (1886), préface de René-Pierre Colin, Éd. du Lérot, 1990.

Jacques Plowert, *Petit glossaire pour servir à l'intelligence des auteurs décadents et symbolistes*, 1888.

Noël Richard, *Le Mouvement décadent*, Nizet, 1968.

Noël Richard, *Profils symbolistes*, Nizet, 1978.

Madeleine G. Rudler, *Parnassiens, Symbolistes et Décadents*, Messein, 1938.

Robert Sabatier, *Histoire de la poésie française. La Poésie du dix-neuvième siècle, tome 2*, Albin-Michel, 1977.

Rodolphe Salis, *Les Gaîtés du Chat Noir*, préface de Jules Lemaitre, 1894.

Jehan Sarrazin, *Souvenirs de Montmartre et du Quartier latin*, 1895.

Horace Valbel, *Les Chansonniers et les cabarets artistiques*, 1892.

REMERCIEMENTS

À Alain Borer, André du Bouchet, Michel Butor, François Caradec, Michaël Pakenham, Jean-Yves Tadié.

À Jacques Dars, Claude Guerre, Marie-José Lamothe, Claude Roy.

À Concetta Condemi et Blandine Bouret, du Musée de Montmartre.

À Béatrice Duhamel, de la Bibliothèque Nationale.

À Marc de Launay.

À Catherine Fotiadi pour son inestimable concours.

A.V.

Pour les poèmes qui ne sont pas dans le domaine public, nous avons chaque fois pris contact avec les éditeurs ou les ayants droit qui nous ont autorisés à les reproduire. Nous donnons ci-dessous la liste des éditeurs que nous avons contactés. Dans certains cas, il est possible que le statut juridique des textes n'ait pu être clarifié, soit parce que l'auteur est en passe de tomber dans le domaine public, soit parce que, en dépit de nos demandes, réponse n'a pas été donnée à nos courriers. C'est ainsi que nous remercions spécialement les éditeurs suivants et les personnes qui nous ont si chaleureusement aidés dans notre quête d'une situation juridique nette :

Bibliothèque Nationale, pour Jehan Rictus.

Éditions Grasset, pour Maurice Donnay et Raoul Ponchon.

Librairie José Corti, pour Georges Fourest.

Éditions Fortin, pour Léon Xanrof.

NOTICES

ALLAIS, Alphonse, 1854-1905. Abandonne ses études à l'école de Pharmacie de Paris, rejoint les Hydropathes et les Fumistes en compagnie de «l'illustre» Sapeck. Plus qu'un humoriste, c'est un mystificateur de génie qui se joue des identités, de la logique, du langage, autrement dit de la respectabilité sous toutes ses formes. Rédacteur en chef du *Chat Noir* pendant cinq ans, il collabore en même temps ou successivement au *Mirliton*, au *Gil Blas*, au *Journal*, au *Sourire*. François Caradec lui a consacré une magnifique biographie (Belfond, 1994) et a dirigé la publication de ses œuvres complètes : *Œuvres anthumes* (Bouquins/Laffont, 1989), *Œuvres posthumes* (Bouquins-Laffont, 1989).

AURIOL, George (Jean-Georges Huyot, dit), 1863-1938. Rédacteur au *Chat Noir*, c'est un artiste complet : dessinateur, auteur de chansons et de contes, inventeur d'un caractère typographique. Il anime les séances de «l'Institut», puis participe activement aux représentations du théâtre d'ombres. Il préface la réédition en deux volumes des œuvres de Rodolphe Salis, *Les Contes du Chat Noir* (1927).

BEAUCLAIR, Henri, 1860-1919. Ami de Léon Valade et d'Albert Mérat, il publie chez Vanier des plaquettes qui mêlent des pièces élégamment rythmées à des parodies humoristiques (*L'Éternelle chanson*, 1884; *Les Horizontales*, 1884; *Pentecôte*, 1885). Mais il est connu pour avoir composé avec Gabriel Vicaire le pastiche le plus célèbre de l'époque : *Les Déliquescences d'Adoré Floupette* (1885) qui raillaient les manies et les tics des poètes symbolistes (réédité en 1984 chez Nizet).

BOÈS, Karl (Charles Potier, dit), 18?-1940. Directeur du *Courrier libre*, puis de *La Plume*.

BRUANT, Aristide (Armand Bruant, dit), 1851-1925. Fils d'une famille assez aisée, il choisit la vie des marges et des classes dangereuses. Il chante au Chat Noir, puis fonde au 84, boulevard Rochechouart Le Mirliton. Peinte par Toulouse-Lautrec, sa silhouette noire et rouge devient l'emblème de la bohème montmartroise. Les chansons de Bruant disent dans un argot inimitable la misère, la révolte et une tendresse sans sentimentalité, une tendresse au couteau. Elles furent successivement recueillies en volumes : *Dans la rue* (1889), *Dans la rue II* (1890), *Chansons nouvelles* (1896), *Chansons et monologues* (1897), *Sur la route* (1897).

CAMUSET, Georges, 1840-1885. Médecin et poète, il signait ses poèmes de deux initiales (D. C. / docteur Camuset) dans *Le Chat Noir*. Il a laissé un manuel d'ophtalmologie et un recueil parodique intitulé *Les Sonnets du Docteur* (1884).

CONDOR. Un pseudonyme inidentifié comme le suggèrent ses ailes de géant qui l'empêchent de se dévoiler.

CRÉSY, Fernand (pseudonyme de Fernand Icres), 1856-1888. Pyrénéen à l'accent redoutable, martyrise quelques oreilles chez les Hydropathes. Il écrit une pièce en un acte, *Les Bouchers*, qu'André Antoine crée au *Théâtre Libre*. Il publie *Les Farouches*, chez Lemerre. Mène une existence misérable de quasi-exilé et meurt de la tuberculose.

CROS, Charles, 1842-1888. Esprit universel, inventeur, poète immense. Linguiste, il étudie le sanscrit, l'hébreu, le grec, le latin, l'italien, l'allemand. Scientifique, il s'intéresse à la photographie en couleurs et conçoit le phonographe. Musicien et poète, il donne à entendre une œuvre visionnaire qui explore légendes et paradis artificiels. Son inspiration peut être fantaisiste ou parodique, elle trouve spontanément son rythme, en vers comme en prose. Il fut accueilli parmi les Hydropathes et célébré au Chat Noir. Il publia *Le Coffret de santal* (1873), *Le Fleuve* (1874), *La Vision du grand canal royal des Deux-Mers* (1888), puis *Le Collier de griffes* (1908). Ses *Œuvres complètes* sont éditées dans la Pléiade (1970). Poésie/Gallimard a publié *Le Coffret de Santal* et *Le Collier de griffes*.

DAUPHIN, Léopold, 1847-1925. Musicien éclectique qui composa aussi bien des mélodies pour Jules Jouy qu'une importante partition, *Sainte Geneviève de Paris*, représentée au théâtre d'ombres du Chat Noir. Dans l'hebdomadaire, il signe ses poèmes du pseudonyme de Pimpinelli, mais les publie sous son nom chez Vanier en 1897. Le recueil s'intitule *Raisins bleus et gris*, il est préfacé par Stéphane Mallarmé.

DENISE, Louis, 1863-1914. Employé à la Bibliothèque Nationale, il est l'un des fondateurs du Mercure de France, où il publie *La Merveilleuse Doxologie du lapidaire.*

DONNAY, Maurice, 1859-1945. Fils d'industriel programmé pour une carrière d'ingénieur, il connaît le succès au Chat Noir avec ses poèmes, puis ses livrets du théâtre d'ombres. Son inspiration oscille entre comique et pathétique, tristesse et gaieté. Au théâtre, il donne *Lysistrata* (1892), *Les Amants* (1916). Il publie souvenirs et poèmes : *Autour du Chat Noir* (1926). Finit à l'Académie française.

DUBUS, Édouard, 1865-1895. Avec Verlaine et Moréas, il a fréquenté les *Soirées de la Plume.* Il a écrit *Quand les violons sont partis.* Il est mort à trente ans dans une vespasienne de la place Maubert, sous l'effet de la morphine.

DUROCHER, Léon (Léon Duringer, dit), 1864-1918. Condisciple au lycée de Nantes d'Aristide Briand, professeur à l'Université de Paris, conservateur des forêts d'Ouessant, il fut aussi une figure de Montmartre. Maurice Rollinat mit quelques-uns de ses textes en musique. Il est l'auteur de deux chansons célèbres : *La Montmartroise* (musique de Marcel-Legay) et *L'Angélus de la mer* (musique de Goublier).

FOUREST, Georges, 1867-1945. Né au «pays de la châtaigne» (Limoges), il étudie le droit à Toulouse, puis à Paris. Inscrit au barreau, il ne plaide jamais. Ses cartes de visite le désignent comme «avocat *loin* la Cour d'Appel». Il publie deux poèmes dans les tout derniers numéros du *Chat Noir,* en 1897, que dirige alors Willy. Son recueil *La Négresse blonde* (1909) lui assure la notoriété et la réplique qu'il prête à Chimène («qu'il est joli garçon l'assassin de Papa!») entre dans toutes les mémoires. Les *Contes pour les satyres* (1923) et *Le Géranium ovipare* (1935) complètent une œuvre brève, mais constamment rééditée chez José Corti.

FRANC-NOHAIN (Maurice Étienne Legrand, dit), 1873-1934. Avocat, puis sous-préfet, il est d'emblée accueilli et admiré par Alphonse Allais. Publie dans *Le Chat Noir* des poèmes bientôt repris en volumes : *Inattentions et sollicitudes* (Vanier, 1894), *Flûtes* (La Revue Blanche, 1898), *Chansons des trains et des gares* (La Revue Blanche, 1899). Il écrit le livret de *L'Heure espagnole* de Maurice Ravel. Il fonde *Le Canard sauvage,* collabore au *Journal,* devient le rédacteur en chef de *L'Écho de Paris.* Il est l'ami d'Alfred

Jarry (qui sera le parrain de son fils Jean Nohain!). La poésie de Franc-Nohain allie la fable, la loufoquerie, l'anecdote, avec douceur et délicatesse. «Poète amorphe», comme il se nomme, il a en fait le sens des rythmes nouveaux et l'attirance autant que l'effroi de la vie moderne.

FRED. Pseudonyme à longue éclipse, on le trouve surtout dans les derniers temps du *Chat Noir*.

GILL, André (Louis-Alexandre Gosset de Guines, dit), 1840-1885. Enfant naturel, il est élevé par son grand-père paternel. Bachelier, il travaille chez un architecte, avant que Nadar l'introduise au *Journal amusant*. Il prend le pseudonyme de «Gill» par référence à Watteau. Dessinateur, caricaturiste, il peint l'enseigne du cabaret «Le Lapin agile» (autrement dit : A Gill.). Pendant la Commune, il sert comme simple garde national, puis est nommé administrateur provisoire du musée du Luxembourg. Il écrit avec Jean Richepin une pièce *L'Étoile*, mise en musique par Emmanuel Chabrier. Son seul recueil de poèmes, *La Muse à Bibi* (Marpon et Flammarion, 1882), contient des pièces vraisemblablement composées avec Louis de Gramont. Il meurt à l'asile de Charenton, après trois années d'internement.

GODIN, Eugène, 1856-1916. Études au lycée Saint-Louis, carrière à la Bibliothèque Nationale. Inspiration diverse : du pessimisme le plus noir (*La Cité noire*, 1880 ; *Chants de Belluaire*, 1882) à la satire sociale la plus enflammée (*La Populace*, 1886). Il réserve au *Chat Noir* ses tentatives les moins convenues. Il signe par ailleurs quelques critiques au *Figaro*.

GOUDEAU, Émile, 1849-1906. Bien qu'employé de ministère, il fonde en 1878 le Club des Hydropathes, où se regroupent Fumistes et Décadents. Sa rencontre avec Rodolphe Salis, dès la fondation du cabaret du Chat Noir, sera décisive. Il devient le rédacteur en chef de l'hebdomadaire et anime avec brio les réunions littéraires. Il sait être attentif et bienveillant, son ironie qui peut être virtuose n'est jamais hautaine. Il publie : *Fleurs de bitume* (1878), *Poèmes ironiques* (1884), *Chansons de Paris et d'ailleurs* (1896), *Poèmes parisiens* (1897), la plupart étant repris dans *Poèmes à dire* (chez Ollendorff, 1898). Il a aussi donné des romans et un livre de souvenirs : *Dix ans de bohème* (1888).

GOUDEZKI, Jean (Jean Goudez, dit), 1866-1934. Études à Valenciennes, puis en droit à Paris. En devenant chansonnier, il ajoute la désinence *ki* à son nom, «afin qu'on ne soit pas étonné de le voir boire comme un Polonais», précise obligeamment Léon de Bercy. Ses satires, ses monologues sont acclamés au Chat Noir. Il publie *Les Vieilles Histoires* (1893), *Les Montmartroises* (1895), *Chansons de lisières* (1895), *Hercule ou la vertu récompensée* (1898). Professe très vite des opinions antisémites et anti-dreyfusardes. Finit en industriel bourgeois, à Louvignies-Bavay, son village natal.

GRAMONT, Louis de, 1854-1912. Romancier, dramaturge, librettiste d'opéra, journaliste, il rencontre André Gill et collabore avec lui à *La Petite Lune*. Ils écrivent ensemble certains des poèmes de *La Muse à Bibi*, publiés ensuite sous la seule signature d'André Gill.

HARAUCOURT, Edmond, 1857-1941. Hydropathe de la première heure, il publie sous le pseudonyme du «Sire de Chambley» un recueil qui connaît un succès de scandale : *La Légende des sexes*, sous-titré *poèmes hystériques* (1883). Certains paraissent dans *Le Chat Noir* sous son vrai nom. Nommé conservateur du musée de Cluny, son inspiration s'assagit et n'évite ni la grandiloquence ni la mièvrerie. Publications : *L'Âme nue* (1885), *Amis* (1887), ainsi que des romans et des drames.

HUGUES, Clovis (Hugues Clovis, dit), 1851-1907. Séminariste, il ne tarde pas à renoncer à la soutane. Publie son premier poème dans *Le Peuple* de Marseille. Participe dans cette ville à la Commune, avec Gaston Crémieux. Après l'écrasement de l'insurrection, il est condamné à trois ans de prison. Publiés en 1875, ses *Poèmes de prison* sont l'œuvre d'un révolté qui «porte la lyre comme on porte l'épée». En 1881, il est élu député des Bouches-du-Rhône et siège sur les bancs de l'extrême-gauche. *Les Jours de combat* (1883) et *Les Évocations* (1885) confirment son engagement de socialiste révolutionnaire. En 1893, il devient député de Montmartre et sera réélu jusqu'à sa mort en 1907.

HYSPA, Vincent, 1865-1938. Il vient de Narbonne à Paris, en 1887, pour faire son droit et se fait aussitôt engager au Chat Noir. Un monologue suffit à le rendre célèbre : *Le Ver solitaire*. («Je n'ai jamais connu mon père, ni ma mère… / Je suis le pauvre ver, le pauvre ver solitaire.») Ensuite, il se produit aux Quat'z'Arts, aux Noctambules et à la Lune Rousse.

JAMMES, Francis, 1868-1938. Études à Pau, à Bordeaux, puis stage de clerc chez un avoué d'Orthez. Il correspond avec Mallarmé,

Henri de Régnier, Gide. Se convertit en 1905, un jour que Claudel servait la messe! A publié plusieurs recueils à Orthez (1891-1894). *Un jour* (1895) paraît au Mercure de France, comme tous ses livres suivants. Poésie/Gallimard a publié *De l'Angelus de l'aube à l'Angelus du soir, Le Deuil des primevères* et *Clairières dans le Ciel.*

JOUY, Jules, 1855-1897. On a dit qu'il était «la chanson faite homme». Anarchiste de conviction et de tempérament, c'était un redoutable bagarreur. Hydropathe, il vint tout naturellement au Chat Noir et y rencontra Jules Vallès qui l'engagea au *Cri du Peuple.* Yvette Guilbert chanta plusieurs de ses compositions. Brouillé avec Rodolphe Salis, il quitta le Chat Noir et fonda le Concert des Décadents. Il publia des *Monologues humoristiques* et ses *Chansons de l'année* (1888).

KRYSINSKA, Marie (Marie-Anne Krysinska de Levila, dite), 1864-1908. Seule femme à se produire aux Hydropathes et au Chat Noir. Musicienne de talent, elle composait des accompagnements pour des textes de Baudelaire, Verlaine, Charles Cros, et des mélodies de chansons. Elle se prétendit l'initiatrice du vers libre, en concurrence avec Gustave Kahn. Ses premiers poèmes sont d'une sincérité et d'une singularité évidentes, ensuite le ton et les thèmes redeviennent plus convenus. Elle a publié : *Rythmes pittoresques* (1890), *L'Amour chemine* (1892), *Joies errantes* (1894), *Intermèdes* (1903).

LAUMANN, Sutter, 1851-1892. Parisien amoureux des grands espaces, il a l'imaginaire orienté sur les lointains et, particulièrement, sur la solitude marine. Il a publié *Par les Routes* (1886) chez Lemerre.

LAUTREC, Gabriel de, 1867-1938. Cousin du peintre Henri de Toulouse-Lautrec, mais n'entretenant avec lui que des rapports distants, il paraît au Chat Noir, à l'Hostellerie comme au journal. Ses poèmes sont réunis en recueil sous les titres *Poèmes en prose* (1898) et *Les Roses noires* (1906). Il traduit des contes de Mark Twain qu'il fait précéder d'un essai sur l'humour.

LE CARDONNEL, Louis, 1862-1936. Assidu aux mardis de Mallarmé, ami d'Albert Samain, il fréquente le Chat Noir, avant de se tourner vers la prêtrise. Son inspiration porte la marque de cette évolution : la foi supplante l'influence de Verlaine et de Mallarmé. Il publie : *Poèmes* (1904), *Carmina sacra* (1912), *De l'une à l'autre aurore* (1924). Deux volumes de ses *Œuvres* paraissent au Mercure de France en 1928.

LORIN, Georges, 1850-1927. Illustrateur régulier, sous le pseudonyme de Cabriol, de la revue des Hydropathes (dont il est le vice-président), il collabore aussi à *La Lune rousse* et au *Tintamarre*. Ses poèmes souvent imprévisibles sont repris dans *Paris rose* (1884).

LORRAIN, Jean (Paul Duval, dit), 1855-1906. Chroniqueur au *Journal* et à *L'Écho de Paris*, il est aussi romancier, dramaturge, conteur. Sa poésie conjugue modernité, artifice et rêveries légendaires. Publications : *Le Sang des dieux* (1882), *La Forêt bleue* (1883), *Modernités* (1885), *Les Griseries* (1887), *L'Ombre ardente* (1897).

MAC-NAB, Maurice, 1856-1889. Créateur du genre « en bois ». « Tout en lui était en bois : l'allure, le geste, la voix », dit Léon de Bercy. C'est Émile Goudeau qui réussit à le convaincre de dire en public ses « chansons-réclames ». Le succès fut immédiat et perdura pendant sa brève carrière. Il publia chez Vanier : *Poèmes mobiles* (1885), *Poèmes incongrus* (1887). Ses *Chansons du Chat Noir* (1890) furent éditées après sa mort à l'hôpital de Lariboisière.

MALLARMÉ, Stéphane, 1842-1898. Professeur d'anglais, il fut sans doute introduit au Chat Noir par son ami Léopold Dauphin. Il est déjà, après une longue période d'anonymat, la principale référence des jeunes symbolistes. Avec celle de Rimbaud, son œuvre inaugure la poésie moderne. Poésie/Gallimard a publié les *Poésies*, les *Vers de circonstance*, *Igitur*, *Divagations* et *Un coup de dés*.

MARROT, Paul, 1851-1907. Études de droit à Poitiers, mais quitte le barreau pour les lettres, la presse et Paris. Son premier recueil, *Le Chemin du rire* est plein de verdeur, le deuxième, *Le Paradis moderne*, proclame qu'il n'est d'autre paradis que la terre. *Mystères physiques* (1887) est d'une tonalité plus âpre et d'une ironie plus noire.

MARSOLLEAU, Louis, 1864-1935. Mémorialiste de Montmartre, il est surtout auteur de théâtre : *Son petit cœur* (1891), *Le Bandeau de Psyché* (1894), *Les Grimaces de Paris* (1894, en collaboration avec Georges Courteline). Poète, il a publié : *Les Baisers perdus* (1884).

MASSON, Armand, 1857-1920. Ami de Goudeau, Jouy et Mac-Nab, il quitte avec eux le quartier Latin pour Montmartre. Il se produit au Chat Noir, au Chien Noir, à La Boîte à musique.

Son recueil *Pour les quais* (1905) restitue de précieuses scènes d'époque.

MÉLANDRI, Achille, 1845-1904. Photographe, sculpteur, à l'occasion poète. Il habitait rue Clauzel et venait au Chat Noir en voisin.

MEUSY, Victor, 1856-1922. Après quelques études à Cambridge, il débute à Montmartre. Succès réel mais insuffisant pour le nourrir : il entre à la Compagnie des Chemins de Fer de l'Est, sans pour autant déserter la Butte. Il publie : *Chansons d'hier et d'aujourd'hui* (1889) et *Chansons modernes* (1891). Président de la SACEM en 1912.

MILLE, Pierre, 1864-1941. Surtout romancier et reporter, il réside en Afrique et en Indochine, d'où il tire la substance de la plupart de ses livres. Il est correspondant de guerre du *Journal des Débats*. En souvenir de ses débuts au Chat Noir, il publie en 1911 une *Anthologie des humoristes français contemporains*.

MONTOYA, Gabriel, 1868-1914. Après des études de médecine, il conquiert littéralement Montmartre avec *Sur le Boul'Mich* (1891), qui porte assez mal son titre, puis avec ses *Chansons naïves et perverses* (1896). Il est adulé. Il meurt à Dax, d'une chute de vélo.

MORÉAS, Jean (Jean Papadiamantopoulos, dit), 1856-1910. Fils d'un procureur général à la Cour de cassation d'Athènes, il est d'éducation française et s'installe à Paris en 1878. Il fréquente les cercles décadents, publie dans *Le Chat Noir*. Publie dans *Le Figaro* le manifeste du Symbolisme qui marque une rupture avec l'esprit décadent, puis, cinq ans plus tard, rompt avec cette école, pour créer «l'École romane». Ce retour à la tradition gréco-latine et aux valeurs classiques lui inspire des poèmes taillés avec art dans le marbre. Publications : *Les Syrtes* (1884), *Les Cantilènes* (1886), *Le Pèlerin passionné* (1891), *Autant en emporte le vent* (1893), *Ériphyle* (1894). Ses *Œuvres*, en deux volumes, ont été publiées au Mercure de France (1923-1926).

NOUVEAU, Germain, 1851-1920. Études au petit séminaire d'Aix-en-Provence, puis maître d'études au lycée de Marseille. À Paris, il rencontre Verlaine et Rimbaud, avec qui il se rend à Londres. En 1878, il entre comme employé au ministère de l'Instruction publique. En 1884, il enseigne au Liban. Rapatrié en France, il fréquente les cabarets de Montmartre. Enseigne épisodiquement comme professeur de dessin. Crise de folie mystique en 1891 : séjour à l'asile de Bicêtre. À partir de 1899, existence misérable et vagabonde sous le pseudonyme d'Humilis : Italie, Espagne, Algérie. Puis vit de la charité publique dans son village natal de Pourrières, dans le Var, où il meurt. Son œuvre, ignorée, ne sera pour l'essentiel recueillie qu'à son insu. Elle est désormais intégralement éditée dans la Bibliothèque de la Pléiade. Poésie/Gallimard a publié : *La Doctrine de l'Amour, Valentines, Dixains réalistes, Sonnets du Liban.*

PIC, Jean. Auteur ou pseudonyme resté mystérieux.

PONCHON, Raoul, 1848-1937. Crée et anime avec Jean Richepin, le groupe des Vivants, qui s'oppose à celui des Parnassiens. Le verbe haut et le gosier en pente, il témoigne d'une remarquable résistance aux ravages de l'absinthe. Sa verve populaire se retrouve dans les recueils qu'il publie à la fin de sa longue vie : *La Muse au cabaret* (1920), *La Muse gaillarde* (1937) et *La Muse vagabonde* (1947).

PONSARD, René, 1830(?)-1894. Autre franc buveur, il est connu à Montmartre sous le sobriquet de « Révérend Père la Cayorne ». C'est une figure de la Butte, le doyen d'âge des chansonniers.

PONVOISIN. Inconnu.

RICHEPIN, Jean, 1849-1926. Après des études à l'école normale supérieure, il participe à la guerre de 1870 en tant que franc-tireur, puis devient professeur, matelot, débardeur, comédien. Il met fin à ses errances en 1875. Contre le Parnasse, fonde avec Ponchon et Bouchor le groupe des Vivants. *La Chanson des gueux* publiée en 1876, lui assure la célébrité et lui vaut un mois de prison. Il donne ensuite : *Les Caresses* (1877), *Les Blasphèmes* (1884), *La Mer* (1886), *Mes paradis* (1894), *La Bombarde* (1899). Contre toute attente, à rebrousse-poil de tous ses écrits, il entre à l'Académie française.

RICTUS, Jehan (Gabriel Randon de Saint-Amand, dit), 1867-1933. (Le pseudonyme « signifie le "Je ris en pleurs" de Villon ».) Enfance difficile qu'il évoquera dans *Fil de fer* (1906). Il collabore au *Mirliton*, au *Pierrot*, à *La Plume*, à *La Revue anarchiste*. Son recueil, *Les Soliloques du pauvre* (1897), l'impose comme poète et comme diseur véhément. Il publie ensuite *Doléances* (1900), *Can-*

tilènes du malheur (1902), *La Frousse* (1907), *Le Cœur populaire* (1914). Sombre, à la vie de sa vie, dans le nationalisme cocardier.

RIOTOR, Léon, 1865-1946. Romancier, critique d'art, homme politique et, parfois, poète. Publications : *L'Ami inconnu* (1895), *Le Sceptique loyal* (1895).

ROLLINAT, Maurice, 1846-1903. Musicien, poète et diseur envoûtant, il se produit aux Hydropathes, puis au Chat Noir, où il déchaîne l'enthousiasme. Il reprend, en la poussant au plus extrême, l'inspiration baudelairienne. Avec lui, le macabre confine à la folie, à l'incongruité, voire à la loufoquerie volontaire ou non. Entre satanisme et folklore, il occupe une place unique que soulignent les titres de ses principaux livres : *Les Névroses* (1883), *L'Abîme* (1886), *Les Apparitions* (1896). Ses *Œuvres* en deux volumes ont été éditées chez Minard (1972).

SAINTE-CROIX, Camille de, 1859-1915. Il travaille au ministère de l'Instruction publique avec Germain Nouveau, à qui il restera fidèle toute sa vie. La générosité est d'ailleurs sa marque personnelle.

SALIS, Rodolphe, 1852-1897. Peintre sans grand talent, il devient le «gentilhomme cabaretier» le plus connu au monde pour avoir fondé et animé le Chat Noir pendant seize ans. Faconde tonitruante, capacités illimitées d'improvisation, goût effréné pour le travestissement, il était aussi un homme d'affaires avisé et un organisateur hors pair. Ses «boniments» ne nous sont connus que par bribes, tous les témoins en parlent comme d'irrésistibles morceaux de bravoure verbale. Ses contes ne rendent sans doute pas justice à son vrai talent qui était d'esbrouffe, d'estoc et de taille. *Les Contes du Chat Noir* (d'abord publiés en 1888 et 1891) ont été rassemblés en deux volumes en 1927 et préfacés par George Auriol.

SAMAIN, Albert, 1858-1900. Employé à l'Hôtel-de-Ville, puis à la préfecture de la Seine, il collabore au *Chat Noir* et participe à la fondation du Mercure de France. Poète volontiers crépusculaire et langoureux, il est un chantre d'une mélancolie douce, élégante et un peu surannée. Il a publié *Au jardin de l'infante* (1893), *Aux flancs du vase* (1898), *Le Chariot d'or* (1901). Le Mercure de France édite trois volumes de ses *Œuvres*, en 1924.

SATIE, Erik, 1866-1925. Études au Conservatoire, pianiste accompagnateur à Montmartre. Il rencontre Debussy au Chat

Noir. C'est l'époque où il compose trois *Sarabandes*, trois *Gymno-pédies* et des *Gnossiennes* (1891). Il est aussi novateur et imprévisible comme musicien que comme écrivain. Ses *Écrits* rassemblés par Ornella Volta et publiés chez Champ Libre en sont une éclatante illustration.

SÉNÉCHAL, Gaston, 1858-1914. Conseiller de préfecture à Auxerre, puis à Melun. Passionné d'histoire et de philologie, il devient président de la Société d'archéologie de Seine-et-Marne. Ce que n'annonçait nullement une veine poétique bachique et enjouée.

SOMM, Henry (François Sommier, dit), 1844-1907. Dessinateur, mais plus particulièrement «silhouettiste» au théâtre d'ombres, il est aussi un écrivain mordant, un conteur qui aime l'absurde. Il a collaboré, outre au *Chat Noir*, à *La Charge*, à *Frou-Frou*, au *Rire*. Auteur de chansons et d'une comédie : *La Berline de l'émigré* (1892).

VAUTIER, Adolphe. Inconnu.

VERLAINE, Paul, 1844-1896. Misérable et socialement déclassé, il n'en est pas moins le poète auquel la plupart se réfère en ces années 1890. Lisant certains numéros du *Chat Noir*, Jules Laforgue semble ne retenir que les quelques poèmes de Verlaine qui y paraissent tant ils s'imposent par grâce singulière. Ses *Œuvres complètes* ont paru dans la Bibliothèque de la Pléiade en 1962. Poésie/Gallimard a publié : *Poèmes saturniens, Fêtes galantes, La Bonne Chanson, Romances sans paroles, Sagesse, Jadis et naguère, Amour, Parallèlement, Bonheur*.

VICAIRE, Gabriel, 1848-1900. Auteur, avec Henri Beauclair, des *Déliquescences d'Adoré Floupette*.

VILLIERS DE L'ISLE-ADAM, Auguste, Mathias, 1838-1889. Gentilhomme breton ruiné, il est comme un égaré dans le siècle. Légitimiste et communard, chrétien et occultiste, il est un maître de l'ironie et de l'éloquence, de la tragédie et du rire. Après ses merveilleux *Contes cruels* (1883), il dédie son chef-d'œuvre, *L'Ève future*, aux rêveurs et aux railleurs. Ses *Œuvres complètes* ont été publiées dans la Pléiade.

VOX POPULI. Chacun s'y reconnaîtra.

WILLY (Henri Gauthier-Villars, dit), 1859-1931. Essayiste, critique musical, humoriste, chroniqueur, il dirigera l'hebdomadaire du *Chat Noir* pour les ultimes numéros de 1897. Il a rédigé des romans humoristiques, avant d'épouser Colette et de co-signer avec elle des récits qui lui devaient peu de chose.

x. Chacun s'y reconnaîtra aussi.

XANROF, Léon (Léon Fourneau, dit), 1867-1953. Chansonnier et chanteur célèbre qui après un séjour au Mirliton rejoignit le Chat Noir. Il est interprété par Yvette Guilbert et Horace Valbel. Ses refrains chantent toujours dans les mémoires («Un fiacre allait trottinant, / Jaune, avec un cocher blanc...»). Il a publié : *Chansons à Madame* (1890), *Chansons sans gêne* (1890), *Chansons à rire* (1891), *L'Amour et la Vie* (1894), *Chansons ironiques* (1895).

INDEX

TABLE

Table 505

Ce volume,
le trois cent deuxième
de la collection Poésie,
a été composé par Interligne et
achevé d'imprimer par
l'imprimerie Bussière à Saint-Amand (Cher),
le 12 novembre 1996.
Dépôt légal : novembre 1996.
1er dépôt légal dans la collection : juin 1996.
Numéro d'imprimeur : 2503.
ISBN 2-07-032898-8./Imprimé en France.

80136